高职高专“十二五”规划教材
21世纪高职高专能力本位型系列规划教材·物流管理系列

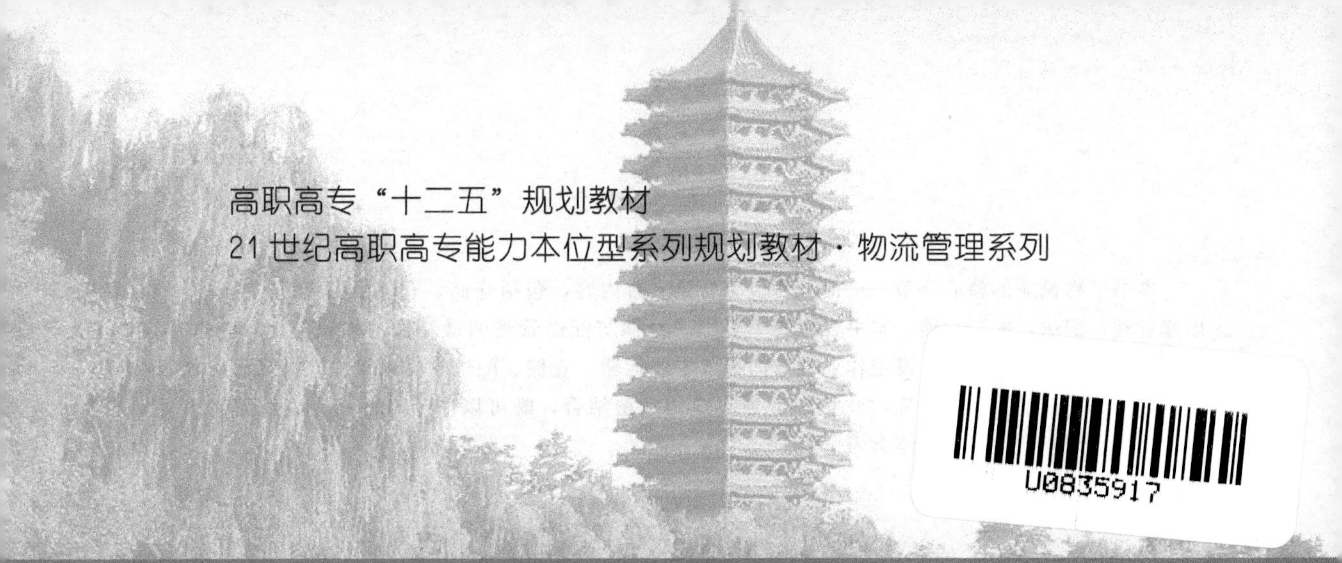

新编仓储与配送实务

主　编　傅莉萍
副主编　廖　敏
参　编　王卫洁　李文龙

北京大学出版社
PEKING UNIVERSITY PRESS

内 容 简 介

本书以物流业的核心环节——储配作业为背景安排内容，包括仓储，仓储经营管理，入库、储存管理，出库管理，配送，配送运输。本书在内容上融汇了仓储与配送管理的最新理论知识与操作技术，在体例上运用项目导向、任务驱动、设定作业岗位的模式串联运输、仓储、配送、信息等综合物流活动管理内容。

本书内容全面，结构严谨，注重理论与实践的紧密结合，既可以作为高职高专物流管理专业的教材，也可供企业物流管理人员自学参考。

图书在版编目(CIP)数据

新编仓储与配送实务/傅莉萍主编．—北京：北京大学出版社，2014.1

(21世纪高职高专能力本位型系列规划教材·物流管理系列)

ISBN 978-7-301-23594-2

Ⅰ.①新…　Ⅱ.①傅…　Ⅲ.①仓库管理—高等职业教育—教材②物资配送—物资管理—高等职业教育—教材　Ⅳ.①F253

中国版本图书馆CIP数据核字(2013)第299806号

书　　　名：新编仓储与配送实务

著作责任者：傅莉萍　主编

策 划 编 辑：蔡华兵

责 任 编 辑：刘健军

标 准 书 号：ISBN 978-7-301-23594-2/U·0103

出 版 发 行：北京大学出版社

地　　　址：北京市海淀区成府路205号　100871

网　　　址：http://www.pup.cn　　新浪官方微博：@北京大学出版社

电 子 信 箱：pup_6@163.com

电　　　话：邮购部62752015　发行部62750672　编辑部62750667　出版部62754962

印　刷　者：北京京华虎彩印刷有限公司

经　销　者：新华书店

787毫米×1092毫米　16开本　15.5印张　360千字

2014年1月第1版　2017年6月第3次印刷

定　　　价：32.00元

前　　言

仓储与配送是物流中的重要环节。根据《中华人民共和国国家标准物流术语》(GB/T 18354—2006)定义：仓储是指利用仓库及相关设施设备进行物品的入库、存储、出库的活动；配送是指在经济合理区域范围内，根据客户要求，对物品进行拣选、加工、包装、分割、组配等作业，并按时送达指定地点的物流活动。

无论在何种经济体制下，仓储和配送都是社会必然存在的经济活动，它是商品生产与流通乃至整个社会再生产过程不可缺少的重要环节。仓储与配送活动及其管理的好坏，直接关系到生产流通成本的大小、生产流通速度的快慢以及效率的高低，也直接关系到供应链价值链和服务链的战略目标。

关于本课程

仓储与配送管理是物流管理专业的一门专业必修课，具有很强的综合性和应用性。实际教学时，可从仓储管理和配送的基础理论和实践讲解出发，系统地阐述仓储管理与配送的整个生产经济活动的计划、组织、指挥和协调；介绍有关仓储管理的规章制度，仓储业务管理、设备管理、质量管理的内容，仓库合理布局和仓库规划、建设的规则，各种物资的保管技能，仓储安全管理知识，保税仓库情况；介绍配送的概念、分类、环节，配送中心运作管理以及配送组织方法、配送运输技术和配送商务管理等。本课程教学的目的是使学生掌握基础的仓储和配送管理的理论知识，具备一定的仓储管理与配送操作能力。

本课程的讲授应该配合一定量的实践活动，使学生发现和掌握物资储存、保管和配送规律，并将其运用到仓储与配送管理的实践中去，以保证物资在仓储保管与配送过程中质量完整、数量无损，从而提高学生分析问题、解决问题的能力和实践工作适应能力。

通过对本课程的系统学习，学生可掌握仓储与配送的基本流程、技能和基本理论，具备仓储与配送管理的基本知识和基本方法，如能结合实际创造性地运用这些理论、技能和方法，在实践中加以灵活应用，可以提高物流企业的经济效益。

关于本书

本书根据高职院校物流管理专业“实践性、开放性和职业性”的改革要求，结合高职高专学生的学习特点编写，其主要特色是以仓储与配送作业管理的工作任务为中心来选择、组织教学内容，用项目导向、任务驱动、设定作业岗位的模式，介绍运输、仓储、配送、信息等综合物流活动管理知识。本书每个项目都围绕职业能力目标来设计内容结构，组织课程训练内容，首先通过案例引导学生学习、思考，然后在正文内容中穿插技能知识点，最后按照实训考核标准进行效果评估。整个教学过程强调以学生为主体、以能力为本位，按照“教师引导，学生参与”→“学生练习，教师辅导”→“学生动手，教师评价”三个步骤进行，极大地发挥了学生的创造性思维。

本书还详细解读了 2012 年全国高职物流技能竞赛物流储存与配送作业优化方案，以便给高职院校物流管理专业人才的培养定位与规格、教育教学改革提供指导，有助于其培养学生组织管理、专业团队协作、现场问题的分析与处理、工作效率、质量与成本控制、安全及文明生产等方面的职业素养。

如何使用本书

本书内容共6个项目，可按照56～60学时安排教学。推荐学时分配为：项目一6学时，项目二10～12学时，项目三10～12学时，项目四10～12学时，项目五10～12，项目六10～12学时。教师可根据不同的专业灵活安排学时，并根据教材内容来设计实训项目，指导学生实训。本课程的分组讨论、模拟实训可安排在实训室进行，实训报告的写作建议学生在课后完成。

本书配套资源

本书配套资源包括电子课件、习题答案等，均可在北京大学出版社第六事业部网站(http://www.pup6.com)上下载。您也可以关注该网站的动向，参与或分享网站资源。

推荐阅读书目

1.《仓储管理实务》(“十二五”国家规划立项项目)，李怀湘主编，2011年由北京大学出版社出版。

2.《仓储与配送管理》(畅销教材)，吉亮主编，2010年由北京大学出版社出版。

3.《仓储与配送管理实务》(“十二五”国家规划立项项目)，李陶然主编，2012年由北京大学出版社出版。

4.《仓储与配送管理实训教程》(“十二五”国家规划立项项目)，杨叶勇主编，2009年由北京大学出版社出版。

本书编写队伍

本书由傅莉萍担任主编，由廖敏担任副主编，王卫洁、李文龙参编。本书编写成员均为一线教师，同时具有企业实践经验，是名符其实的“双师型”教师；其中，主编傅莉萍副教授是全国商业协会注册物流经理、高级物流信息师，具有十几年的教学、科研与管理实践工作经验。

本书具体编写分工为：傅莉萍编写项目一、项目二、项目三、项目四，廖敏编写项目五，王卫洁、李文龙共同编写项目六。傅莉萍负责本书的总体设计以及统稿。

本书编写过程中，参考了国内外有关物流管理方面的众多教材，运用和引用了相关资料和数据，在此对相关作者以及对本书编写工作提供支持的企业和同行表示真诚的谢意！

由于编者水平有限，编写时间仓促，书中难免存在不妥之处，敬请广大读者批评指正。您的宝贵意见请反馈到邮箱 hzne999888@163.com。

编　者

2013年9月

目　　录

项目1

仓　　储

CANGCHU

【工作情景描述】

某物流公司招聘仓储主管。招聘条件：要求除具有很强的团队协作、吃苦耐劳精神和较高的素质外，还要具备仓储作业的基本管理能力。

(1) 能够科学合理地进行仓库平面布置，具备仓储规划设计的能力。

(2) 能够合理配置货架、托盘、叉车等各种仓储设备。

(3) 做好仓库的日常管理，保证货物的仓储环境，确保货物的材质不变。

(4) 明确仓储管理岗位职责，爱岗敬业，保证仓储作业过程顺利进行。

作为物流管理专业的学生，从现在开始要学习仓储管理的基本方法和技能，为以后工作奠定基础。

【任务要求】

任务1.1　认知仓储

任务1.2　熟悉仓储结构与仓库布局

任务1.3　仓储设备配置

任务1.4　仓储管理人员要求

【知识概览】

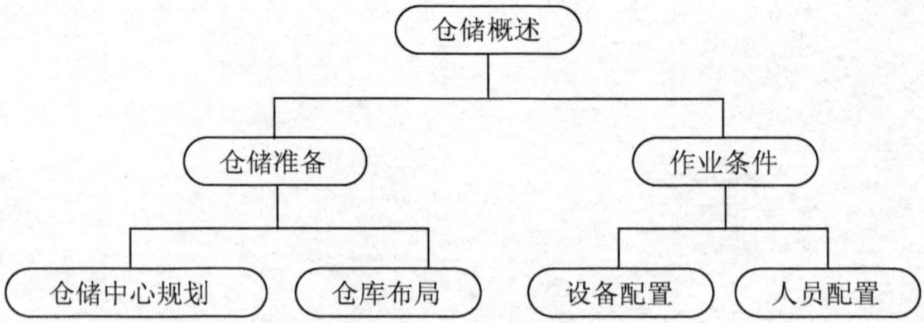

【学习目标】

知识目标	能力目标	学习重点和难点
(1) 熟悉仓储的含义及作业； (2) 了解仓储的种类； (3) 掌握仓库选址和仓库布局设计的基本知识； (4) 掌握仓储设施设备的作业特征； (5) 明确仓储管理人员的素质要求	(1) 能够科学地进行仓储总体结构设计； (2) 能够科学合理地进行仓库布局； (3) 能够合理配置货架、托盘、叉车等各种仓储设备	(1) 仓储规划和仓库布局设计； (2) 仓库设施设备选择

任务 1.1 认知仓储

【任务描述】

要想熟练地做好仓储管理的各项专业工作，首先应该对仓储管理的基础常识有所了解，对仓储的含义、种类及其功能有一定的认识。

1.1.1 熟悉仓储及其作用

1. 什么是仓储

仓储作为物流系统中物资供应的一个重要组成部分，是各种物资周转、储备的关键环节，担负着物资管理的多项业务职能。这从其定义上就可以看出来。

所谓仓储，就是在特定的场所储存物品的行为。其中，“仓”也称仓库，是存放物品的建筑物和场地，它可以是房屋建筑、大型容器，也可以是洞穴或者特定的场地等，一般具有存放和保护物品的功能；而“储”则用来表示收存以备使用，具有收存、保管、交付使用的功能。

2. 仓储的作用及发展成果

一般而言，现代仓储管理不仅要保管好库存物资，做到数量准确、质量完好、确保安全、收发迅速、面向生产，还要服务周到、降低费用、加速资金周转。所以，在经济领域尤其是物流行业中，仓储管理发挥着越来越大的作用。仓储的作用及发展成果如图 1.1 所示。

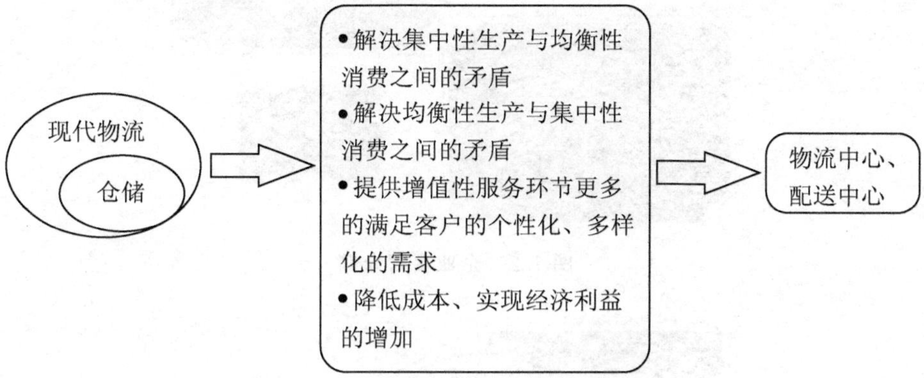

图 1.1　仓储的作用及发展成果

（1）对现代经济建设来说，现代仓储管理是保证社会再生产顺利进行的必要条件，是国家满足急需特需物资的保障。如果失去了仓储储备，就难以应付突发的自然灾害、战争等人力不可抗拒的情况，就难以保证国家的安全和社会的稳定。

（2）对流通领域来说，现代仓储管理是平衡市场供求关系、稳定物价的重要条件，是物资供销管理工作的重要组成部分，还是保持物资原有使用价值的重要手段。

（3）对企业经营来说，仓储可以调节在采购、生产、销售环节之间由于供求品种及数量的不一致而发生的变化，使企业经营的环节相对独立的经济活动连接起来，起到润滑剂的作用。

【特别提示】

传统仓储是为了存，现代仓储(物流仓储)是为了不存或少存。仓储管理无论在传统的物品流通领域还是在现代物流活动过程中都占据着非常重要的位置。

1.1.2　熟悉仓储的分类

1. 按仓储经营主体划分

1）企业自营仓储——生产流通企业

企业自营仓储是指生产或流通企业自用的仓储，不具有独立性，不对外经营，是企业为了保管本公司的物品(原料、半成品、产成品)而建设的仓库。仓库的建设、保管物品的管理及出入库等业务均处于本公司管理责任范围内。一般来讲，它的规模较小，储存对象较为单一，专用性强，如图 1.2 所示。生产企业主要为满足生产和产成品存放的需要，流通企业主要为支持销售的需要。

2）商业营业仓储——专业仓储

商业营业仓储是指仓储经营人按照仓储业管理条例取得营业许可，仓储经营人与存货人通过订立仓储合同的方式建立仓储关系，以其拥有的仓储设施，向社会提供商业性仓储服务，包括提供货物仓储服务和提供仓储场地服务、收取仓储费。商业营业仓储如图 1.3 所示。

图 1.2　企业自营仓储

图 1.3　商业营业仓储

3）公共仓储——公共事业单位

公共仓储是指为社会物流服务的公共仓库，属于公共服务的配套设施，如铁路车站的货场仓储、港口的码头仓储、公路货场的仓储等，其营运的目的是为了保证车站、码头等的货物作业和运输，具有内部服务的性质，如图 1.4 所示。

图 1.4　公共仓储

4）战略储备仓储——国家政府

战略储备仓储指国家根据国防安全、社会稳定的需要，对战略物资实施储备而建设的仓储。战略储备由国家政府进行控制，通过立法、行政命令的方式进行。战略储备特别重视储备品的安全，且储备时间较长。战略储备物资主要有粮食、能源、油料和淡水等。

2. 按仓储保管物品类别划分

1）普通物品仓储

普通物品仓储是指不需要特殊保管条件的物品仓储，只要求具有一般通用的库房和堆场，存放的货物有一般的生产物资、普通生活用品和普通工具等，如图 1.5 所示。在物资流通行业的仓储中，这种仓储所占的比重最大。

图 1.5 普通物品仓储

2）特殊物品仓储

特殊物品仓储是指在保管中有特殊要求和需要满足特殊保管条件的物品仓储，用来储存单一特殊货物，如危险品仓储(需用监控、调温、防爆、防毒和泄压等装置)；冷库仓储(一定温度)；粮食仓储(恒温)等。特殊物品仓储如图 1.6 所示。

图 1.6 特殊物品仓储

3. 按仓储功能划分

1）储存仓储

储存仓储主要是对货物进行保管和维护，一般存放期较长，储存物资较为单一，品种少，但存量大。

2）物流中心仓储

物流中心仓储是以物流管理为目的的仓储活动，是从事物流活动的场所和组织。主要从商品储存、装卸搬运、包装作业、拣选作业和商品验收等方面为社会提供服务；物流功能健全，具有完善的信息网络，辐射范围大，品种少、批量大，存储吞吐能力强。例如，北方物流集散地——天津新港、河北十大物流园区之一——石家庄国际物流园区等。

3）配送中心仓储

配送中心仓储是向市场或直接向消费者配送商品的仓储，一般在商品的消费经济区间内进行。其特点是主要面向特定用户服务；以配送为主，存储为辅；辐射范围小；品种多、批量小。例如，家乐福配送中心、沃尔玛配送中心等。

4）中转仓储

中转仓储处于货物运输系统的中间环节，主要存放待转运的货物，以保证不同运输方式的高效衔接，特别注重货物的周转作业效率和周转率，如港口、车站库场所进行的仓储。

5）保税仓储

保税仓储指使用海关核准的保税仓库存放保税货物的仓储行为。保税仓库是经海关批准、在海关监管下，专供存放未办理关税手续而入境或过境物品的场所。保税货物主要是不用于国内销售、暂时进境、海关予以缓税的进口货物。

1.1.3 仓储管理

1. 仓储管理的含义

仓储管理是指对仓库和仓库储存物料所进行的管理，是仓储机构为了充分利用自己具有的仓储资源提供高效的仓储服务所进行的计划、组织、指挥、控制和协调的过程。

具体来说，仓储管理包括仓储资源的获得、经营决策、商务管理、作业管理、仓储保管、安全管理、人事管理、经济管理等一系列管理工作。其目标是实现仓储合理化。

2. 仓储管理的内容

仓储业作为社会经济活动中的一个行业，其管理既具有一般企业管理的共性，也体现出其本身的管理特点。仓储管理从单纯意义上的对物品储存管理发展成为物流过程的中心环节，它的功能已不是单纯的物品储存，而且兼有多种增值服务功能，如图 1.7 所示。

以物流系统功能的整体观念来看，仓储管理不仅是对仓储业务活动与作业过程的管理，也包括仓储的战略规划和以仓库定位为中心的物流网络设计与物流结点布局。具体涉及以下方面的内容：仓储网点的布置和选址、仓储设施的选择、仓库规模的确定、仓储商务管理、特殊物品的仓储管理、库存货源组织、仓储计划、仓库作业、货物包装和养护、仓库治安、消防和生产安全、仓储经济效益分析、仓储货物的保税制度和政策、库存控制与管理、仓储管理中信息技术的应用及财产系统优化等。

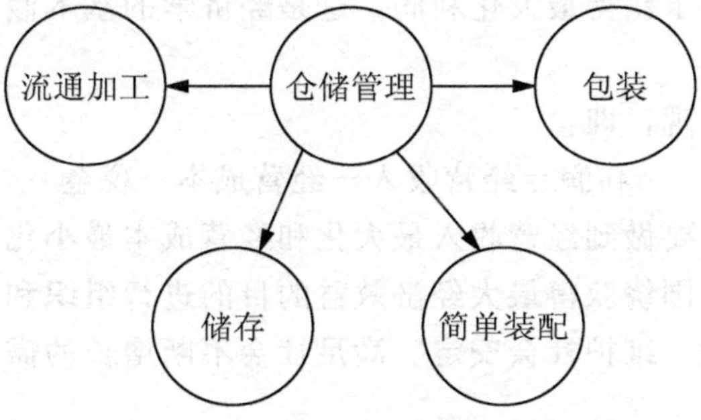

图 1.7 仓储增值服务

仓储管理研究的内容是物品流通过程中物品储存环节的管理，如图 1.8 所示。

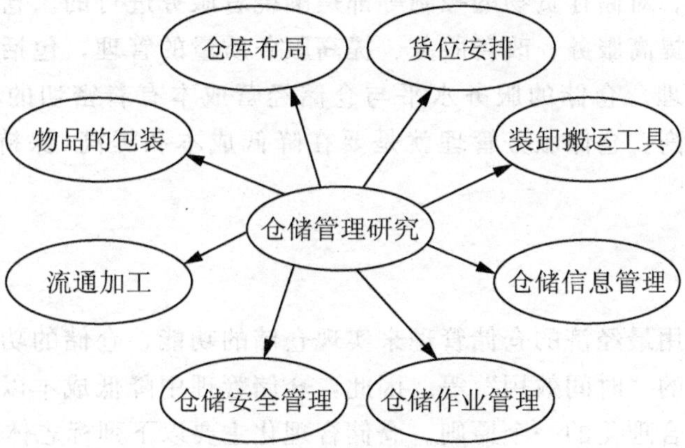

图 1.8 仓储管理研究内容

3. 仓储管理的原则

1）效率的原则

效率是指一定的产品产出量与一定的劳动要素投入量之比。较小的劳动要素投入和较高的产品产出量才能实现高效率。高效率是现代生产的基本要求，仓储经营的目标是要实现仓储经营活动的“快进、快出、多存储、保管好、费用省”。

“快进”指货物运抵港口、车站或仓库专用线时，要以最快的速度完成货物的接运、验收和入库作业活动。

“快出”指物资出库时，要及时、迅速、高效率地完成备料、复核、出库和交货清理作业活动。

“多存储”是在库存合理规划的基础上，最大限度地利用有效的仓储面积和空间，提高单位面积的仓储量和面积利用率。

“保管好”是指按照货物的性质和仓储条件的要求，合理安排仓储场所，采用多种经营方式和科学的保管方法，使其在保管期间内质量完好、数量准确。

“费用省”是指在货物输入和输出及保管的整个过程中，都要努力节省人力、物力和财力消耗，以最低的仓储成本获取最好的经济效果。

2）经济效益的原则

企业经营的目的是为了获得最大化利润，这是经济学的基本假设条件，也是社会现实的反映。

利润是经济效益的表现，即：

利润＝经营收入－经营成本－税金

实现利润最大化则需要做到经营收入最大化和经营成本最小化。作为参与市场经济活动主体之一的仓储业，也应围绕获得最大经济效益的目的进行组织和经营。但也需要承担部分社会责任，履行保护环境、维护社会安定、满足社会不断增长的需要等社会义务，实现生产经营的社会效益。

3）服务的原则

仓储活动本身就是向社会提供服务产品。服务是贯穿在仓储中的一条主线，仓储的定位布点、仓储具体操作、对储存货物的控制等都是围绕着服务进行的。仓储管理就是围绕服务定位开展的关于如何提高服务、改善服务、提高服务质量的管理，包括直接的服务管理和以服务为原则的生产管理。仓储的服务水平与仓储经营成本有着密切的相关性。一般是服务好，成本高，收费也高。仓储服务管理就是要在降低成本和提高（保持）服务水平之间保持平衡。

1.1.4 仓储合理化

仓储合理化就是用最经济的仓储管理来实现仓储的功能，仓储的功能是满足物品的储存需要以实现储存物品的“时间效用”等。因此，仓储管理中降低成本以满足客户需求的仓储量是衡量仓储管理中合理化的一个原则。仓储合理化主要以下列标志体现，见表1－1。

表1－1 仓储合理化标志

标志类型	仓储合理化内容
质量标志	仓储管理中对物品科学的保管保养，保证物品具有使用价值，这是实现仓储合理化的基本要求。为此，应通过仓储质量控制和管理来保证仓储质量
数量标志	仓储管理中的物品数量控制体现出整个仓储管理的科学化与合理化程度。一个合理的仓储数量应该是满足需求并做到成本最低
时间标志	在保证仓储功能实现的前提下，寻求一个合理的储存时间。要求仓储管理中，物品的管理应该处于动态的、不断周转状态下。资金的周转率高，运作的成本就低。因此，仓储的时间标志反映出仓储的动态管理程度
结构标志	存储物品之不同品种、不同规格、不同花色的仓储数量的比例关系，可以对仓储合理性进行判断
费用标志	仓租费、维护费、保管费、损失费、保险费和资金占用利息支出费用等，都能从实际费用上判断储存的合理与否
分布标志	指不同地区仓储的数量比例关系，反映满足需求的程度和对整个物流的影响

任务 1.2 熟悉仓储结构与仓库布局

【任务描述】

某仓储有限公司是一家新成立的公司，主要为一些商贸公司提供生活、食品和清洁等日常用品的储存服务，预计年营业额在 10 000 万元左右，试为该公司布置平面仓库货区，使得布置的货区既符合商品的储存要求，又方便作业，节约仓容。

1.2.1 熟悉仓储结构

1. 仓储总体构成

仓储作业通常由生产作业区、辅助作业区、行政生活区、库内运输道路、停车场和绿化区构成，如图 1.9 所示。

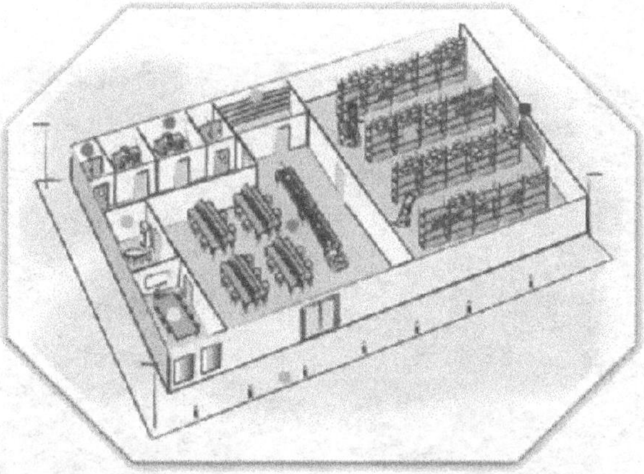

图 1.9 仓储结构

1）生产作业区

生产作业区是库区仓储活动发生的主要场所，主要包括以装卸、储存、转运货物为主要业务的货场、货棚、仓库、装卸平台等和由道路、码头、铁路专用线为主要组成的交通系统。

2）辅助作业区

辅助作业区为仓储的主要业务提供各项服务，如设备维修、各种物料和机械的存放、垃圾处理等。主要建筑物包括维修加工及动力车间、工具设备库、车库、油库、变电室等。

3）行政生活区

行政生活区是仓储行政管理机构和生活区域。具体包括办公楼、警卫室、化验室、宿舍和食堂等。行政生活区与生产作业区应分开，并保持一定距离，以保证仓库的安全及行政办公和居民生活的安静。

4）库内运输道路

商品出入库和库内搬运要求库内、外交通运输线相互衔接，并与库内各个区域有效连接。仓库交通运输布置得是否合理，对于仓库组织仓储作业和有效地利用仓库面积都产生很大的影响。

5）停车场和绿化区

停车场和绿化区设置要遵照相应的法律法规并使不同区域所占面积与仓库总面积保持适当的比例。例如，停车场面积必须保证商品接收、发运需要，绿化区面积不少于30%等。

2. 仓库结构设计

仓库的结构，对于实现仓储功能起着非常重要的作用。设计时，要从以下方面考虑。

1）平房建筑和多层建筑仓库的结构设计

仓库的结构从出入库作业的合理化方面看，尽可能采用平房建筑。这样，储存物品就不必上下移动，因为利用电梯将储存产品从一个楼层搬运到另一个楼层费时费力，而且电梯往往也是物品流转中的一个“瓶颈”。但在城市商业中心区，土地有限或者昂贵，为了充分利用土地，采用多层建筑成为最佳选择。采用多层楼库时，要特别重视对货物上下楼的通道设计。多层建筑仓库的结构如图1.10所示。

图1.10 多层建筑仓库的结构

2）仓库出入口和通道

仓库出入口的位置和数量是由建筑物主体结构和面积、库内货物堆码形式、出入库作业流程和次数及仓库职能等因素所决定的。出入库口尺寸的大小是由卡车是否出入库内，所用叉车的种类、尺寸、台数、出入库次数、保管货物尺寸大小所决定的。库房内的通道是保证库内作业顺畅的基本条件，通道应延伸至每一个货位，使每一个货位都可以直接进行作业。通道需要通直平整，减少转弯和交叉。设计仓库通道时根据库区内主干道路布置方式和次干道与主干道连接形式的不同，可将道路布置划分为方格网式、放射式和综合式3种。

(1) 方格网式道路。方格网式道路是主干道呈环状，次干道围绕建筑物布置并与主干道形成横纵交错棋盘式路网的道路形式。它是在运输量大的库区中心地带经常采用的一种道路布置形式，如图1.11所示。

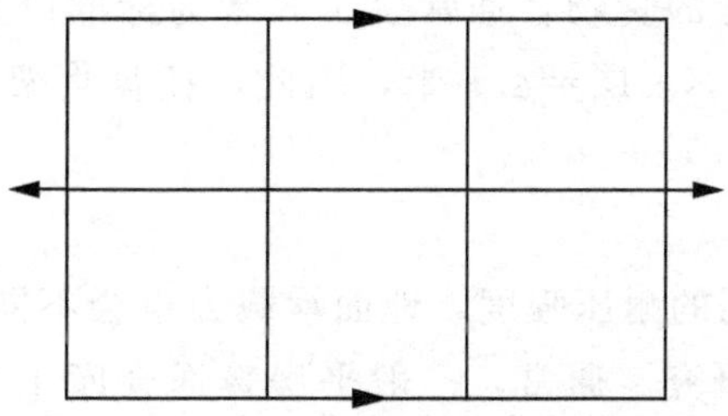

图 1.11　方格网式道路布置

(2) 放射式道路。主干道连接库区主要出入口，次干道从主干道呈放射状引出以连接库区各设施。放射式路网中次干道在库区边缘地区较易形成尽头路，在尽头路端可结合生产作业需要设置会车场，如图 1.12 所示。

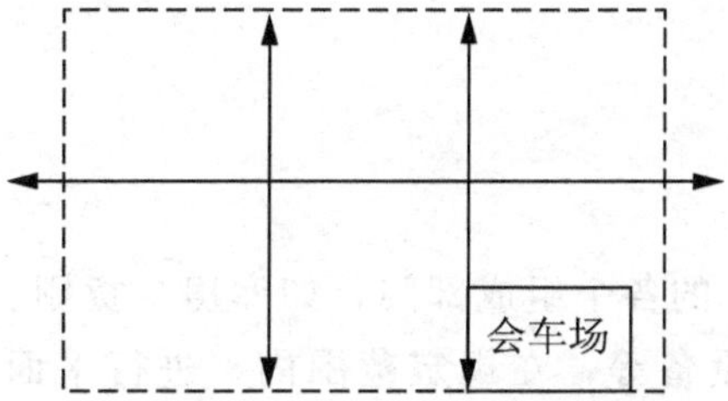

图 1.12　放射式道路布置

(3) 综合式道路。综合式有综合方格式和放射式两种道路布置形式，这是一种较普遍采用的灵活的道路布置形式，如图 1.13 所示。

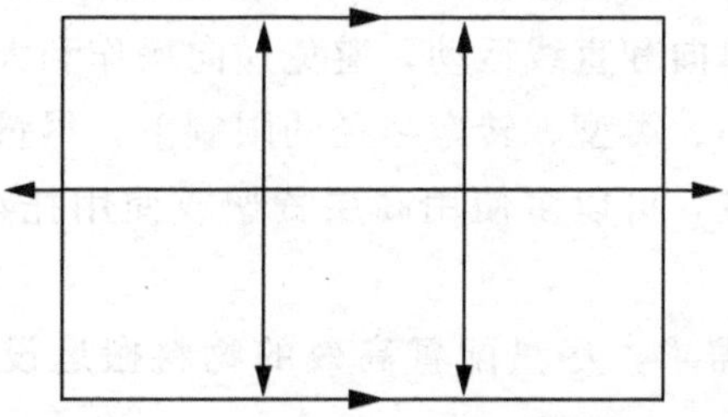

图 1.13　综合式道路布置

3) 立柱间隔

库房内的立柱是出入库作业的障碍，会导致保管效率低下，因而立柱应尽可能减少。但当平房仓库梁的长度超过 25 米时，建无柱仓库有困难，则可设梁间柱，使仓库成为有柱结构。对于在开间方向上的壁柱，可以每隔 5～10 米设一根，由于这个距离仅和门的宽度有关，库内又不显露出柱子，因此和梁间柱相比，在设柱方面比较简单。但是在开间方向上的柱间距必须与隔墙、防火墙的位置，门、库内通道的位置，天花板的宽度或是库内开间的方向设置的卡车停车站台长度等相匹配。

4) 天花板的高度

由于实现了仓库的机械化、自动化，因此现在对仓库天花板的高度也提出了很高的要求。即使用叉车的时候标准提升高度是 3 米，而使用多段式高门架的时候要达到 6 米。另外，从托盘装载货物的高度来看，包括托盘的厚度在内，密度大且不稳定的货物，通常以

1.2 米为标准；密度小而稳定的货物，通常以 1.6 米为标准以其倍数(层数)来看，1.2 米/层×4 层＝4.8 米，1.6 米/层×3 层＝4.8 米，因此，托盘货架仓库的天花板高度最低应该是 5 米。

5）地面

不同构造的地面会有不同的耐压强度，地面承载力也会不同。地面承载力必须根据承载货物的种类或堆码高度具体研究。通常，一般平房普通仓库 1 平方米地面承载力为 2.5～3 吨，其次是 2～2.5 吨，多层仓库随层数增高，地面承受负荷能力减小，一层为 2.5～3 吨，二层为 2～2.5 吨，三、四层为 1.5～2 吨，五层以上为 1～1.5 吨甚至更小。地面的负荷能力是由保管货物的重量及所使用的装卸机械的总重量、楼板骨架的跨度等所决定的。流通仓库的地面承载力，还必须保证重型叉车作业的足够受力。

1.2.2 了解仓库布局

1. 仓库布局的含义

仓库布局是指将一个仓库的各个组成部门，如库房、货棚、货场、辅助建筑物、铁路专用线、库内道路、附属固定设备等，在规定范围内，进行平面和立体的统筹规划、合理安排，最大限度地提高仓库的储存和作业能力，并降低各项费用。

2. 仓库布局的原则

(1) 尽可能采用单层设备，这样造价低，资产的平均利用率也高。

(2) 使货物在出入库时单向和直线运动，避免逆向操作和大幅度变向的低效率运作。

(3) 在物料搬运设备大小、类型、转弯半径的限制下，尽量减少通道所占用的空间。

(4) 尽量利用仓库的高度，可以多使用高层货架或使用托盘来多层堆放以提高储存量，增加利用空间。

(5) 要适应现代仓储的需求，尽量配置高效的物料搬运设备及操作流程，以提高生产效率。

(6) 实施有效的存储计划，确保储存空间有效利用。

3. 仓库总体布局的要求

1）有利于实现仓储作业的优化

(1) 单一的物流方向。仓库内商品的卸车、验收、存放地点之间的安排，必须适应仓储生产流程，按一个方向流动。

(2) 最短的运距。应尽量减少迂回运输，专用线的布置应在库区中部，并根据作业方式、仓储商品品种、地理条件等，合理安排库房，专用线要与主干道相对应。

(3) 最少的装卸环节。减少在库商品的装卸搬运次数和环节，商品的卸车、验收、堆码作业最好一次完成。

(4) 最大的利用空间。仓库总平面布置是立体设计，应有利于商品的合理存储和充分利用库位。

2）有利于提高仓储经济效益

要因地制宜，充分考虑地形、地理条件，合理确定库房的位置和朝向，仓库位置应便于货物的入库、装卸和提取，库内区域划分明确、布局合理，为货物的储存保管创造良好的环境，提供适宜的条件。

3）有利于保证安全生产和文明生产

（1）要符合消防规定，要有防火、防盗、防水、防爆设施，同时要为发生险情时创造方便的救援条件。

（2）应符合卫生和环境要求，既满足库房的通风、日照等，又要考虑环境绿化、文明生产，有利于职工身体健康。

4. 仓库内部货区布局设计

仓库货区布局是指根据仓库场地条件、仓库业务性质和规模、物资储存要求，以及技术设备的性能和使用特点等因素，对仓库各组成部分，如存货区、理货区、配送备货区、通道及辅助作业区等，在规定的范围内进行平面和立体的合理安排和布置，最大限度地提高仓库的储存能力和作业能力，并降低各项仓储作业费用。仓库的货区布局和规划，是仓储业务和仓库管理的客观需要，其合理与否直接影响各项工作的效率和储存物资的安全。因此，不但建设新仓库时要重视仓库货区的合理布置，随着技术的进步和作业情况的变化，也应重视对老仓库进行必要的改造。

5. 合理进行库位分区

库位分区是解决货物如何放、放在哪里的问题，是仓库作业的基础，分区是否合理将直接影响仓库作业的效率。

按照仓储作业的功能特点及 ISO 9000 国际质量体系认证的要求，仓库内部库位一般分为以下 4 个区域。

（1）备储区。用于暂存处于检验过程中的货物，有进货暂存区和出货暂存区之分。预备储区中不但应对货物的品质有所保护，而且对于货物分批、分类的隔离也要落实执行。此区域一般采用黄色的标志以区别于其他状态的货物。

（2）保管储区。此区域的货物大多以中长期状态进行保管，是整个仓储中心的管理重点所在。此区域一般采用绿色的标志以区别于其他状态的货物。

（3）待处理区。用于储存不具备验收条件或质量不能确认的货物，一般采用白色的标志以区别于其他状态的货物。

（4）不合格品区。用于储存质量不合格的货物态的货物。此区域一般采用红色的标志以区别于其他状态的货物。

1.2.3 把握货区布置方法

1. 平面布置

平面布置是指对货区内的货垛、通道、垛间距、收发货区等进行合理的规划，并正确处理其相对位置。平面布置的形式可以概括为垂直式和倾斜式。

1）垂直式布置

垂直式布置是指货垛或货架的排列与仓库的侧墙互相垂直或平行，具体包括横列式布置、纵列式布置和纵横式布置。

（1）横列式布置，是指货垛或货架的长度方向与仓库的侧墙互相垂直。这种布局的主要优点是，主通道长且宽，副通道短，整齐美观，便于存取查点，如果用于库房布局，还有利于通风和采光，如图 1.14 所示。

图 1.14　横列式布置

（2）纵列式布置，是指货垛或货架的长度方向与仓库侧墙平行。这种布局的优点主要是仓库平面利用率较高，但存取货物不方便，如图 1.15 所示。

图 1.15　纵列式布置

（3）纵横式布置，是指在同一保管场所内，横列式布置和纵列式布置兼而有之，可以综合利用两种布置的优点，如图 1.16 所示。

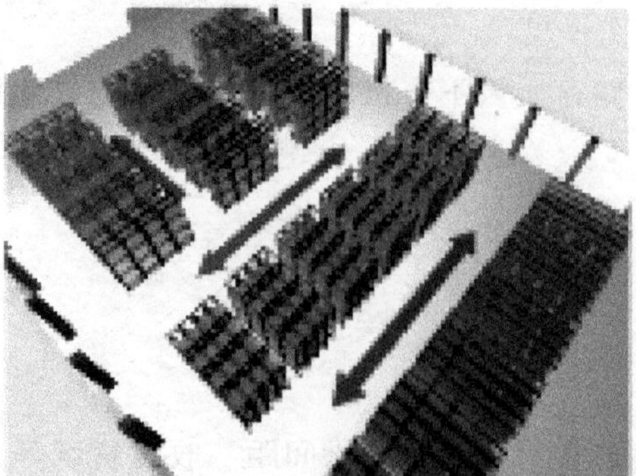

图 1.16　纵横式布置

2）倾斜式布置

倾斜式布置是指货垛或货架与仓库侧墙或主通道成60°、45°或30°夹角。具体包括货垛倾斜式布置和通道倾斜式布置。

（1）货垛倾斜式布置，是横列式布置的变形，它是为了便于叉车作业、缩小叉车的回转角度、提高作业效率而采用的布置方式，如图1.17所示。

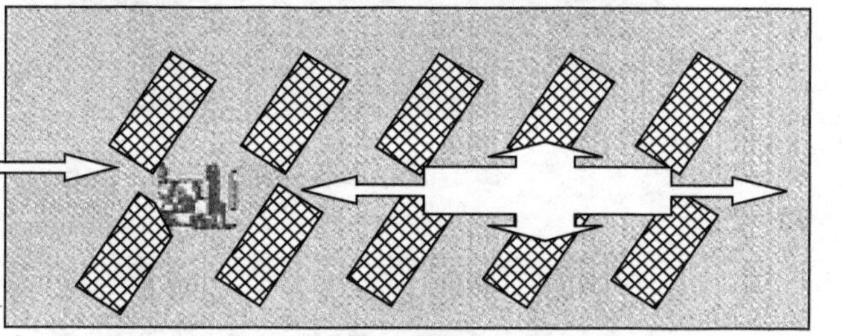

图1.17 货垛倾斜式布置

（2）通道倾斜式布置，是指仓库的通道斜穿保管区，把仓库划分为具有不同特点的作业区，如大量存储和少量存储的保管区等，以便进行综合利用。这种布置形式使仓库内形式复杂，货位和进出库路径较多。

2. 空间布置

空间布置是指库存货物在仓库立体空间上的布置，其目的在于充分有效地利用仓库空间。进行空间布置时，首先要考虑的是储存货物的存储形式，包括存储货物的位置、尺寸与数量；其次要合理地放置柱、梁、通道，以增加空间使用率；最后要注意保管空间的有效利用，即向上发展、有效利用平面、采用自动仓库等。

空间布置的主要形式有就地堆码、上货架存放、加上平台等，分别如图1.18～图1.20所示。货架存放物品有很多优点，概括起来有以下几个方面。

（1）便于充分利用仓库空间，提高库容利用率，扩大存储能力。

（2）物品在货架里互不挤压，有利于保证物品本身和其包装完整无损。

（3）货架各层中的物品，可随时自由存取，便于做到先进先出。

（4）物品存入货架，可防潮、防尘、某些专用货架还能起到防损、防伤、防盗、防破坏的作用。

图1.18 就地堆码

图 1.19　上货架存放

图 1.20　加上平台

3. 货物布置

（1）根据物品特性分区分类储存，将特性相近的物品集中存放。

（2）将货物进行 A、B、C 分类，A 类货物尽量布置于靠近走道或门口的地方，C 类货物尽量置于仓库的角落或较偏僻的地方，B 类货物则置于 A 类和 C 类货物之间的地方。

（3）将单位体积大、单位质量大的物品存放在货架底层。

（4）将同一供应商或者同一客户的物品集中存放，以便于进行分拣配货作业。

【特别提示】

货位布局除了考虑平面布局外，还应考虑空间布局，如就地堆码与架上平台共用、货架存放空中悬挂等，有效地利用空间，降低仓储成本。

4. 库内非保管场所布置

仓库内货架和货垛所占的面积为保管面积或使用面积，其他则为非保管面积。应尽量扩大保管面积，缩小非保管面积。非保管面积包括通道、墙间距、收发货区、仓库人员办公地点等。

1）通道

库房内的通道分为运输通道（主通道）、作业通道（副通道）和检查通道。

运输通道供装卸搬运设备在库内行走，其宽度主要取决于装卸搬运设备的外形尺寸和单元装载的大小。运输通道的宽度一般为1.5～3米。

2）墙间距

墙间距的作用一方面是使货物和货架与库墙保持一定的距离，避免物品受库外温湿度的影响，同时也可作为检查通道和作业通道。墙间距一般宽度在0.5米左右，当兼作作业通道时，其宽度需增加一倍。

3）收发货区

收发货区是供收货、发货时临时存放物品的作业用地。收发货区的位置应靠近库门和运输通道，可设在库房的两端或适中的位置，并要考虑收货发货互不干扰。收发货区面积的大小，则应根据一次收发批量的大小、物品规格品种的多少、供货方和用户的数量、收发作业效率的高低、仓库的设备情况、收发货的均衡性、发货方式等情况确定。

4）库内办公地点

管理人员的办公室设在库内特别是单独隔成房间的是不合理的，既不经济又不安全，所以办公地点最好设在库外。

1.2.4 货位编号

1. 认知货位编号

货位即货物存放的位置。货位编号就是在分区分类的基础上，将仓库的库房、货场、货棚及货架等存放货物的场所，划分为若干货位，然后按照储存地点和位置的排列，采用统一标记编上顺序号码，并做出明显标志，以方便仓库作业的管理方法。货位编号内容如图1.21所示。

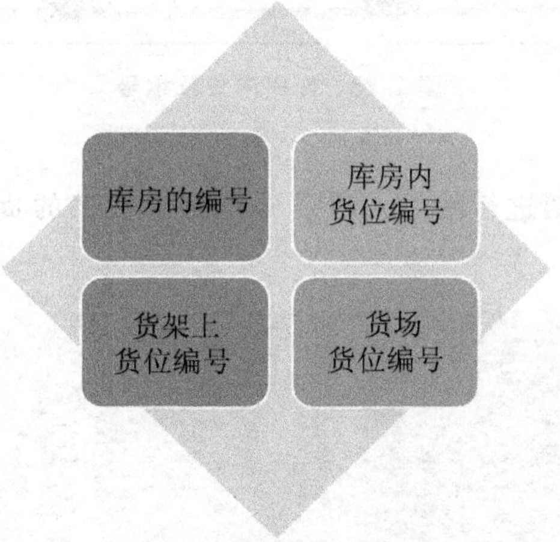

图1.21 货位编号内容

1）库房的编号

把整个仓库的所有储存场所，依其地面位置按顺序编号，对库房的号码可统一写在库房外墙上或库门上，编号要清晰醒目，易于查找，如图1.22所示。

2）库房内货位编号

根据库内业务情况，按照库内主干道、支干道分布，划分为若干货位，按顺序以各种简明符号与数字，来编制货区、货位的号码，并标于明显处，如图 1.23 所示。

图 1.22　库房编号

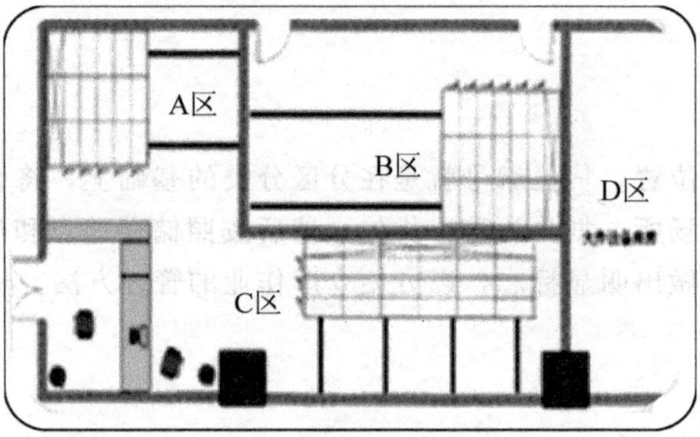

图 1.23　库房内货位编号

3）货架上货位编号

先按一个仓库内的货架进行编号，然后再对每个货架的货位按层、位进行编号，如图 1.24 所示。

图 1.24　货架上的货位编号

4）货场货位编号

货场货位编号常见的有两种方法：一种是在整个货场内先按排编上排号，然后再按各排货位顺序编上货位号；另一种是不分排号，直接按货位顺序编号。对于集装箱堆场，应对每个箱位进行编号，并画出箱门和四角位置标记。货场货位编号如图 1.25 所示。

图 1.25 货场货位编号

货位编号在保管工作中具有重要的作用，它能提高收发货作业效率，而且有利于减少差错。货位编号就好比货物在库的“住址”，做好货位编号工作应根据不同的仓库条件、货物类别和批量整零情况，合理进行货位划分及序号编排，以符合“标志设置要适宜、标志制作要规范、编号顺序要一致、段位间隔要恰当”的基本要求。

2. 货位编号的方法

货位编号应按照统一的规则和方法进行。采用统一的形式、统一的层次和统一的含义编排。

1）仓库内存储场所的编号

仓库内存储场所的编号必须使整个仓库内的储存场所的库房、货棚、货场，按一定的顺序(自左向右或自右向左)，各自连续编号。库房的编号一般写在库房的外墙上或库门上，字体要统一、端正，色彩鲜艳、清晰醒目、易于辨认。货场的编号一般写在场地上，书写的材料要耐摩擦、耐雨淋、耐日晒。货棚编号书写的地方，则可根据具体情况而定，总之应让人一目了然。

2）库房、货棚内货位的编号

对于库房、货棚的货位，在编号时，应对库房和货棚有明显区别，可加注“库”、“棚”等字样，或加注“K”、“P”字样(“K”、“P”分别是“库”、“棚”拼音的第一个大写字母)。对于多层库房，常采用“三位数编号”、“四位数编号”或“五位数编号”。多层库房货位编号如图 1.26 所示。

3）货场内货位的编号

货场内货位布置方式不同，其编号的方式也不同。货位布置的方式一般有横列式和纵列式两种。横列式，即货位与货场的宽平行排列，可采用横向编号，如图 1.27 所示。

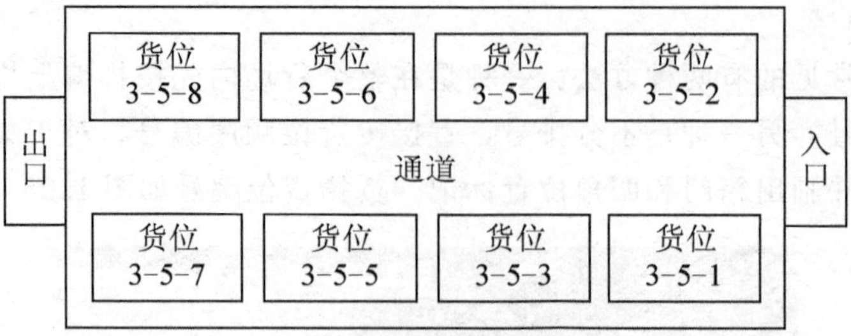

图 1.26　多层库房货位编号

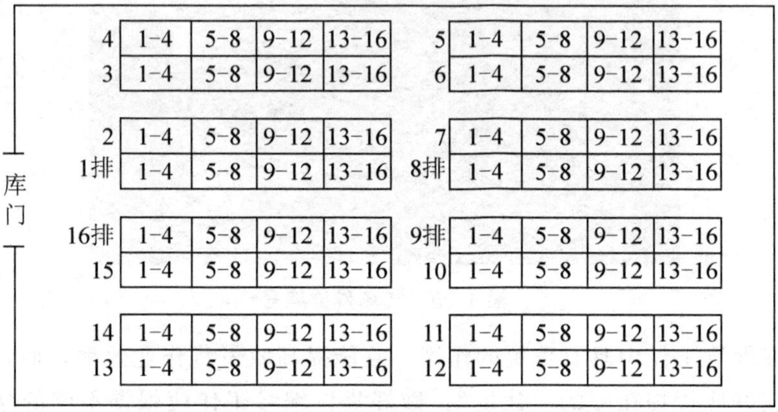

图 1.27　"四位数编号"示意图

纵列式，即货位与货场的宽垂直排列，常采用纵向编号。无论横向编号还是纵向编号，编号的具体方法一般有两种：一是按照货位的排列，先编成排号，再在排号内按顺序编号，如图 1.28 所示；二是不编排号，采取自左至右和自前至后的方法，按顺序编号，如图 1.29 所示。

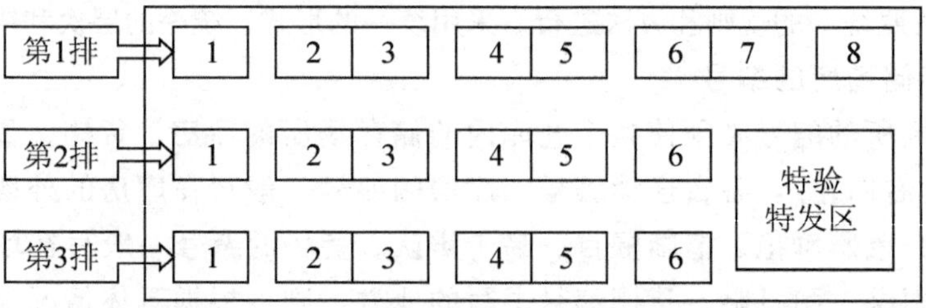

图 1.28　货场内横列式货位编号(分排)示意图

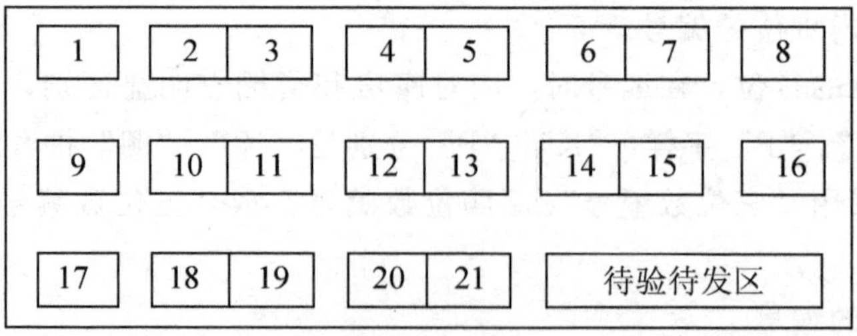

图 1.29　货场内横列式货位编号(不分排)示意图

4）货架上各货位的编号

可先将库房内所有的货架，以进入库门的方向，自前到后按排进行编号，继而对每排货架的货位按层、位进行编号。顺序应是从上到下，从左到右，从里到外。

任务 1.3 仓储设备配置

【任务描述】

仓储设备的配置是仓储系统规划的重要内容，关系到仓库建设成本和运营费用，更关系到仓库的生产效率和效益。作为仓库主管，应会合理选择和使用仓储设备。仓储设备是指仓储业务所需的所有技术装置与机器，即仓库进行生产作业或辅助生产作业，以及保证仓库及作业安全所必需的各种机械设备的总称。

1.3.1 熟悉仓储设备

1. 仓储设备的配置

根据仓储的功能要求确定主要设施设备的配置，见表 1－2。

表 1－2 仓储设备的配置

功能要求	设备类型
存货、取货	货架、叉车、堆垛机械、起重运输机械等
分拣、配货	分拣机、托盘、搬运车、传送机械
验货、养护	检验仪器、工具、养护设施等
防火、防盗	温度监视器、防火报警器、防盗报警设施等
流通加工	所需的作业机械、工具等
控制、管理	计算机及辅助设备等
配套设施	站台、轨道、道路、场地等

2. 仓储设备的选择原则

(1) 仓储机械设备的型号应与仓库的作业量、出入库作业频率相适应。
(2) 计量和搬运作业同时完成。
(3) 选用自动化程度高的机械设备。
(4) 注意仓储机械设备的经济性。

知识拓展

仓储面积及参数的确定

仓库面积取决于存储商品的总量、种类及构成。对于单间的无大型设备的仓库，取 500～700 平方米为宜，而对于机械化程度高的大型仓库，其面积可达 1 000～2 000 平方米。

仓库的长度应大于装卸线的长度；仓库的宽度可取长度的 1/8～1/3。小型仓库的宽度一般为

10～13 米；中型仓库为 20～25 米。

仓库高度视库内使用设备及货物堆存高度而定，单层仓库一般为 5 米，多层仓库的底层为 4～5 米，上层为 3.5～4 米，一些采用起重机的仓库，其高度可达 8 米以上。

3. 常用的仓储装卸搬运设备

目前，我国仓库中所使用的装卸搬运设备通常可以分成 3 类，即装卸堆垛设备、搬运输送设备和成组搬运工具，如叉车、堆垛机、起重机、自动导向车、输送机等。

1）叉车

叉车在仓储作业过程中，是比较常用的装卸设备，有万能装卸机械之称。叉车是指具有各种叉具，能够对货物进行升降和移动以及装卸作业的搬运车辆。它具有灵活、机动性强、转弯半径小、结构紧凑、成本低廉等优点。叉车的类型很多，按照其动力类型可划分为电瓶和内燃机两大类(内燃机的燃料又分为汽油、柴油和天然气 3 种)；按其基本构造分类，又可分为平衡重式叉车、前移式叉车、侧叉式叉车等，如图 1.30～图 1.32 所示。

图 1.30　平衡重式叉车

图 1.31　前移式叉车

图 1.32　侧叉式叉车

2）堆垛机

堆垛机是专门用来堆码或提升货物的机械。普通仓库使用的堆垛机是一种构造简单、用于辅助人工堆垛、可移动的小型货物垂直提升设备。这种机械的特点是，构造轻巧，能在很窄的走道内操作减轻堆垛工人的劳动强度，且堆码或提升高度较高，仓库的库容利用率高，作业灵活。因此，在中小型仓库内被广泛使用，主要有有轨堆垛机、无轨堆垛机等类型，如图 1.33 和图 1.34 所示。

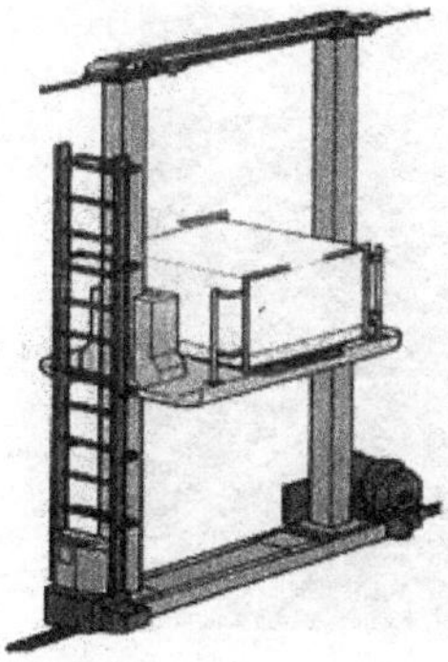

图 1.33 有轨堆垛机

图 1.34 无轨堆垛机

3）起重机

起重机是在采用输送机之前曾被广泛使用的具有代表性的一种搬运机械，它是指货物被吊起，在一定范围内做水平运动的机械。

起重机按照其所具有的机构、动作繁简程度及工作性质和用途，可以归纳为简单起重机械、通用起重机械和特种起重机械3种。

简单起重机械一般只做升降运动或一个直线方向的运动，只需要具备一个运动机构，而且大多数是手动的，如绞车、葫芦等。

通用起重机械除需要一个使物品升降的起升机构外，还有使物品做水平方向的直线运动或旋转运动的机构。该类机械主要用电力驱动。属于这类的起重机械主要包括通用桥式起重机、门式起重机、固定旋转式起重机和行动旋转式起重机等。

特种起重机械是具有两个以上机构的多动作起重机械，专用于某些专业性的比较复杂的工作，如冶金专用起重机、建筑专用起重机和港口专用起重机等。

4）输送机

输送机是一种连续搬运货物的机械。

输送机特点是在工作时连续不断地沿同一方向输送散料或者重量不大的单件物品，装卸过程无须停车。其优点是生产率高、设备简单、操作简便。缺点是一定类型的连续输送机只适合输送一定种类的物品，不适合搬运很热的物料或者形状不规则的单件货物；只能沿一定线路定向输送，因而在使用上具有一定局限性。

根据用途和所处理货物形状的不同，输送机常见的有带式输送机和辊子输送机，如图1.35和图1.36所示。

图 1.35 带式输送机

图 1.36 辊子输送机

此外，还有链式输送机、螺旋式输送机、移动式输送机、固定式输送机、重力式输送机和电驱动式输送机等多种设备。

4. 装卸搬运设备的配置原则

在选择仓储机械设备时，应对仓储机械的技术经济指标进行综合评价应遵循以下原则。

1）仓储机械设备的型号应与仓库的作业量、出入库作业频率相适应

仓储机械设备的型号和数量应与仓库的日吞吐量相对应，仓库的日吞吐量与仓储机械的额定起重量、水平运行速度、起升和下降速度及设备的数量有关，应根据具体的情况进行选择。

2）计量和搬运作业同时完成

有些仓库，需要大量的计量作业，如果搬运作业和计量作业不同时进行，势必要增加装卸搬运的次数，降低了生产效率。例如，在皮带输送机上安装计量感应装置，在输送的过程中，同时完成计量工作。

3）选用自动化程度高的机械设备

要选择合适的货架和托盘。托盘的运用大大提高了出入库作业的效率，选择合适的货架同样使出入库作业的效率提高，应提高机械设备的自动化程度，以提高仓储作业的效率。

4）注意仓储机械设备的经济性

选择装卸搬运设备时，应该根据仓库作业的特点，运用系统的思想，在坚持技术先进、经济合理、操作方便的原则下，企业应根据自身的条件和特点，对设备进行经济性评估，选择合适的机械设备。

5. 配置的方法

（1）根据距离和物流量，确定设备的类别。简单的搬运设备适用于距离短、物流量小的搬运；复杂的搬运设备适用于距离短、物流量大的搬运。简单的运输设备适用于距离长、物流量小的运输；复杂的运输设备适用于距离长、物流量大的运输。

（2）根据设备的技术指标、货物特点，以及运行成本、使用方便等因素，选择设备系列型号，甚至品牌。在设备选型时要注意：①设备的技术性能，能否胜任工作以及设备的灵活性要求等；②设备的可靠性，在规定的时间内能够工作而不出现故障，或出现一般性故障易立即修复且安全可靠；③工作环境的配合适应性，工作场合是露天还是室内，是否有震动，

是否有化学污染及其他特定环境要求等；④经济因素，包括投资水平、投资回收期及性能价格比等；⑤可操作性和使用性，操作是否易于掌握，培训的复杂程度等；⑥能耗因素，设备的能耗应符合燃烧与电力供应情况；⑦备件及维修因素，设备条件和维修应方便、可行。

1.3.2 熟悉仓储保管设备

1. 了解保管设备

保管设备是用于保护仓储商品质量的设备，包括苫垫用品、存储用具和辅助用具。

1）苫垫用品

苫垫用品包括苫布(篷布、油布、塑料布等)、苫席、枕木(愣木、垫木)、垫仓架、水泥条、花岗石块等。主要用于露天货物堆放商品的苫垫及底层仓库的衬垫，具有防尘、防晒、防雨、防风、防潮等作用。

2）存储用具

存储用具包括各种类型的货架。常用的有以下几种。

(1) 托盘式货架。托盘式货架是使用最广泛的托盘类货物存储系统，通用性较强。其结构是货架沿仓库的宽度方向分成若干排，其间有一条巷道，供堆垛起重机、叉车或其他搬运机械运行，每排货架沿仓库纵长方向分为若干列，在垂直方向又分成若干层，从而形成大量货格，便于用托盘存储货物，如图 1.37 所示。

(2) 悬臂式货架悬臂式货架为边开式货架的一种，可以在架两边存放货物，适合存储长、大件货物和不规则货物，如钢铁、木材、塑料等，其前伸的悬臂具有结构轻巧、载重能力好的特点。如果增加搁板，特别适合空间小、高度低的库房，管理方便。悬臂式货架同样可以实现多层应用，如图 1.38 所示。

图 1.37 托盘式货架

图 1.38 悬臂式货架

(3) 货格式货架。货格式货架是由一个个货格组成的，在存储时，避免了货物的相互挤压，每个货物是独立的单元，可以实现货物的先进先出。货格式货架是立体仓库货架的主要形式如图 1.39 所示。货格式货架是最常用的一种货架，在自动化仓库中广泛应用。货格式货架由货格所组成的，根据货格的多少，可以将自动化仓库分为大型仓库、中型仓库和小型仓库。

图 1.39　货格式货架

(4) 移动式货架。移动式货架的货架底部装有滚轮，开启控制装置，滑轮可以沿轨道滑动。移动式货架平时可以密集相连排列，存取货物时通过手动或电动控制装置驱动货架沿轨道滑动，形成通道，从而大幅度减少通道面积，仓库面积利用率可以达到 80%，但由于成本较高，主要在档案管理等重要或贵重物品的保管中使用，如图 1.40 所示。

图 1.40　移动式货架

(5) 驶入/驶出式货架。一般的自动化仓库，有轨或无轨堆垛机的作业通道是专用的，在作业通道上不能储存货物。驶入/驶出式货架仓库的特点是作为托盘单元货物的储存，货位与叉车的作业通道是合一的、共同的，这就大大提高了仓库的面积利用率。驶入/驶出式货架采用钢结构，立柱上有水平突出的构件，叉车将托盘货物送入，由货架两边的构件托住托盘。驶入式货架只有一端可供叉车进出，而驶出式货架可供叉车从中通过，非常便于作业，如图 1.41 所示。

(6) 旋转式货架。旋转式货架又称回转式货架。在拣选货物时，取货者不动，通过货架的水平、垂直或立体方向回转，货物随货架移动到取货者的面前。它是适应目前生产及生活资料由少品种大批量向多品种小批量发展趋势而发展起来的一类现代化保管储存货架，如图 1.42 所示。

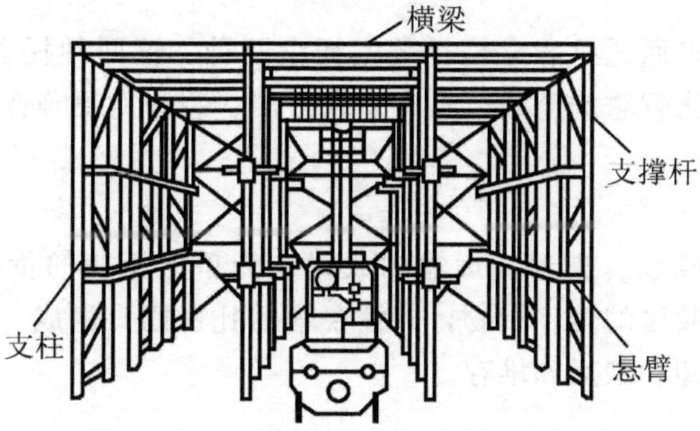

图 1.41 驶入/驶出式货架

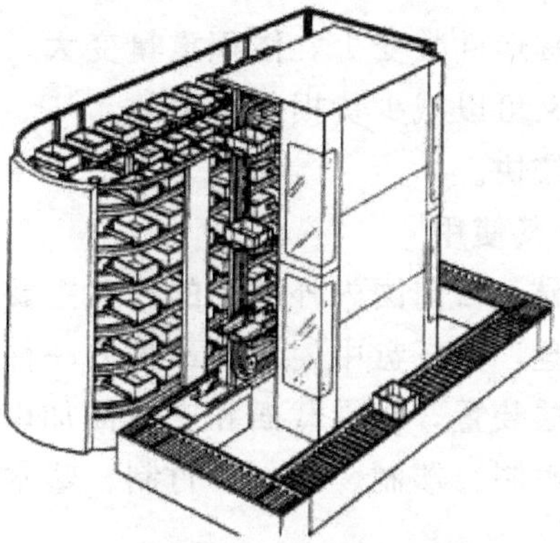

图 1.42 旋转式货架

（7）阁楼式货架。阁楼式货架适用于场地有限、品种繁多、数量少的情况，其底层货架不但是保管物料的场所，而且是上层建筑承重梁的支撑，承重梁的跨距大大减小，建筑费用也大大降低。阁楼式货架也适用于现有旧仓库的技术改造，配合使用升降机操作，可以大大提高仓库的空间利用率。

阁楼式货架采用全组合式结构，专用轻钢楼板，造价低，施工快。根据场地情况和使用需要，阁楼式货架可灵活设计成两层、多层各种形式，以充分利用空间，如图 1.43 所示。

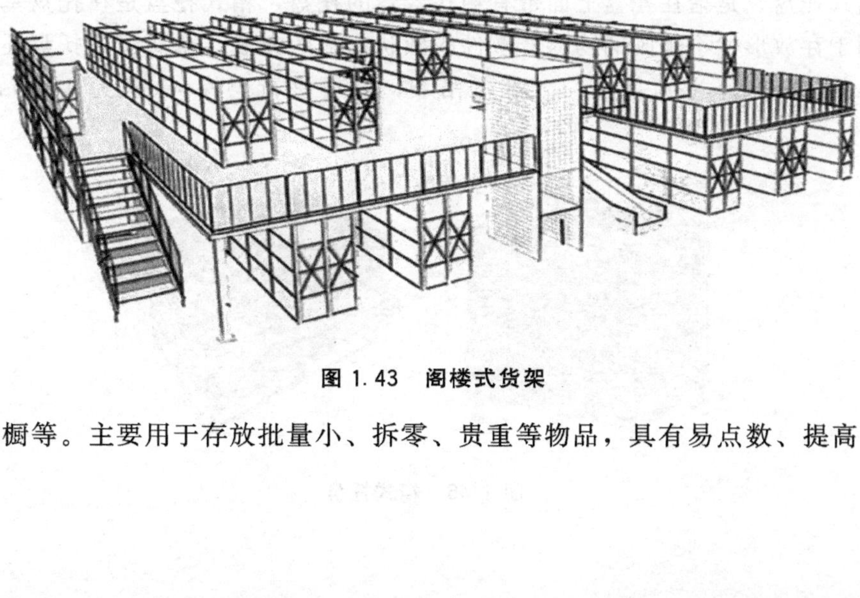

图 1.43 阁楼式货架

（8）货橱等。主要用于存放批量小、拆零、贵重等物品，具有易点数、提高仓容利用率等特点。

3）辅助用具

辅助用具主要包括平面托盘和立桩折叠式托盘两种。这两种托盘辅助于叉车装卸作业。主要用于体积小或质量比较重的商品，具有点数方便、装卸简便等特点。

2. 选择托盘

托盘是用于集装、堆放、搬运和运输的放置作为单元负荷的货物和制品的水平平台装置。在平台上集装一定数量的单件货物，并按要求捆扎加固，组成一个运输单位，便于运输过程中使用机械进行装卸、搬运和堆存。

1）托盘特点

(1) 托盘的搬运采用机械操作，减少货物堆码作业次数，从而有利于提高运输效率，缩短货运时间，降低劳动强度。

(2) 以托盘为运输单位，货运件数变少，体积重量变大。如果每个托盘所装货物数量相等，既便于点数、理货交接，又可以减少货损货差事故。

(3) 投资比较小，收益比较快。

2）熟悉常用托盘的种类及其使用

托盘的种类繁多，结构各异，目前国内外常见的托盘主要有以下 5 种。

(1) 平板托盘。又称平托盘，是托盘中使用量最大的一种，是通用托盘。由双层板或单层板另加底脚支撑构成，无上层装置，在承载面和支撑面加以纵梁，可使用叉车或搬运车进行作业。按其材质的不同，有木制、塑制、钢制、竹制、塑木复合等，如图 1.44 所示。

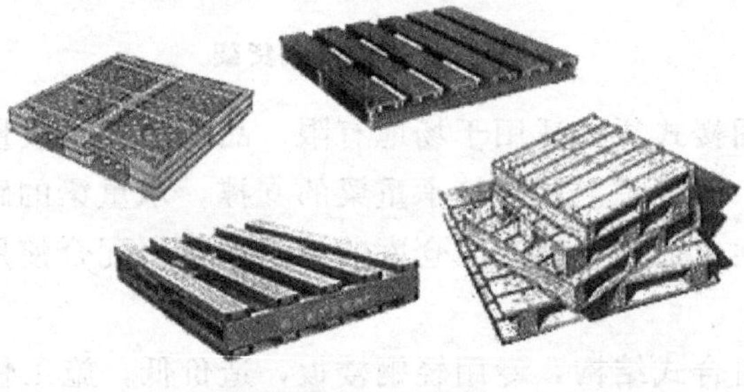

图 1.44　平托盘

(2) 箱式托盘。是指在托盘上面带有箱式容器的托盘。箱式托盘是在托盘基础上发展起来的，多用于存放形状不规则的物料、散件或散状物料的集装，金属箱式托盘还用于热加工车间集装热料。一般下部可叉装，上部可吊装，并可进行码垛(一般为 4 层)，如图 1.45 所示。

图 1.45　箱式托盘

(3) 柱式托盘。在托盘上部的4个角有固定式或可卸式的立柱，有的柱与柱之间有连接的横梁，使柱子成门框型。柱式托盘在平托盘上装有4个立柱，其目的是在多层堆码保管时，保护好最下层托盘货物。托盘上的立柱大多采用可卸式的，高度多为1.2米左右，立柱的材料多为钢制，耐荷重3吨，自重30千克左右，如图1.46所示。柱式托盘的特点是在不压货物的情况下可进行码垛(一般为4层)。多用于包装物料、棒料管材等的集装。还可以成为可移动的货架、货位；不用时，可叠套存放，节约空间。近年来，在国外推广迅速。

(4) 物流台车。在平托盘、柱式托盘或网箱托盘的底部装上脚轮而成，既便于机械化搬运，又宜于短距离的人力移动。既适用于企业工序间的物流搬运，也可在工厂或配送中心装上货物运到商店，直接作为商品货架的一部分，如图1.47所示。

图1.46 柱式托盘

图1.47 物流台车

(5) 特种专用托盘。这类托盘是根据产品特殊要求专门设计制造的托盘，如平板玻璃托盘、油桶专用托盘、轮胎托盘等。

1.3.3 熟悉仓储其他设备

1. 计量检验设备

计量设备是指商品在入库验收、在库检查和出库交接过程中使用的度量衡工具，包括磅秤、杆秤、地重衡、轨道衡、电子秤、流量计、检尺器、长度计量仪、自动计数器等。

计量设备主要用于商品出入库的计量、点数，以及库存期间的盘点、检查等。计量设备必须具有准确性、灵敏性、不变性及稳定性等特点。

2. 安全与养护设备

(1) 安防设备。安防设备包括闭路电视监控系统、门禁系统和闯入报警系统等组成，其主要目的是防止人员和货物在未经许可的情况下进出仓库。

(2) 消防设备。消防设备包括警报器、各式灭火器、水源设备、砂土箱、水桶、水龙带等。主要用于灭火和防火。

(3) 养护设备。养护设备主要有温湿度计、测潮仪、吸湿器、烘干机、通风机、空调机等，用于养护商品防止商品变质。在华南地区，因为常年温度高、湿度大，物资储存天然环境较差，对物资养护设备要求更高。

(4) 劳动防护设备。劳动防护设备是指用于确保仓库职工在作业中的人身安全的一些防护用具和用品。

【小贴士】

托盘的标准化是物流领域的一个非常重要的问题。托盘如果只是在工厂和仓库使用，是不能充分发挥其效益的，只有全程托盘化，才能取得良好的效果。这就必然涉及托盘的标准化问题。

1.3.4 了解自动化立体仓库

所谓自动化立体仓库，是指由电子计算机进行管理和控制，不需要人工搬运作业，而实现收发自动化作业的仓库。立体仓库是指采用高层货架以货箱或托盘储存货物，用巷道堆垛起重机及其他机械进行作业的仓库。将上述两种仓库的作业结合的仓库称为自动化立体仓库。自动化立体仓库结构如图 1.48 所示。

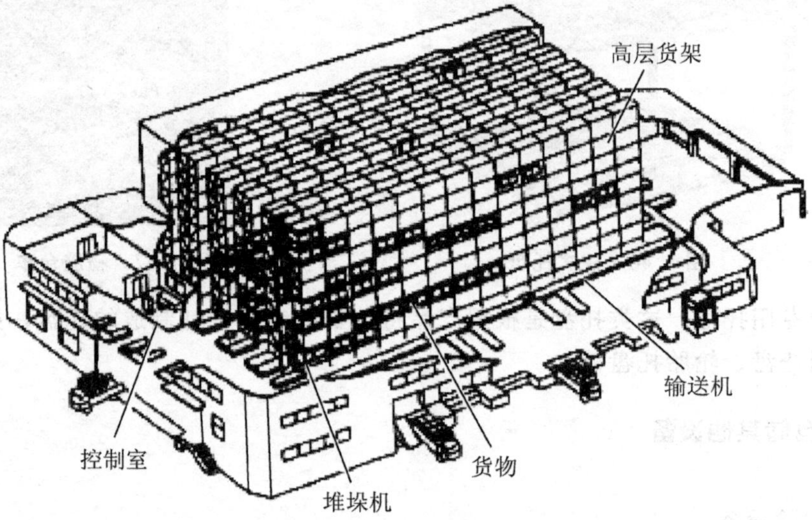

图 1.48 自动化立体仓库结构

自动化立体仓库是集声、光、电及计算机管理于一身的高度自动化的全封闭储存设备。它充分利用垂直空间，最大限度地优化存储管理，在一些场所中，自动货柜就是一个高效、便捷的小型立体仓库。

自动货柜通过计算机、条形码识别器等职能工具进行管理，使用非常方便，只要按动按键，内存货物即到进出平台，可自动统计、自动查找，特别适用于体积小、价值高的物品的储存管理，也适用于多品种、小批量的物品管理。

1. 自动化立体仓库的分类

(1) 按照储存物品的特性进行分类：①常温自动化立体仓库系统；②低温自动化立体仓库系统；③防爆型自动仓储系统。

(2) 按照自动化立体仓库建筑形式进行分类：①自立式钢架仓储系统；②一体式钢架仓储系统。

（3）按照自动化立体仓库货架构造形式进行分类：①单元货格式仓库；②贯通式仓库；③水平旋转式仓库；④垂直旋转式仓库。

2. 自动化立体仓库的组成

自动化立体仓库从建筑形式上看，可分为整体式和分离式两种。整体式是库房货架合一的仓库结构形式，仓库建筑物与高层货架相互连接，形成一个不可分开的整体。分离式仓库是库梁分离的仓库结构形式，货架单独安装在仓库建筑物内。

自动化立体仓库由仓库建筑、高层货架、巷道式堆垛起重机、水平搬运系统和控制系统组成。其主体和货架为钢结构或钢筋混凝土结构，在货架内是标准尺寸的货位空间，巷道堆垛机穿行于货架之间的巷道中完成存、取货的工作。

自动化立体仓库的周边设备，主要有液压升降平台、辊式输送机、台车、叉车、托盘等。这些设备与堆垛机相互配合，构成完整的装卸搬运系统。

控制堆垛机和各种周边设备的运行是由控制系统来完成的，它是自动化立体仓库的"指挥部"和"神经中枢"。自动化立体仓库的控制形式有手动自动控制、随机自动控制、远距离控制和计算机全自动控制4种形式。随着电子技术的发展，电子计算机在仓库控制中日益发挥重要作用。

3. 自动化立体仓库的优缺点

1）自动化立体仓库的主要优点

（1）仓库作业全部实现机械化和自动化，一方面能够大大节省人力，减少劳动力费用的支出；另一方面能够大大提高作业效率。

（2）采用高层货架、立体储存，能有效地利用空间，减少占地面积，降低土地购置费用。

（3）采用托盘或货箱储存货物，货物的破损率显著降低。

（4）货位集中，便于控制与管理，特别是使用电子计算机自动控制，而且能够进行信息处理。

2）自动化立体仓库的缺点

（1）结构复杂，配套设备多，需要的基建和设备投资高。

（2）货架安装精度要求高，施工比较困难，而且施工周期长。

（3）储存货物的品种受到一定限制，对长大笨重货物及要求特殊保管条件的货物，必须单独设立储存系统。

（4）对仓库管理和技术人员要求较高，必须经过专门培训才能胜任。

（5）工艺要求高，包括建库前的工艺设计和投产使用中按工艺设计进行作业。

（6）自动化仓库要充分发挥其经济效益，就必须与采购管理系统、配送管理系统、销售管理系统等管理咨询系统相结合，但是这些管理咨询系统的建设需要大量投资。

因此，在选择建设自动化立体仓库时，首先必须综合考虑建设自动化立体仓库的目的及它在整个企业营运中的地位，而后再详细斟酌建设自动化立体仓库所带来的正面和负面影响。最后，还要考虑相应的补救措施。所以，在实际建设中必须进行详细的方案规划，进行综合测评，最终确定建设方案。

4. 自动化立体仓库的基本设施

1）货架

目前国内外大多数立体仓库都采用钢货架，其优点是构件尺寸小，仓库空间利用率高，制作方便，安装建设周期短。在货架内是标准尺寸的货位空间，一个货位的唯一地址由其所在的货架的排数、列数及层数来确定，自动出入库系统据此对所有货位进行管理。

2）巷道机

在两排高层货架之间一般留有1～1.5米宽的巷道，巷道机在巷道内做来回运动，巷道机上的升降平台可做上下运动，升降平台上的存取货装置可对巷道机和升降机确定的某一个货位进行货物存取作业。

3）周边搬运系统

周边搬运系统所用的机械常有输送机、启动导向车等，其作用是配合巷道机完成货物的输送、转移、分拣等作业；同时当高架仓库内主要搬运系统因故障停止工作时，周边设备可以发挥作用，使立体仓库继续工作。

4）控制系统

自动化立体仓库的计算机中心或中央控制室接收到出库或入库信息后，由管理人员通过计算机发出出库或入库指令，巷道机、自动分拣机及其他周边搬运设备按指令启动，共同完成出库或入库作业，管理人员对此过程进行全程监控和管理，保证存取作业按最优方案进行。

5. 自动化立体仓库的功能

1）大量储存

一般一个自动化立体仓库的货架高度在15米左右，最高达44米，拥有货位数可多达30万个，可储存30万个托盘，以平均每托盘货物重1吨计算，则一个自动存取系统可同时储存30万吨货物。意大利Benetton公司只需建造这样一个自动存取系统，就可以承担向全球60个国家的5 000多家Benetton店铺配送商品的任务。

2）自动存取

自动化立体仓库的出入库及库内搬运作业全部实现由计算机控制的机电一体化即自动化。在意大利Benetton公司拥有30万个货位的自动存取系统中，每天的作业只需8个管理人员，他们主要负责货物存取系统的操作、监控、维护等，只要操作员给系统以出库拣选、入库分拣、包装、组配、储存等作业指令，该系统就会调用巷道堆垛机、自动分拣机、自动导向车及其配套的周边搬运设备协同动作，完全自动地完成各种作业。

任务1.4 仓储管理人员要求

【任务描述】

生产力包括生产资料和劳动者。要保证仓储作业的顺利进行，除准备上述各项生产资料外，还要根据仓储企业工作的需要，给不同的工作配备相应的工作人员。

1.4.1 仓储企业人员的配置

1. 熟悉仓储作业人员组成

仓储作业人员按工作性质分为 3 类。

(1) 与货物收、存、发直接相关的仓储作业人员，主要有理货员、分拣员、搬运员等。理货员和分拣员主要负责仓库日常业务管理，如接货、验货、入库、分拣、储存、出库等工作。搬运员负责货物搬运方案的选择与实施。

(2) 协调工作顺利进行的管理人员，主要有仓储主管、业务员(制单员、营销员)、财会人员等。仓储主管是仓库的主要负责人，负责仓库全面工作。业务员负责业务推广、咨询洽谈、客户服务和业务办理。财会人员负责业务结算、经济活动分析，为企业管理者的业务决策提供财务信息支持。

(3) 服务人员，主要有设备操作、维修、后勤服务人员等。工作人员的配备，力求做到人尽其才，才尽其用。

2. 仓储管理人员基本素质要求

选择称职的仓储管理人员，一般应满足以下素质的要求，如图 1.49 所示。

图 1.49 仓储管理人员基本素质要求

1) 业务素质

要有一定的文化知识基础，较好地掌握仓储管理的专业知识；熟悉仓储企业的作业流程、理货与装卸搬运的技术特点；了解常见货物的化学、物理特性、体积、外观，以及检验、保管、养护、包装、运输等要求；具有现代仓储管理技能和管理意识，掌握一些实用的现代化管理方法。

2）能力素质

要有分析判断能力、市场预测能力；要有交际沟通能力、灵活应变能力；善于思考，勇于创新工作方式方法。

3）身体素质

仓储管理工作有时要求仓管人员昼夜轮班，工作比较辛苦，所以要求仓管人员身体健康，能吃苦耐劳，精力充沛。

3. 仓储主管的素质要求

（1）有较强的组织管理能力，熟悉仓储业务，能组织仓库的各项作业。

（2）具有前瞻性，有一定经营管理经验，不受现有的机构、制度和一些做法的约束，掌握现代仓库经营管理方法，能够创造合理化的物流条件。

（3）善于沟通，协调能力强，具有系统的思考能力。

（4）了解现代人力资源管理知识，能激发员工的工作热情和团队精神。

（5）熟悉电脑操作，能运用现代化管理手段进行作业管理。

（6）具有一定的财务管理能力。能查阅财务报表，进行经济核算、成本分析，正确掌握仓储经济信息，进行成本管理。

（7）良好的身体和心理素质，能胜任繁重的脑力劳动并承受竞争压力。

4. 理货员的素质要求

（1）熟悉现代仓储管理基础知识，熟练掌握仓库管理作业程序及各项管理规定。

（2）具有丰富的商品知识。对于所经营的商品要充分熟悉，掌握其理化性质，能针对性地采取管理措施。

（3）掌握现代仓储管理的技术和手段，能熟练运用现代信息技术进行作业。

（4）熟悉仓储设备，能合理和高效地安排使用仓储设备。

（5）良好的协调沟通能力，善于协调各种工作关系，发挥团队协作的作用。

5. 仓储管理人员职业道德

（1）以客户服务为中心。对客户有礼貌，要以各种方式维系好客户，如回访、交际和公关活动。

（2）高度诚信。要严格按照物流法律法规执行作业，忠诚客户利益。

（3）良好的行为规范。包括语言规范及各项文件的规范。

（4）高效率的团队精神。员工之间要理解、包容，讲求合作精神。

（5）持续的竞争力。要有良好的管理技能、物流技能、商业技能。

1.4.2 建立仓储管理人员培训体系

1. 把握培训的基本过程

（1）确定培训需求，即需要培训什么。

（2）建立培训目标，即目标的明确性和可量度性。

（3）制订培训计划，即实施培训前，要选择培训技术，制订教学计划。

（4）效果评价，即对受训者接受培训前后的工作绩效进行比较，对培训计划的效益进行评价。

2. 合理采用培训的方式方法

仓储管理人员的培训体系应包括长期的不同职务人员的职务培训、短期的业务技术培训、脱产培训和自学等方式。采用直接传授法、集中培训法、技能实践法、参与式等多种方法。

1）直接传授法

直接传授法是通过一定途径向培训对象发送培训信息，如图 1.50 所示。这种方法的主要特征是信息交流的单向性和培训对象的被动性。

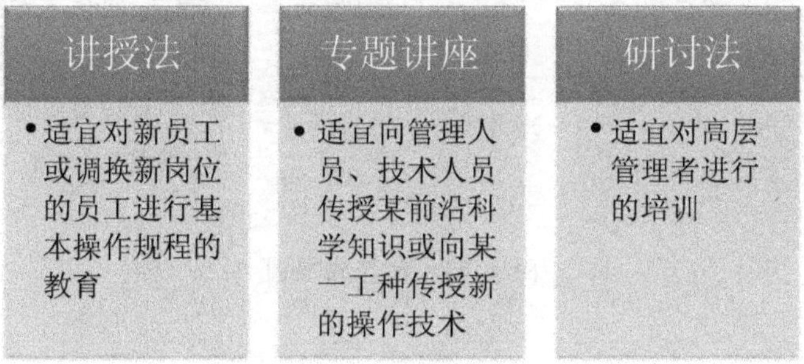

图 1.50　直接传授法

2）集中培训法

通过企业内部举办集中培训班或委托培训机构对员工进行的专项培训等各种形式，如图 1.51 所示。

图 1.51　集中培训法

3）技能实践法

技能实践法培训是通过让受训者在实际工作岗位或真实工作环境中，亲身操作、体验，掌握工作所需的知识、技能的培训方法，在岗员工培训中最常见，如图 1.52 所示。

4）参与式

参与式培训是调动受训对象积极性，让培训者与受训者双方在互动中学习的方法，如图 1.53 所示。其特征是，每个受训对象积极参与培训活动，从亲身参与中获得知识、技能和正确的行为方式，开拓思维、转变观念。

工作指导法

- 适宜仓库管理基层工人或基层管理人员的培训

工作轮换法

- 适宜对不同层次的管理者进行培训

图 1.52　技能实践法

自学

- 适宜企业有自学能力的所有员工

案例研究法

- 适宜对高层管理者进行的培训

模拟训练法

- 适宜对技术含量较高岗位的员工和管理者进行的培训

图 1.53　参与式培训

【项目小结】

仓储是现代物流的一个重要组成部分，在物流系统中起着至关重要的作用，是物流企业研究和规划的重点。高效合理的仓储可以帮助企业加快物资流动的速度，降低成本，保障生产的顺利进行，并可以实现对资源的有效控制和管理。仓储的发展经历了不同的历史时期和阶段，从原始的人工仓储到现在的智能仓储，通过各种高新技术对仓储的支持，仓储的效率得到了大幅度的提高。

【课后练习】

一、单项选择题

1. 仓储的最基本任务是(　　)。

A. 物资存储　　B. 流通调控　　C. 数量管理　　D. 质量管理

2. 在储备型仓库中，为了满足对商品出库时进行备货作业需要设置的区域为商品(　　)。

A. 收货区　　B. 检验区　　C. 集结区　　D. 作业区

3. 企业仓库的合理布局包含(　　)。

A. 企业仓库的合理设置　　B. 各类仓库内部的合理布局

C. 仓库管理人员配备　　D. 企业的生产布局

4. (　　)指从仓库外墙线算起，整个围墙内所占的全部面积。

A. 仓库总面积　　B. 仓库建筑面积

C. 仓库使用面积　　D. 仓库有效面积

5. (　　)指仓库内所有建筑物所占平面面积之和。

A. 仓库总面积　　B. 仓库建筑面积

C. 仓库使用面积　　D. 仓库有效面积

6. (　　)指仓库内可以用来存放商品的面积之和。

A. 仓库总面积　　B. 仓库建筑面积

C. 仓库使用面积　　D. 仓库有效面积

7. (　　)指在库房、货棚、货场内计划用来存放商品的面积之和。

A. 仓库总面积　　B. 仓库建筑面积

C. 仓库使用面积　　D. 仓库有效面积

8. 现代仓库为适应商品快速周转的需要，在总体规划布置时应注意适当增大生产作业区中收发货作业区面积和(　　)。

A. 流通加工区　　B. 检验区面积　　C. 储货区　　D. 拣货区

9. 待检区商品一般采用(　　)的标志以区别于其他状态的商品。

A. 黄色　　B. 红色　　C. 绿色　　D. 白色

10. 储备型库房的布置特点是突出强调提高(　　)占库房总面积的比例。

A. 收发货区面积　　B. 商品集结区面积　　C. 检验区面积　　D. 储存面积

二、简答题

1. 什么是仓储？仓储的作用有哪些？
2. 简述仓储的分类。
3. 简述仓储的总体构成。
4. 什么是仓库布局？仓库布局原则有哪些？
5. 如何进行库位分区？
6. 什么是货区平面布置？
7. 什么是仓储设备？
8. 仓储设备的选择原则是什么？
9. 自动化立体仓库的优缺点有哪些？
10. 简述仓储管理人员基本素质要求。

三、案例分析

物流设备的选择

同是商业优秀企业的物流中心，其设施设备选择迥异：在BIG－W(澳大利亚)物流中心(南半球最大的商业物流中心)，高速分拣机就占了其平面的一半；在沃尔玛深圳的物流中心，大量无线射频设备的应用则使其物流运作非常灵活；而在7－11台湾(捷盟行销)物流中心，电子标签系统承担了物流作业的主力。究其原因是物流中心的作业需求决定了物流设备的选择结果。这就引出了物流设备规划与选择方法的最重要前提：“最好的设备不见得最适合作业需求，但是，最适合作业需求的设备就是最好的。”

思考

（1）如何选择物流设备？选择物流设备有哪些步骤？

（2）选择物流设备关键注意事项是什么？

【实训项目】

仓库平面布局规划与设计

一、实训目的

能够运用仓库合理布局的基本原则和方法解决实际问题。

二、实训内容

参观某仓库，画出该仓库的总平面布局图，写出评价报告。

三、实训步骤和要求

（1）参观某一仓库，了解该仓库的种类、专业化程度及所储商品的特点。

（2）画出该仓库平面布局图。

（3）按照平面布局的基本原则评价该仓库的布局是否合理。

（4）若有不妥之处，提出修改方案。

四、实训方式

（1）可以采取小组完成的方式，每两人为一组，获取所需资料，以报告形式显示调查结果，但在作业中应体现出各自独立完成的部分。

（2）从布置日期起，两周内完成。

（3）作业以 A4 纸、5 号宋体字打印。

五、评价标准

评价标准见表 1－3。

表 1－3 评价标准

考核内容	考核标准	分值	实际得分
库平面布局规划与设计	（1）获取信息真实有效	20	
	（2）语言流利，使用专业术语	10	
	（3）布局图绘制正确，方案合理	50	
	（4）能提出自己的观点	20	
合　　计		100	

项目 2

仓储经营管理

CANGCHU JINGYING GUANLI

【工作情景描述】

某高校物流管理专业的张同学为自己的未来进行了职业生涯规划设计，毕业后任职一家物流公司，积累两三年的工作经验，做到仓储主管的职位。作为仓储主管，不只是对货物的入库、在库及出库的管理，还应懂得如何经营，如何按仓储活动的各项要求和仓储管理上的需要，合理组织与仓储经营有直接关系的部门、环节及相关人员，使其工作协调、有效地进行，同时加速商品在仓库中的周转，合理使用人力、物力，借以取得最大的经济效益。保证在库货物的质量及人员的安全，需要围绕仓储日常经营管理中出现的常见问题，从订立仓储合同、签署仓单、仓储安全管理和仓储成本管理 4 个方面，强化其管理仓库的基本技能。

【任务要求】

任务 2.1　仓储经营组织

任务 2.2　仓储合同管理

任务 2.3　仓单管理

任务 2.4　仓储成本管理

【知识概览】

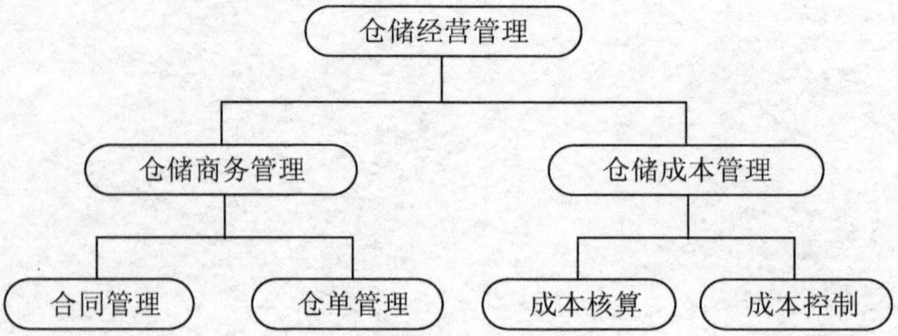

【学习目标】

知识目标	能力目标	学习重点和难点
(1) 熟悉仓储经营方法； (2) 熟练掌握仓储合同的特征及主要内容； (3) 了解仓储合同的文本形式； (4) 熟悉仓单业务，掌握仓单的内容； (5) 掌握仓储安全的基本要求； (6) 熟悉仓库事故处理的方法	(1) 能够拟写仓储合同； (2) 能够处理仓储合同纠纷； (3) 能够正确办理仓单业务； (4) 能够预防和处理仓储经营活动中产生的安全和质量问题	(1) 经营组织； (2) 仓储经营方法； (3) 仓储合同签订； (4) 仓单使用； (5) 仓储成本控制

任务 2.1 仓储经营组织

【任务描述】

仓储经营是企业对外基于仓储经营业务进行的经济活动，是一种商业行为。仓储经营组织的目标是实现仓储经营活动的“多、快、好、省”，即“多储存、多经营、快进、快出、保管好、费用省”。

2.1.1 认知仓储经营组织

1. 仓储经营组织的含义

仓储经营组织是以实现仓储经营的最高效益为经营目标，将仓储作业人员与仓储作业手段有效地结合起来，完成仓储作业过程各环节的职责，为商品流通提供良好的仓储服务和有效的经营管理的实体。

典型的仓储经营组织结构形式如图 2.1 所示。

1) 直线制经营组织结构形式

直线制经营组织结构形式是由一个上级直接管理多个下级的一种组织经营结构，如图 2.2 所示。该种组织方式适合仓库规模小、人员不多、业务简单的小型仓储企业。

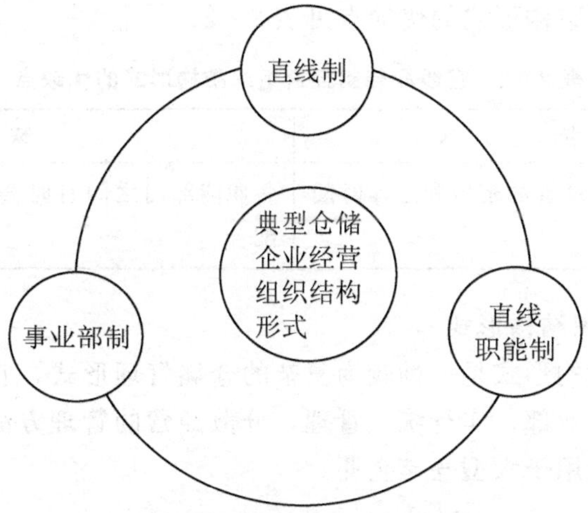

图 2.1 典型的仓储经营组织结构形式

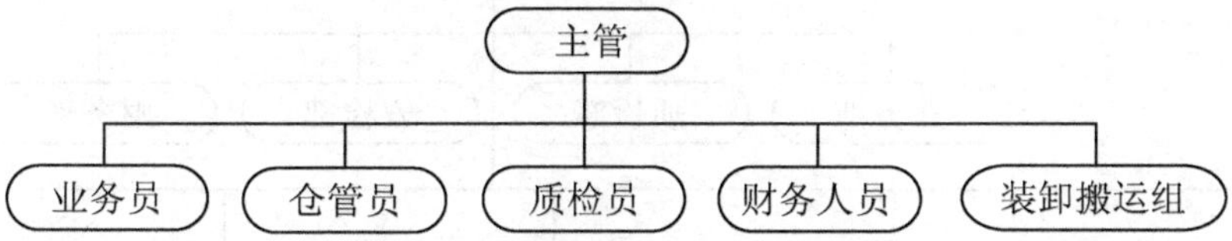

图 2.2 直线制经营组织结构

直线制经营组织结构形式的优缺点见表 2-1。

表 2-1 直线制经营组织结构形式的优缺点

优点	缺点
从上到下垂直领导，不设行政职能部门，组织精简，指令传达迅速，责任权限明确，仓储企业主管的管理意图得到充分执行	管理中的各种决策易受管理者自身能力的限制，对管理者的要求较全面，当业务量大、作业复杂的情况下，仓储企业主管会感到压力太大，力不从心

2）直线职能制经营组织结构形式

直线职能制经营组织结构形式是在直线制的基础上加上职能部门，各职能部门分管不同专业，这些职能结构都是某种职能的组合体，通常被大中型企业普遍采用，是一种较有效的形式，如图 2.3 所示。

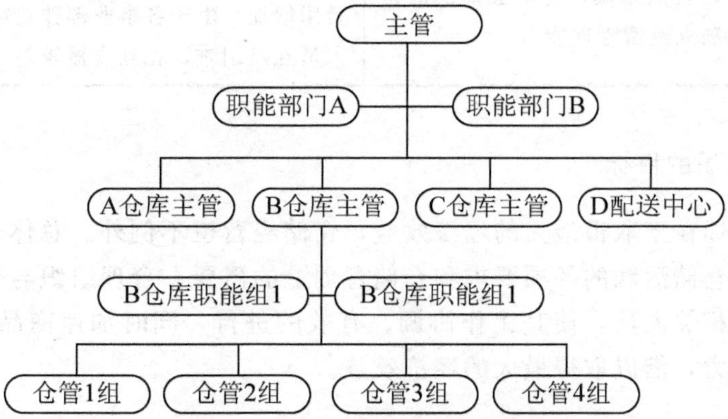

图 2.3 直线职能制经营组织结构

直线职能制经营组织结构形式的优缺点见表 2-2。

表 2-2 直线职能制经营组织结构形式的优缺点

优点	缺点
克服了直线制管理形式中管理者的精力和工作时间有限的缺点	各职能部门之间有时会发生矛盾，因此需要密切配合

3）事业部制经营组织结构形式

事业部制经营组织结构形式是一种较为复杂的仓储管理形式，它是在总公司领导下，以某项职能（或某项目）为事业部，实行统一管理、分散经营的管理方法，如图 2.4 所示。事业部制经营组织结构形式适用于大型仓储企业。

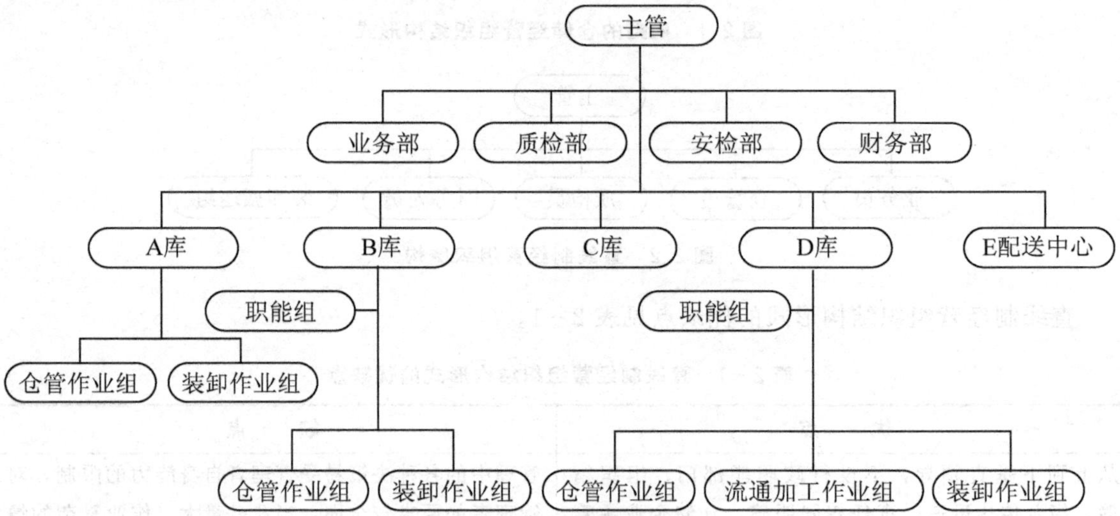

图 2.4 事业部经营组织结构

事业部制经营组织结构形式的优缺点见表 2-3。

表 2-3 直线职能制经营组织结构形式的优缺点

优点	缺点
管理决策程序完善，运行效率高，各事业部内部管理权力相对集中，有独立经营管理能力	增加了管理层次，造成机构重叠，管理人员和管理费用增加。由于各事业部独立经营，各事业部之间人员互换困难，相互支援较差

2. 仓储经营组织的目标

企业经营的目标在于取得最大的经济效益，仓储经营也不例外。总体来说，仓储经营组织的目标是指按照仓储活动的各项要求和仓储管理上的需要，合理组织与仓储经营有直接关系的部门、环节及相关人员，使其工作协调、有效的进行，同时加速商品在仓库中的周转，合理使用人力、物力，借以取得最大的经济效益。

3. 仓储经营组织的意义

1）仓储经营组织对社会的意义

仓储经营的重要作用就在于在生产与消费环节之间起到纽带和桥梁作用，克服商品生产与商品消费在地理上分离的矛盾，衔接商品生产与消费在时间上的不一致性。仓储经营组织通过组织协调仓储各环节、各部门及相关人员，能确保物资在生产与消费环节顺利流通，从而提高了社会生产效率，保证了社会再生产的顺利进行。

2）仓储经营组织对企业的意义

仓储经营的目标是获取最大经济效益，因此，良好的仓储经营组织能保证企业再生产活动的顺利进行，合理利用仓储设施和资源，提高仓储服务能力，加快资金周转、节约费用、降低成本、提高企业经济效益。

2.1.2 仓储经营管理的内容

仓储经营管理既包括仓储企业对内部仓储业务活动的管理，也包括对整个企业资源的经营活动的管理，即仓储商务活动的管理。具体包括以下几个方面。

1. 仓库的选址与建筑决策管理

企业在建立仓库选址时要依据企业生产经营的运行和发展来考虑；应保证所建仓库各种设备的有效利用，不断提高仓库的经济效益；要能保证仓库运营的安全，一方面要保证储存物资不受各种可能的自然灾害或人为破坏，另一方面要保证储存物资对企业及周围环境的安全。

2. 仓库的机械作业的选择与配置

企业根据实际需要及自身的实力要决定是否采用机械化、智能化设备。若要使用，就要对智能化的程度、投资规模、设备选择、安装、调试与运行维护等的管理。

3. 仓库的日常业务管理

仓库的日常业务管理包括如何组织物资入库前的验收，如何存放入库物资，如何对物资进行有效的保养，如何出库等。

4. 仓库的库存管理

库存管理包括对库存物资的分类、库存量、进货量、进货周期等的确定。

5. 仓库安全管理

仓库安全管理是其他一切管理工作的基础和前提，包括仓库的警卫和保卫管理、仓库的消防管理、仓库的安全作业管理等内容。

6. 仓储经营组织管理

仓储经营组织管理包括仓储经营管理机构的设定、经营管理人员的选用和配备、经营管理制度、工作制度的制定与实施等。

【特别提示】

仓储管理与仓库管理相比要复杂得多，仓库管理是指物品的入库、在库、出库等环节的管理，是一种业务层面的管理。而仓储管理既包括战略层面的管理，又包括业务层面的管理。

7. 市场管理

仓储企业要广泛开展市场调查和研究，对市场环境因素及仓储服务的消费者行为进行分析，细分市场以发现和选择市场机会；向社会提供能满足客户需求的仓储服务、制定合理的价格策略；加强市场监督和管理，广泛开展市场宣传，巩固和壮大企业的客户队伍。

8. 资源管理

仓储企业需要充分利用仓储资源，为企业创造和实现更多的商业机会。因此，要合理利用仓储资源，做到物尽其用。

9. 制度管理

高效的商务管理离不开规范、合理的管理制度。仓储企业应该在资源配置、市场管理、合同管理等方面建立和健全规范的管理制度，做到权力、职责明确。

10. 成本管理

一方面，企业应该准确进行仓储成本核算，确定合适价格，提高产品或服务的竞争力；另一方面，企业应该通过科学合理的组织，充分利用先进的技术来降低交易成本。

11. 其他业务管理

除了以上的业务管理外，仓库业务考核问题、新技术和新方法在仓库管理中的运用问题等都是仓储业务管理所涉及的内容。

2.1.3 仓储经营方法

1. 保管仓储

1）保管仓储的概念

保管仓储是指仓库经营人提供完善的仓储条件，接受存货人的仓储物资进行保管，在保管期届满，将原先收保的仓储物原样交还存货人，存货人支付仓储费的一种仓储经营方法。在保管仓储中，仓储经营人以获得仓储保管费最多为经营目标，仓储保管费与仓储物的数量、仓储时间和仓储费率三者密切相关。保管仓储如图 2.5 所示。

图 2.5　保管仓储

2）保管仓储的特点

（1）保管仓储的目的在于保持保管物原状，寄存人交付保管物于保管人，其主要目的在于保管。

（2）仓储物一般都是数量大、体积大、质量高的大宗货物和物资，如粮食、工业制品、水产品等。

（3）保管仓储活动是有偿的，保管人为存货人提供仓储服务，存货人必须支付仓储费。仓储费是保管人提供仓储服务的价值表现形式，也是仓储企业盈利的来源。

（4）仓储保管经营的整个仓储过程均由保管人进行操作，仓储经营企业需要有一定的投入，组织好物资的收、发、保管保养工作，掌握监督库存动态，保持物资的合理储备。

2. 混藏仓储

1）混藏仓储的概念

混藏仓储是指存货人将一定品质、数量的种类物交付保管人储藏，而在储存保管期限届满时，保管人只需以相同种类、相同品质、相同数量的替代物返还的一种仓储经营方法。混藏仓储经营人的收入依然来自于仓储保管费，存量越多，存期越长，收益越大。混藏仓储如图 2.6 所示。

图 2.6　混藏仓储

2）混藏仓储的特点

（1）混藏仓储的对象是种类物。混藏仓储的目的并不是完全在于原物的保管，有时寄存人仅仅需要实现物的价值的保管即可，保管人以相同种类、相同品质、相同数量的替代物返还，并不需要原物返还。

（2）混藏仓储的保管物并不随交付而转移所有权，混藏保管人只需为寄存人提供保管服务，而保管物的转移只是物的占有权转移，与所有权的转移毫无关系，保管人无权处理存货的所有权。

（3）混藏仓储是一种特殊的仓储方式。混藏仓储与消费仓储、保管仓储有着一定的联系，也有一定的区别。保管仓储的对象是特定物，而混藏仓储和消费仓储的对象是种类物。

混藏仓储在物流活动中发挥着重要的作用，在提倡物尽其用、发展高效物流的今天，赋予了混藏仓储更新的功能，配合以先进先出的运作方式，使得仓储物资的流通加快，有利于减少耗损和过期变质等风险。另外，混藏方式能使仓储设备投入最少，仓储空间利用率最高。

【小贴士】

如何理解混藏仓储的特点？下面举例说明。例如，农民将玉米交给仓储企业保管，仓储企业可以混藏玉米，仓储企业令将所有收存的玉米混合储存于相同品种的玉米仓库，形成一种保管物为混合物(所有权的混合)状况，玉米的所有权并未交给加工厂，各寄存人对该混合保管物按交付保管时的份额，各自享有所有权。在农民需要时，仓储企业从玉米仓库取出相应数量的存货交还给农民。

3. 消费仓储

1）消费仓储的概念

消费仓储是指存货人不仅将一定数量、品质的种类物交付仓储管理人储存保管，而且与保管人相互约定，将储存物的所有权也转移给保管人，在合同期届满时，保管人以相同种类、相同品质、相同数量替代品返还的一种仓储方法。消费仓储如图 2.7 所示。

图 2.7　消费仓储

2）消费仓储的特点

（1）消费仓储是一种特殊的仓储形式，具有与保管仓储相同的基本性质，消费仓储保管的目的是对保管物的保管，主要是为寄存人的利益而设定。

（2）消费仓储以种类物作为保管对象，仓储期间转移所有权于保管人。在保管物返还时，保管人只需以相同种类、相同品质、相同数量的物品代替原物返还即可。

（3）消费仓储以物的价值保管为目的，保管人通过经营仓储物获得经济利益，通过在高价时消费仓储物，低价时购回获得利益，在最终，需要买回仓储物归还存货人。

消费式仓储经营人的收益主要来自于对仓储物消费的收入，当该消费的收入大于返还仓储物时的购买价格时，仓储经营人获得了经营利润；反之，消费收益小于返还仓储物时的购买价格时，就不会对仓储物进行消费，而依然以原物返还。在消费仓储中，仓储费收入是次要收入，有时甚至采取无收费仓储。

【特别提示】

保管仓储、混藏仓储和消费仓储的差别见表2-4。

表2-4　保管仓储、混藏仓储和消费仓储的差别

仓储方式	仓储对象	仓储物的所有权	仓储经营人的收益	适用范围
保管仓储	特定物	不转移	仓储费	数量大、体积大、质量高的大宗货物，如粮食、工业制品、水产品等
混藏仓储	种类物	不转移	仓储费	品质无差别、可以准确计量的商品，主要适用于农村、建筑施工、粮食加工等行业
消费仓储	种类物	转移	主要是对仓储物消费收益，仓储费只是次要收益	主要开展在期货仓储中

4. 租赁经营

仓库租赁经营是通过出租仓库、场地，出租仓库设备，由存货人自行保管货物的仓库经营方式。在进行仓库租赁经营时，最主要的一项工作是签订一个仓库租赁合同，在法律条款的约束下进行租赁经营，取得经营收入。

在仓库租赁经营中，租用人的权利是对租用的仓库及仓库设备享有使用权，并保护仓储设备设施，按约定的方式支付租金。出租人的权利是对出租的仓库及设备设施拥有所有权，并享有收回租金的权利，同时必须承认租用人对租用仓库及设备设施的按约定的使用权，并保证仓库及设备设施的完好性能。

知识拓展

城市箱柜委托租赁保管业务

城市箱柜委托租赁保管业务仓储经营的一种新形式，仓库业务者以一般城市居民和企业为服务对象，向他们出租体积较小的箱柜来保管非交易物品的一种仓库业务。

对一般居民和家庭的贵重物品，如金银首饰、高级衣料、高级皮毛制品、古董、艺术品等，提供保管服务。对企业以法律或规章制度规定必须保存一定时间的文书资料、磁带记录资料等物品为对象提供保管服务。箱柜委托租赁保管业务强调安全性和保密性，它为居住面积较小的城市居民和办公面积较窄的企业提供了一种便利的保管服务。箱柜委托租赁保管业务是一种城市型的仓库保管业务。

许多从事箱柜委托租赁保管业务的仓库经营人专门向企业提供这种业务，他们根据保管物品、文书资料和磁带记录资料的特点建立专门的仓库，这种仓库一般有3个特点：一是注重保管物品的保密性，因为保管的企业资料中许多涉及企业的商业秘密，所以仓库有责任保护企业秘密，防止被保管的企业资料流失到社会上去；二是注重保管物品的安全性，防止保管物品损坏变质，因为企业的这些资料如账目发票、交易合同、会议记录、产品设计资料、个人档案等需要保管比较长的时间，必须防止保管物品损坏变质；三是注重快速服务反应，当企业需要调用或查询保管资料时，仓库经营人能迅速、准确地调出所要资料及时地送达企业。

2.1.4 仓储经营安全管理

在仓储经营活动中，存在着各种各样不可预见的不安全因素，而仓库中储存的物资种类数量繁多，火灾或者爆炸都是极具传播性的，仓储安全管理就是要及时发现并消除这些安全隐患，在发生事故、安全问题时，能够采取有效措施降低损失的程度，保证仓储的正常、安全运作。

1. 仓库治安

仓库治安保卫工作是仓库管理的一项重要工作，必须引起仓库领导者的高度重视，应确定一位领导负责保卫工作，建立健全警卫保卫制度，并建立相应的保卫组织和专职的警卫守卫组织，同时组建由库内人员及周围单位和居民群众参加的、群众性的治安保卫组织。由这3种组织形成的仓库安全网络，将对仓库的治安保卫工作产生很重要的影响。

1）建立库区门卫制度

仓库必须做好安全保卫工作，根据仓库大小设置警卫人员，负责门卫值勤工作，对出入库区的人员、车辆、货物要进行检查、验证和登记；外来人员、车辆须经相关领导或有关部门批准，并有本库人员陪同方可进入库区；夜间值班人员要做好巡逻，严防货物被破坏或偷盗。

2）制定仓库保密规则

对仓库工作人员应定期进行保密教育；严禁向无关人员泄露仓库性质、位置、面积、隶属关系、人员编制、储存货物的品种和供应范围等机密；仓库的各种文件、单据等应妥善保管，以防丢失；严禁在私人通信、电话或公共场所谈论仓库相关事宜；外来办公或访友人员必须在规定的范围内活动，严禁在库区内乱转。

3）建立巡回检查制度

建立每天巡回检查制度，仓库保管人员下班时拉掉电闸，关好门窗，封好门锁；上班时，检查门、窗、锁有无异样，无异样时方可开锁进库。

4）实现安全监控电子化

计算机技术和电子技术的发展促进了仓储安全管理的科学化和现代化，仓储安全管理必将突破传统的经验管理模式，增加安全管理的科技含量，依靠科技手段，推广应用仓储安全监控技术，提高仓储安全水平。

计算机技术的发展促进了各种仓储安全监控专用设备和传感器的可靠性和智能化程度提高。例如，在普通探头内置入CPU(central processing unit，中央处理器)芯片，做成智能探头，可以持续不断地测量探头所在环境条件下物理量变化，所有数据和参数都送到CPU，与设定值比较，CPU能相应地计算出它的最佳设定值，并修订它对环境变化的反应值。智能探头还可以对干扰效应和因素按照给定的结构和算法进行测定，以消除干扰因素的影响。智能探头能够根据现场火灾的特征与探头内存储的火灾特征曲线参数进行比较，以消除周围环境变化的影响。

2. 仓库消防

仓库消防工作，重点是防止火灾。火灾一般由直接火源和间接火源引起。

直接火源主要有3种：明火，如火柴擦燃、打火机火焰、香烟头火、烧红的电热丝等；电火花，即当电路开启或切断和电气保险丝熔断及短路而产生的电火花；雷击，瞬时高压放电所引起的可燃物质燃烧。

间接火源主要有两种：加热自燃起火，如危险品之间相互撞击而起火，生石灰遇水后大量放热而使可燃物质起火；货物本身自燃起火，指在既无明火、又无外来热源的条件下货物本身自行发热、燃烧起火，如黄磷能在常温下与空气剧烈氧化引起自燃。

在日常生活、生产中所看到的燃烧现象，大都是可燃物质与空气(氧)或其他氧化剂进行剧烈反应而发生的放热发光的现象。燃烧不是随便发生的，凡发生燃烧，就必须同时具备3个条件，即可燃物、助燃物、着火源。

(1) 可燃物。凡能与空气中的氧或其他氧化剂起剧烈反应的物质，都称为可燃物。简单地说，就是可以燃烧的物质，如木材、纸张、汽油、酒精、氢气、乙炔、金属钠、金属镁等。

(2) 助燃物。凡能帮助和支持燃烧的物质都叫助燃物，如空气、氧、氯、氯酸钾、高锰酸钾、过氧化钠等。

(3) 着火源。凡能引起可燃物质燃烧的热能源都称着火源。最常见的有明火焰、赤热体、火星和电火花等。

【小贴士】

在仓储环境中常见的火源的温度都大大超出一般可燃物所需点火能量。所以，要求在有火灾爆炸危险的场所严禁烟火，禁止使用易产生火花的金属工具，不准机动车辆随便驶入，采用防爆电器，严格防火检修制度等。

3. 仓库防火管理

中华人民共和国国家标准GB 5907—1986《消防术语 第一部分》规定，火灾是指在时间和空间上失去控制的燃烧所造成的灾害。按照中华人民共和国国家标准GB/T 4968—2008《火灾分类》的规定，根据物质燃烧特性把火灾分为4类，见表2-5。

表2-5 火灾的分类

分类	项　目	示　例
A类火灾	指固体物质火灾，这种物质具有有机物性质，一般在燃烧时能产生灼热的余烬	如木材、棉、毛麻、纸张火灾等
B类火灾	指液体火灾和可熔化的固体物质火灾	如汽油、煤油、柴油、原油、甲醇、沥青、石蜡火灾等
C类火灾	指气体火灾	如煤气、天然气、甲烷、乙烷、丙烷、氯气火灾等
D类火灾	指金属火灾	如钾、钠、镁、钛、锆、锂、铝镁合金火灾等

仓库火灾是仓库的灾难性事故，不仅会损害仓库货物，还会损坏仓库设施，燃烧产生的有毒气体会直接危及人的生命安全。仓库储存大量的物质，物质存放密集，电气设备、机械的大量使用，管理人员相对较少，这些都有造成火灾的可能。仓库安全消防工作是仓库安全管理的重中之重，是长期的、细致的、不能疏忽的工作。仓库的防火工作应从以下几方面着手。

1）储存管理

（1）库房内物品储存要分类、分堆，堆垛与堆垛之间应当留出必要的通道，主要通道的宽度一般不应少于两米。根据库存物品的不同性质、类别确定垛距、墙距、柱距、梁距。每个库房必须规定储存限额。

（2）能自燃的物品和化学易燃物品堆垛应当布置在温度较低、通风良好的场所，并应当有专人定时测温。

（3）遇水容易发生燃烧、爆炸的化学易燃物品，不得存放在潮湿和容易积水的地点。

（4）受阳光照射容易燃烧、爆炸的化学易燃物品，不得在露天存放。化学易燃物品的包装容器应当牢固、密封，发现破损、残缺、变形和物品变质、分解等情况时，应当立即进行安全处理。

（5）易燃、可燃物品在入库前，应当有专人负责检查，对可能带有火险隐患的物品，应当存放到观察区，经检查确无危险后，方准入库或归垛。

（6）储存易燃和可燃物品的库房、露天堆垛附近，不准进行试验、分装、封焊、维修、动用明火等可能引起火灾的作业；如因特殊需要进行这些作业，事先必须经仓库防火负责人批准，并采取安全措施，调配专职或义务消防队员进行现场监护，备有充足的灭火器材；作业结束后，应当对现场认真进行检查，切实查明未留火种后，方可离开现场。

（7）库房内不准设办公室、休息室，不准住人，不准用可燃材料搭建搁层。在库房或露天堆垛的防火间距内，不准堆放可燃物品和搭建货棚。

（8）库房内一般不应当安装采暖设备，如物品防冻必须采暖，可用暖气采暖。散热器与可燃物品堆垛应当保持安全距离。

（9）库区和库房内要经常保持整洁。对散落的易燃、可燃物品和库区的杂草应当及时清除。用过的油棉纱、油抹布、沾油的工作服、手套等用品，必须放在库房外的安全地点，妥善保管或及时处理。

2）装运管理

（1）装卸化学易燃物品，必须轻拿轻放，严防震动、撞击、重压、摩擦和倒置。不准使用能产生火花的工具，不准穿带钉子的鞋，并应当在可能产生静电的设备上，安装可靠的接地装置。

（2）进入易燃、可燃物品库区的蒸汽机车和内燃机车，必须装置防火罩，蒸汽机车要关闭风箱和送风器，并不得在库区停留和清炉。仓库应当有专人负责监护。

（3）进入库区的汽车、拖拉机必须戴防火罩，并不准进入库房。进入库房的电瓶车、铲车，必须有防止打出火花的安全装置。运输易燃、可燃物品的车辆，一般应当将物品用苫布苫盖严密，随车人员不准在车上吸烟。

（4）对散落、渗漏在车辆上的化学易燃物品，必须及时清除干净。库房、站台、货场装卸作业结束后，应当彻底进行安全检查。

（5）各种机动车辆在装卸物品时，排气管一侧不准靠近物品。各种车辆不准在库的区、库房内停放和修理。

3）电源管理

（1）库房内一般不宜安装电器设备。如果需要安装电器设备，应当严格按照有关电力设计技术规范和有关规定执行，并由正式电工进行安装和维修。

（2）储存化学易燃物品的库房，应当根据物品的性质，安装防爆、隔离或密封式的电器照明设备。

（3）各类库房的电线主线都应当架设在库房外，引进库房的电线必须装置在金属或硬质塑料套管内，电器线路和灯头应当安装在库房通道的上方，与堆垛保持安全距离，严禁在库房门顶架线。

（4）库房内不准使用碘钨灯、日光灯、电熨斗、电热炉、电烙铁、电钟、交流收音机和电视机等电器设备，不准用可燃材料做灯罩，不应当使用功率超过60瓦的灯泡。灯头与物品应当保持安全距离。

（5）库房内不准架设临时电线。库区如需架设临时电线，必须经仓库防火负责人批准。使用临时电线的时间不应当超过半个月，到期及时拆除。

（6）库区的电源应当设总闸和分闸，每个库房应当单独安装开关箱。开关箱应当设在库房外，并安装防雨、防潮等保护设施。

（7）在库区及库房内使用电器机具时，必须严格执行安全操作规程。电线要架设在安全部位，免受物品的撞击、砸碰和车轮碾压。

（8）库房内不准设办公室、休息室，不准住人，不准用可燃材料搭建搁层。在库房或露天堆垛的防火间距内，不准堆放可燃物品和搭建货棚。

（9）库房内一般不应当安装采暖设备，如物品防冻必须采暖，可用暖气采暖。散热器与可燃物品堆垛应当保持安全距离。

（10）库区和库房内要经常保持整洁。对散落的易燃、可燃物品和库区的杂草应当及时清除。用过的油棉纱、油抹布、沾油的工作服、手套等用品，必须放在库房外的安全地点，妥善保管或及时处理。

（11）电器设备除经常检查外，每年至少应当进行两次绝缘测试，发现可能引起打火、短路、发热和绝缘不良等情况时，必须立即修理。禁止使用不合规格的保险装置。电器设备和电线不准超过安全负荷。库房工作结束时，必须切断电源。

4）火源管理

（1）库区内严禁吸烟、用火，严禁放烟花、爆竹和信号弹。在生活区和维修工房安装和使用火炉，必须经仓库防火负责人批准。

（2）金属火炉距可燃物不应当小于1.5米。在木质地板上搭设火炉，必须用隔热的不燃材料与地板隔开。

（3）金属烟囱距可燃墙壁、屋顶不应当小于70厘米，距可燃屋檐不应小于10厘米，高出屋檐不应小于30厘米。烟囱穿过可燃墙、窗时必须在其周围用不燃材料隔开。

（4）不准用易燃液体引火。火炉附近不准堆放木片、刨花、废纸等可燃物。不准靠近火炉烘烤衣物和其他可燃物。燃着的火炉应有人负责管理。从炉内取出的炽热灰烬，必须用水浇灭后倒在指定的安全地点。

5）消防设施

（1）仓库区域内应当按照中华人民共和国国家标准GB 50016—2006《建筑设计防火规范》的规定，设置消防给水设施，保证消防供水。库房、货场应当根据灭火工作的需要，备有适当种类和数量的消防器材设备，并布置在明显和便于取用的地点。消防器材设备附近，严禁堆放其他物品。仓库应当装设消防通信、信号报警设备。

（2）消防器材设备应当有专人负责管理，定期检查维修，保持完整好用。寒冷季节要对消防储水池、消火栓、灭火机等消防设备采取防冻措施。

4. 安全作业管理

积极预防仓储作业的操作事故，以保障人身、物品、设备等安全。为此，必须做好下列几方面的工作。

1）安全操作管理制度化

制定和严格执行各种安全操作规程是仓库作业安全管理的重要措施。制定科学、合理、完善的作业安全制度、操作规程和安全责任制度，确保各种管理制度能够有效地执行是仓库作业管理的长期工作。

2）加强劳动安全保护。劳动安全保护包括直接和间接施行于员工人身的保护措施。仓库要遵守《中华人民共和国劳动法》的劳动时间和休息规定，每天8小时、每周不超过44小时工时制，依法安排加班，保证员工有足够的休息时间，包括合适的工间休息。提供合适和足够的劳动防护用品，如高强度工作鞋、安全帽、工作服等，并督促作业人员使用和穿戴。

采用较高安全系数的作业设备、作业机械，作业工具适合作业要求，作业场地必须具有合适的通风、照明、防滑、保暖等适合作业的条件。不进行冒险作业和不安全环境的作业，在大风、雨雪影响作业时暂缓作业，避免人员带伤病作业。

3）重视作业人员资质管理和业务培训、安全教育

新参加仓库工作和转岗的员工，应进行仓库安全作业教育。对所从事的作业进行安全作业和操作培训，确保熟练掌握岗位的安全作业技能和规范。从事特种作业的员工必须经过专门培训并取得特种作业资格，方可进行作业，且仅能从事其资格证书限定的作业项目操作，不能串岗、混岗作业。

任务2.2 仓储合同管理

【任务描述】

在仓储活动中，仓管员接受存货人交付的仓储物，并进行妥善保管，在仓储期满将仓储物完好地交还，保管人收取保管费，为了双方利益，一般都要签订协议，作为仓管员应知道如何签订和管理仓储合同。

2.2.1 熟悉仓储合同

1. 仓储合同的定义

仓储合同又称仓储保管合同，是指保管人储存存货人交付的仓储物、存货人支付仓储费的合同。在仓储合同关系中，存入货物的一方是存货人，保管货物的一方是保管人，交付保管的货物为仓储物。

2. 仓储合同的特征

仓储合同的特征如图 2.8 所示。

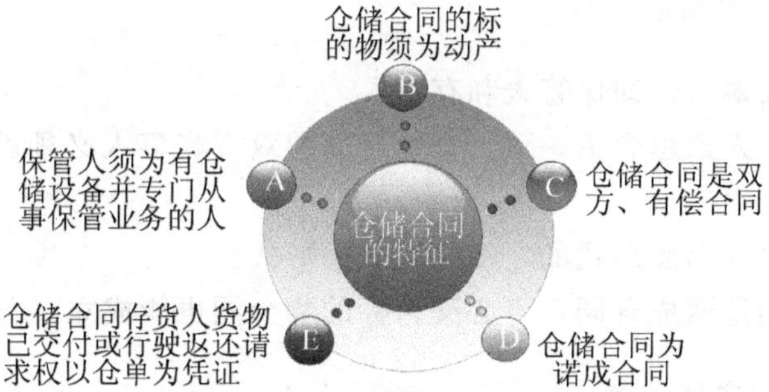

图 2.8 仓储合同的特征

在仓储合同中，存货人按照合同约定将仓储物交付保管人时，保管人应当给付仓单。仓单是表示一定数量、品种的货物已经交付的法律文书，是有价证券的一种，其性质当为记名的物权凭证。

知识拓展

《中华人民共和国合同法》关于仓储合同的规定

《中华人民共和国合同法》(以下简称《合同法》)第 381 条规定："仓储合同是保管人储存存货人交付的仓储物，存货人支付仓储费的合同。"双方、有偿性显而易见。

第 386 条所规定的仓单的重要一项即为仓储费。

第 392 条规定：如果存货人或者仓单持有人逾期提取仓储物，那么，保管人应当加收仓储费。因此，仓储合同为双方性、有偿性的合同。

我国《合同法》第 382 条"仓储合同自成立时生效"之规定，确认了仓储合同为诺成合同，而不是等到仓储物交付才生效。

3. 仓储合同订立的原则

仓储合同的订立，是存货人与保管人之间依意思表示而实施的能够引起权利与义务关系发生的民事法律行为。订立仓储合同，应当遵循以下基本原则。

1）平等原则

平等原则是指作为仓储合同的当事人双方，在法律上地位一律平等。不论谁为存货人，也不论保管人是谁，双方均享有独立的法律人格，可以独立地表达自己的意思，双方是在平等基础上的利益互换。

2）公平及等价有偿原则

公平及等价有偿原则要求仓储合同的双方当事人依价值规律进行利益选择，禁止无偿划拨、调拨仓储物，也禁止强迫保管人或存货人接受不平等利益交换。合同双方都要承担相应的合同义务，享受相应的合同利益。

3）自愿与协商一致原则

自愿原则是指让存货人与保管人完全依照自己的知识、判断去追求自己最大的利益。协商一致是在自愿基础上寻求意思表示一致，寻求利益的结合点。存货人与保管人协商一致的约定，具有与法律同等的约束力。仓储合同的订立只有在协商一致的基础上，才能最充分地体现双方的利益，从而保证双方依约定履行各自的权利与义务。

4. 仓储合同成立应具备的条件

（1）必须有双方当事人，即保管人和存货人。

（2）必须双方当事人意思表示一致。仓储合同的双方当事人必须就仓储合同的主要条款达成一致，合同方能成立。

（3）当事人约定采取书面形式的，须采用书面形式。

（4）因为仓储合同是诺成合同，不必交付标的物合同也能成立。

5. 仓储合同包括的主要条款

仓储合同的主要条款是指存货人和保管人双方协商一致订立的规定双方所享有的主要权利和承担的主要义务的条款，是检验合同合法性和有效性的重要依据。仓储合同包括以下条款。

1）存货人、保管人的名称和地址

合同当事人是履行合同的主体，需要承担合同责任，需要采用完整的企业注册名称和登记地址，或者主办单位地址。主体为个人的必须明示个人的姓名和户籍地或常住地（临时户籍地）。

2）仓储物的品名、品类条款

对于存货人来说，仓储合同的标的物具有特定的用途，保管人应妥善保管，以免发生损毁，而且在保管期满后应当按约定将原物交还给存货人。因此，双方当事人必须在合同中对货物的品种或品名做出明确的规定。

3）仓储物的数量、质量、包装条款

仓储物的数量依据保管人的存储能力由双方协商确定，并以法定计量单位计算。合同中对货物的质量应使用国家或者有关部门规定的质量标准标明。仓储物的包装由存货人负责，有国家或专业包装标准的，执行规定标准；没有有关标准的，在保证运输和储存安全的前提下，由合同当事人约定。

4）仓储物验收的内容、标准、方法、时间条款

验收存货人的货物是保管人的义务和责任。保管人验收仓储物的项目有两个。其一，仓储物的品种、规格、数量、外包装状况，以及无须开箱、拆捆即直观可见可辨的质量情况。其二，包装内的货物品名、规格、数量，以外包装或货物上的标记为准；外包装或货物上无标记的，以供货方提供的验收资料为准。散装货物按国家有关规定或合同规定验收。验收的方法有全验和按比例抽验两种，具体采用哪种方法，双方当事人应在合同中明确写明。验收的期限是自货物和验收资料全部送达保管人之日起，至验收报告送出之日止，日期以运输或邮电部门的戳记或直接送达的日期为准。

5）仓储物保管和保管要求条款

仓储合同的标的物即存货人委托储存保管的货物，种类繁多，性质各异，对保管和保管要求也各不相同，许多货物需要特殊的保管条件和保管方法，在合同中应做出相应的规定。例如，储存易燃、易爆、有毒、有腐蚀性、有放射性等危险物品，或者易变质物品，需要有专门的仓储设备和技术条件，在合同中必须明确约定，存货人必须向保管人说明该货物的性质，并提供有关材料。

6）仓储物的损耗标准及损耗的处理条款

仓储物的损耗标准是指货物在储存过程中，由于自然原因(如干燥、风化、散失、挥发、黏结等)和货物本身的性质等原因，不可避免地要发生一定数量的减少、破损，而由合同当事人双方事先商定一定的货物自然减量标准和破损率等。在确定仓储物的损害标准时，要注意易腐货物的损耗标准应该高于一般货物的损耗标准。除了对货物按照保管条件和要求保管外，损耗标准应当根据储存时间的长短来确定。

7）计费项目、标准和结算方式、银行、账号、时间条款

计费项目包括保管费、转仓费、出入库装卸搬运费、车皮、站台、专用线占有、包装整理、商品养护等费用。此条款中除明确上述费用由哪一方承担外，还应明确各种费用的计算标准、支付方式、支付时间、地点、开户银行、账号等。

8）责任划分和违约处理条款

仓储合同中可以从仓储物入库、验收、保管、包装、出库等方面明确双方当事人的权利和义务。同时双方应约定，什么性质的违约行为承担什么性质的违约责任，并且明确约定承担违约责任的方式，即支付违约金、赔偿金以及赔偿实际损失等。

9）合同的有效期限及变更解除条款

双方当事人在合同中应约定合同的有效期限即货物的储存期限。仓储合同的当事人如果需要变更或解除合同，必须事先通知另一方，双方一致即可变更或解除合同。变更或解除合同的建议和答复，必须在法律规定或者合同约定的期限内提出。

10）争议的解决方式条款

在合同中约定发生纠纷的解决方法，还可以根据需要约定其他经双方同意的条款。

上述10项是仓储合同的主要条款。除此之外，合同双方还可根据双方利益对其他更多、更广泛的事项做出约定。

2.2.2 仓储合同范例

仓储合同范例如图 2.9 所示。

合同编号：________

保管人：　　　　　　　　签订地点：________

存货人：________　　　　签订时间：________

第一条　仓储物

仓储物名称	品种规格	性质	数量	质量	包装	件数	标记	仓储费
合计人民币金额(大写)								

第二条　储存场所、储存物占用仓库位置及面积：________。

第三条　仓储物(是/否)有瑕疵。瑕疵是________。

第四条　仓储物(是/否)需要采取特殊保管措施。特殊保管措施是________。

第五条　仓储物入库检验的方法、时间与地点：________。

第六条　存货人交付仓储物后，保管当给付仓单。

第七条　储存期限：从____年____月____日至____年____月____日。

第八条　仓储物的损耗标准及计算方法：________。

第九条　仓储物的损耗标准及计算方法：________。

第十条　仓储物有(是/否)已办理保险，险种名称：________保险金额________保险期限________保险人名称________。

第十一条　仓储物出库检验的方法与时间：________。

第十二条　结算方式与时间及期限：________。

第十三条　储存期间届满，存货人仓单持有人应当凭仓单提取仓储物。存货人或者仓单持有人逾期提取的，应当加收仓储费，具体如下：________提前提取的不减收仓储费。

第十四条　存货人未向保管人支付仓储费的，保管人(是/否)可以留滞仓储物。

第十五条　违约责任：________。违约损失赔偿计算方法：________。

第十六条　本合同解除的条件：____。定作人可以随时解除合同，但应及时书面通知承揽人并承担由此给承揽人造成的损失。

第十七条　合同争议的解决方式：本合同项下发生的争议，由双方当事人协商解决，也可以由当地工商行政管理部门调解；协商或调解不成的，按下列第____种方式解决：

(一) 提交________仲裁委员会仲裁。

(二) 依法向________人民法院起诉。

第十八条　其他约定事项：________。

保 管 人：________(公章)　　　　存 货 人：________(公章)

代 表 人：________(公章)　　　　代 表 人：________(公章)

地　　址：________　　　　　　　地　　址：________

开户银行：________　　　　　　　开户银行：________

账　　号：________　　　　　　　账　　号：________

图 2.9　仓储合同范例

【小贴士】

德国的物流企业获得物流合同的一种方法：一个潜在的新物流客户开业了，物流企业的代表带上公司的宣传册去拜访，送上小小的纪念品，如有公司标志的圆珠笔。第一次见面未必提业务。过一段时间，再去或者请对方来公司，了解他的业务并告诉他，我能为你提供什么服务，价格是多少。如果对方愿意接受，客户关系就建立起来了。物流企业会定期拜访客户，并且过一段时期都会举办一些活动。

任务 2.3 仓单管理

【任务描述】

某水果店与某仓储公司签订了一份仓储合同，合同约定仓储公司为水果店储存水果 5 000 千克，仓储期间为 1 个月，仓储费为 6 000 元，自然耗损率为 4%。水果由存货人分批提取。合同签订以后，水果店按照约定将水果交给仓储方储存，入库过磅为 55 000 千克。仓储公司在接收货物以后，向水果店签发了仓单。根据《合同法》第 387 条的规定，仓单是提取货物的凭证。合同到期以后，存货人持仓单向仓储公司提货，但提货时因仓单内容和仓储合同内容不符，货物减少，双方发生纠纷。因此，了解仓单业务、熟知签署仓单的注意事项对存货方和保管方均非常重要。

2.3.1 认知仓单

1. 仓单的含义

根据我国《合同法》的规定，存货人交付仓储物的，保管人应当给付仓单，并应在仓单上签字或盖章。

仓单是保管人向存货人填发的表明仓储保管关系的存在，以及保管人愿意向仓单持有人履行交付仓储物的义务。仓单是一种要式证券，因此，其填发必须遵循法律特别规定的形式。根据此规定，仓库业务部门可以凭储存凭证向存货人签发仓单。

2. 仓单的法律特征

(1) 仓单为有价证券。《合同法》第 387 条规定："仓单是提取仓储物的凭证。存货人或者仓单持有人在仓单上背书并经保管人签字或者盖章的，可以转让提取仓储物的权利。"可见，仓单表明存货人或者仓单持有人对仓储物的交付请求权，故为有价证券。

(2) 仓单为要式证券。《合同法》第 386 条规定，仓单须经保管人签名或者盖章，且须具备一定的法定记载事项，故为要式证券。

(3) 仓单为物权证券。仓单上所载仓储物的转移，必须自转移仓单始生所有权转移的效力，故仓单为物权证券。

(4) 仓单为文义证券仓单。所谓文义证券，是指证券上权利义务的范围以证券的文字记载为准。仓单的记载事项决定当事人的权利义务，当事人必须依仓单上的记载主张权利义务，故仓单为文义证券、不要因证券。

(5) 仓单为自付证券。仓单是由保管人自己填发的，又由自己负担给付义务，故仓单为自付证券。

仓单证明存货人已经交付了仓储物和保管人已经收到了仓储物的事实，它作为物品证券，在保管期限届满时，存货人或者仓单持有人可凭仓单提取仓储物，也可以背书的形式转让仓单所代表的权利。

3. 仓单的作用

仓单是仓储保管的凭证，作用主要表现在以下几个方面。

(1) 仓单是保管人向存货人出具的货物收据。当存货人交付的仓储物经保管人验收后，保管人就向存货人填发仓单。仓单是保管人已经按照仓单所载状况收到货物的证据。

(2) 仓单是仓储合同存在的证明。仓单是存货人与保管人双方订立的仓储合同存在的一种证明，只要签发仓单，就证明了合同的存在。

(3) 仓单是货物所有权的凭证。它代表仓单上所列货物，谁占有仓单就等于占有该货物，仓单持有人有权要求保管人返还货物，有权处理仓单所列的货物。仓单的转移，也就是仓储物所有权的转移。因此，保管人应该向持有仓单的人返还仓储物。也正由于仓单代表其项下货物的所有权，所以，仓单作为一种有价证券，也可以按照《中华人民共和国担保法》的规定设定权利质押担保。

(4) 仓单是提取仓储物的凭证。仓单持有人向保管人提取仓储物时，应当出示仓单。保管人一经填发仓单，则持单人对于仓储物的受领，不仅应出示仓单，而且还应缴回仓单。仓单持有人为第三人，而该第三人不出示仓单的，除了能证明其提货身份外，保管人应当拒绝返还仓储物。

此外，仓单还是处理保管人与存货人或提单持有人之间关于仓储合同纠纷的依据。

2.3.2 仓单要件和内容

1. 要件

(1) 保管人须在仓单上签字或者盖章。保管人在仓单上签字或者盖章表明保管人对收到存货人交付仓储物的事实进行确认。保管人未签字或者盖章的仓单，说明保管人还没有收到存货人交付的仓储物，故该仓单不发生法律效力。当保管人为法定代表人时，由其法定代表人或其授权的代理人及雇员签字；当保管人为其他经济组织时，由其主要负责人签字；当保管人为个体工商户时，由其经营者签字。盖章指加盖保管人单位公章。签字或者盖章由保管人选择其一即可。

(2) 仓单须包括一定的法定必要记载事项。依《合同法》第 386 条的规定，仓单的法定必要记载事项共有 8 项。其中，存货人的名称或者姓名和住所，仓储物的品种、数量、质量、包装、件数和标记，储存场所，填发人、填发地和填发日期 4 项为绝对必要记载事项，不记载则不发生相应的证券效力。其余 4 项属于相对必要记载事项，如当事人不记载则按法律的规定来处理。

2. 仓单的主要内容

《合同法》规定仓单的内容包括图 2.10 所示的事项。

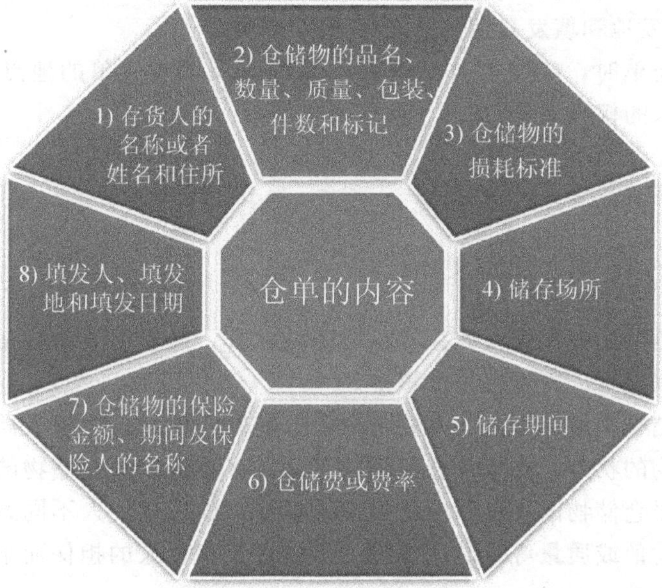

图 2.10　仓单的内容

1）存货人的名称或者姓名和住所

仓单是记名证券，因此应当记载存货人的名称或姓名和住所。

2）仓储物的品名、数量、质量、包装、件数和标记

在仓单中，有关仓储物的有关事项必须记载，因为这些事项与当事人的权利义务直接相关。有关仓储物的事项包括仓储物的品种、数量、质量、包装、件数和标记等。这些事项应当记载准确、详细，以防发生争议。

3）仓储物的损耗标准

仓储物在储存过程中，由于自然因素和货物本身的自然性质可能发生损耗，如干燥、风化、挥发等，这就不可避免地会造成仓储物数量上的减少。对此，在仓单中应当明确规定仓储物的损耗标准，以免在返还仓储物时发生纠纷。

4）储存场所

储存场所是存放仓储物的地方。仓单上应当明确载明储存场所，以便存货人或仓单持有人能够及时、准确地提取仓储物。同时，也便于确定债务的履行地点。

5）储存期间

储存期间是保管人为存货人储存货物的起止时间。储存期间在仓储合同中十分重要，它不仅是保管人履行保管义务的起止时间，也是存货人或仓单持有人提取仓储物的时间界限。因此，仓单上应当明确储存期间。

6）仓储费或费率

仓储费是保管人为存货人提供仓储保管服务而获得的报酬。仓储合同是有偿合同，仓单上应当载明仓储费的有关事项，如数额、支付方式、支付地点、支付时间等。

7）仓储物的保险金额、期间及保险人的名称

如果存货人在交付仓储物时，已经就仓储物办理了财产保险，则应当将保险的有关情况告知保管人，由保管人在仓单上记载保险金额、保险时间及保险公司的名称。

8）填发人、填发地和填发日期

保管人在填发仓单时，应当将自己的名称或姓名及填发仓单的地点和时间记载于仓单上，以便确定当事人的权利义务。

2.3.3 仓单的使用

1. 仓单业务

仓单常见业务是发生在保管人和存货人之间的业务，是仓储业的日常管理工作，是保管人对存货人是否予以提货、向谁提货的核准。

当存货人将仓储物交给保管人，并要求保管人签署仓单时，保管人需对仓储物进行检查和理数，确认仓储物的状态，在全部仓储物收妥后，将所接收的仓储物的实际情况如实记录在仓单上，特别是对仓储物的不良状况更要准确批注，如果存货人不同意批注且仓储物的瑕疵不影响仓储物的价值或质量等级时，保管人可以接受存货人的担保而不批注，否则必须批注，或者拒绝签发仓单。

根据《合同法》规定，仓单一式两份，一份是正式仓单，交给存货人；另一份为存底单，由保管人保管。仓单可以有副本，可以根据业务需要复制相应的份数，但需要注明“副本”字样。

2. 仓单的分割

存货人将一批仓储物交给保管人时，因为转让的需要，要求保管人签发分为几份的仓单，或者仓单持有人要求保管人将原先的一份仓单分拆成多份仓单以便向不同人转让，这就遇到仓单的分割业务。仓单的分割不仅只是单证的处理，还意味着保管人需要对仓储物进行分割，且达成对残损、地脚货的分配协议并对分割后的仓单持有人有约束力，分割后仓单的仓储物总和数与仓储物总数相同。保管人对已签发出的仓单进行分割后，必须将原仓单收回。

3. 仓单的转让

仓单持有人需要转让仓储物时，可以通过背书转让的方式进行。仓单转让生效的条件为背书过程完整，经仓储保管人签字。

作为记名单证，仓单的转让通过背书的方式进行。背书转让的出让人为背书人，受让人为被背书人，背书格式如图 2.11 所示。

仓单可以进行多次背书转让，第一次背书转让的存货人为第一背书人。在第二次转让时，第一次被背书人就成为第二背书人，因而背书过程是衔接完整的过程，任何参与该仓单转让的人都在仓单的背书过程中记载。

兹将本仓单转让给××× （被背书人的完整名称） ××× （背书人的完整名称） 背书经办人签名、日期

图2.11 仓单背书格式

存货人将仓单转让，意味着仓储保管人需要对其他人履行仓储义务，仓储保管人与存货人订立仓储合同的意境和氛围都因仓单的转让发生了变化，仓储保管人对仓单受让人履行仓单义务需要了解义务对象的变化，因而需要对仓单的转让予以认可。因此，仓单的转让需要保管人签署后，受让人方可凭单提取仓储物。

4. 凭单提货

在保管期满或者经保管人同意的提货时间内，仓单持有人可以出示身份证明后向保管人提货，具体工作步骤如下。

(1) 核对仓单。保管人核对提货人所提交的仓单和存货底单，确定仓单的真实性；对于转让的仓单需要核查仓单的背书是否完整，过程衔接是否明白；核对仓单上存货人或者被背书人与其所出示的身份证明是否一致。

(2) 提货人缴纳费用。如果仓单记载由提货人缴纳仓储费用的，保管人需根据仓储合同约定及仓单上的记载，要求提货人按约定缴纳费用。

(3) 保管人签发提货单证并安排提货。保管人收取费用、收回仓单后，签发提货单证，安排货物出库准备。

(4) 提货人验收仓储物。提货人根据仓单的记载与保管人共同查验仓储物，签收提货单证，收取仓储物。如果查验时发现仓储物状态不良，现场编制记录，并要求保管人签署，必要时申请商品检验，以备事后索赔。

5. 仓单灭失

仓单因故毁损或灭失，将会出现无单提货的现象。仓单灭失的提货方法有以下两种。

(1) 通过人民法院的公示催告使仓单失效。根据《中华人民共和国民事诉讼法》，原仓单持有人或者仓储合同人可以申请人民法院对仓单进行公示催告。当60天公示期满无人争议时，人民法院可以判决仓单无效，申请人可以向保管人要求提取仓储物。在公示期内有争议时，则由法院审理判决，确定有权提货人，并凭法院判决书提货。

(2) 提供担保提货。提货人向保管人提供仓储标的物的担保后提货，由保管人掌握担保财产，将来另有人出示仓单而不能交货需要赔偿时，保管人使用担保财产进行赔偿。该担保在可能存在的仓单失效后，方可解除担保。

6. 不记名仓单

如果保管人和存货人达成协议，由保管人签发不记名仓单，则所签发的仓单的存货人项就可以空白。不记名仓单在转让时无须背书，存期届满由持有人签署，并提示同样的身份证明就能提货。不记名仓单不能提前提货，使用不记名仓单的存货人和保管人双方都存在一定的风险，仓储保管人不能控制仓单的转让，也不知道将来要向谁交货，仓单持有人遗失仓单就等于遗失仓储物。在仓单的存货人项不填写真正的存货人或所有人，而只填写通知人或者经手人等非实际仓储物的所有人的仓单也属于不记名仓单。仓单正、反字例如图 2.12、图 2.13 所示。

公司名称： 公司地址：						
电话： 账号： 储货人： 货主名称：				传真： 批号： 发单日期： 起租日期：		
兹收到下列货物依本公司条款(见后页)						
唛头及号码	数量	所报货物	每件收费	每月仓租	进仓费	出仓费
总件数：				经手人：		
总件数(大写)：						
备注： 核对人：						

图 2.12　仓单(正面)

存货记录					
日期	提单号码	提货单位	数量	结余	备注
储货条款 一、本仓库所载之货物种类、唛头、箱号等，均系按照储货人所称填理，本公司对货物内容、规格等概不负责。 二、货物在入仓交接过程中，若发现与储货方填列内容不符，我公司有权拒收。 三、本仓库不储存危险物品，客户保证入库货物绝非为危险品，如果因储货人的货物品质危及我公司其他货物造成损失时，储货方必须承担因此而产生的一切经济赔偿责任。 四、本仓单有效期一年，过期自动失效。已提货之分仓单和提单档案保留期亦为一年。期满尚未提清者，储货人须向本公司换领新仓单。本仓单须经我公司加印硬印方为有效。 五、客户(储货人)凭背书之仓单或提货单出货。本公司收回仓单和分提单，证明本公司已将该项货物交付无误，本公司不再承担责任。					

图 2.13　仓单(反面)

任务 2.4 仓储成本管理

【任务描述】

仓储成本管理的任务是用最低的费用在适当的时间和适当的地点取得适当数量的存货。在许多企业中，仓储成本是物流总成本的一个重要组成部分。物流成本的高低常常取决于仓储管理成本的大小，而且企业物流系统所保持的库存水平对于企业为生产或客户提供服务的水平起着重要作用。

2.4.1 认知仓储成本

1. 仓储成本的含义

仓储成本是指在储存、管理、保养、维护物品的相关物流活动中所发生的各种费用，它是伴随着物流仓储活动所消耗的物化劳动和活化劳动的货币表现。

仓储成本管理的任务是用最低的费用在合适的时间和合适的地点取得适当数量的存货。在企业的物流总成本中，仓储成本是一个重要组成部分。对各种仓储成本的合理控制能增加企业的利润，反之就会增加物流总成本，冲减企业利润。

2. 仓储成本费用构成

将仓储成本费用分成以下几类。

(1) 保管费。为存储货物所开支的货物养护、保管等费用，它包括费用开支、仓库场地的房地产税等。

(2) 仓库管理人员的工资和福利费，用于货物保管的货架、货柜的费用开支。仓库管理人员的工资一般包括固定工资、奖金和各种生活补贴。福利费可按标准提取，一般包括住房基金、医疗及退休养老支出等。

(3) 折旧费或租赁费。仓储企业有的是以自己拥有所有权的仓库及设备对外承接仓储业务，有的是以向社会承包租赁的仓库及设备对外承接业务。自营仓库的固定资产每年需要提取折旧费，对外承包租赁的固定资产每年需要支付租赁费。仓储费或租赁费是仓储企业的一项重要的固定成本，构成仓储企业的成本之一。对仓库固定资产按折旧期分年提取，主要包括库房、堆场等基础设施的折旧和机械设备的折旧等。

(4) 修理费。修理费是指主要用于设备、设施和运输工具的定期大修理的费用，每年可以按设备、设施和运输工具投资额的一定比率提取。

(5) 装卸搬运费。装卸搬运费是指货物入库、堆码和出库等环节发生的装卸搬运费用，包括搬运设备的运行费用和搬运工人的成本。

(6) 管理费用。管理费用是指仓储企业或部门为管理仓储活动或开展仓储业务而发生的各种间接费用，主要包括仓库设备的保险费、办公费、人员培训费、差旅费、招待费、营销费、水电费等。

(7) 仓储损失费用。仓储损失费用是指保管过程中货物损坏而需要仓储企业赔付的费用。造成货物损失的原因一般包括仓库本身的保管条件，管理人员的人为因素，货物本身的物理、化学性能，搬运过程中的机械损坏等。实际中，应根据具体情况，按照企业的制度标准，分清责任合理计入成本。

2.4.2 仓储成本核算

在计算仓储成本时，由于原始数据主要是来自财务部门提供的数据，因此首先应该把握按支付形态分类的成本。在这种情况下，对外支付的保管费可以直接作为仓储成本全额统计，但对于企业内发生的仓储费用是与其他部门发生的费用混合在一起的，需要从中剥离出来，具体核算范围包括材料费、人工费、折旧费、维修费、设备租赁费、应当分摊的管理费用等间接成本等。

1. 材料费

材料费是与包装材料、消耗工具、器具备品、燃料等相关的费用，可以根据材料的出入库记录，将此期间与仓储有关的消耗量计算出来，再分别乘以单价，可得出物流材料费。

2. 人工费

人工费指按规定支付给仓库工人、仓库管理人员工资、加班费、各种工资性津贴、职工福利费(指按工人、管理人员工资总额和规定比例计提的职工福利费)、劳动保护费。该项成本从相关会计科目中抽取出来即可。

3. 折旧费

企业所需仓储空间如果是由企业自建的仓库，则按规定需对仓库及内部设施设备计提折旧费用。折旧根据设施设备的折旧年限、折旧率计算提取。

4. 维修费

仓储机械设备的维修费用，也应计入仓储成本。

5. 设备租赁费

如果仓库及仓储机械设备是通过租赁获得的，则应将租赁费用计入仓储成本。当租赁设备维修由出租方负责时，租赁费中包含了维修的费用，因此，就不必再计算维修费用了；当租赁方不负责设备的维修时，租金中未包含维修费，此时，在租金以外，还应计入维修费用。

6. 应当分摊的管理费等间接成本

例如，水、电、气等费用，可以从相关会计科目中获取，直接计入物流成本；对于无法从相关会计科目方面直接得到相关的数据，可以按员工人数比例分摊计算。

2.4.3 仓储成本控制方法

1. 采用先进先出方式，减少仓储物的保管风险

先进先出是储存管理的准则之一，它能保证每个被储物的储存期不至过长，减少仓储物的保管风险。有效的先进先出方式主要有以下几种。

(1) 贯通式(重力式)货架系统。利用货架的每层形成贯通的通道，从一端存入物品，另一端取出物品，物品在通道中自行按先后顺序排队，不会出现越位等现象。贯通式(重力式)货架系统能非常有效地保证先进先出。

(2) 双仓法储存。给每种被储物都准备两个仓位或货位，轮换进行存取，再配以必须在一个货位中出清后才可以补充的规定，则可以保证实现先进先出。

(3) 计算机存取系统。采用计算机管理，在存货时向计算机输入时间记录，编入一个简单的按时间顺序输出的程序，取货时计算机就能按时间给予指示，以保证先进先出。这种计算机存取系统还能将先进先出保证不做超长时间的储存和快进快出结合起来，即在保证一定先进先出的前提下，将周转快的物资随机存放在便于存储之处，以加快周转，减少劳动消耗。

2. 提高储存密度，提高仓容利用率

提高储存密度的主要目的是减少储存设施的投资，提高单位存储面积的利用率，以降低成本、减少土地占用。具体有下列 3 种方法。

(1) 采取高垛的方法，增加储存的高度。具体方法有采用高层货架仓库、集装箱等，都可比一般堆存方法大大增加储存高度。

(2) 缩小库内通道宽度以增加储存有效面积。具体方法有采用窄巷道式通道，配以轨道式装卸车辆，以减少车辆运行宽度要求，采用侧叉车、推拉式叉车，以减少叉车转弯所需的宽度。

(3) 减少库内通道数量以增加有效储存面积。具体方法有采用密集型货架，采用不依靠通道可进车的可卸式货架，采用各种贯通式货架，采用不依靠通道的桥式起重机装卸技术等等。

3. 采用有效的储存定位系统，提高仓储作业效率

储存定位的含义是被储存物位置的确定。如果定位系统有效，能大大节约寻找、存放、取出的时间，节约不少物化劳动及活劳动，而且能防止差错，便于清点及实行订货点等的管理方式。储存定位系统可采取先进的计算机管理，也可采取一般人工管理。行之有效的方式主要有以下两种。

(1)“四号定位”方式。“四号定位”是用一组 4 位数字来确定存取位置的固定货位方法，是我国手工管理中采用的科学方法。这 4 个号码是库号、架号、层号、位号。这就使每一个货位都有一个组号，在物资入库时，按规划要求，对物资编号，记录在账卡上，提货时按 4 位数字的指示，很容易将货物拣选出来。这种定位方式可对仓库存货区事先做出规划，并能很快地存取货物，有利于提高速度，减少差错。

(2) 电子计算机定位系统。电子计算机定位系统是利用电子计算机储存容量大、检索迅速的优势，在入库时，将存放货位输入计算机。出库时向计算机发出指令，并按计算机的指示人工或自动寻址，找到存放货、拣选取货的方式。一般采取自由货位方式，计算机指示入库货物存放在就近易于存取之处，或根据入库货物的存放时间和特点，指示合适的货位，取货时也可就近就便。这种方式可以充分利用每一个货位，而不需要专位待货，有利于提高仓库的储存能力，当吞吐量相同时，可比一般仓库减少建筑面积。

4. 确定合理的加工能力

根据客户需要和企业加工能力来确定加工批量和数量如图 2.14 所示。流通加工的数量越大，流通加工的成本总额也相应增加，若加工数量超过加工能力，需要增加投入，倘若加工作业量又不均衡，就可能会给企业带来更大的损失。但是，加工批量过小，表现为加工能力过剩，会造成加工设备、加工人员的闲置，带来成本损失。因此，仓储企业应根据客户需要和企业的加工能力来确定加工批量和数量。

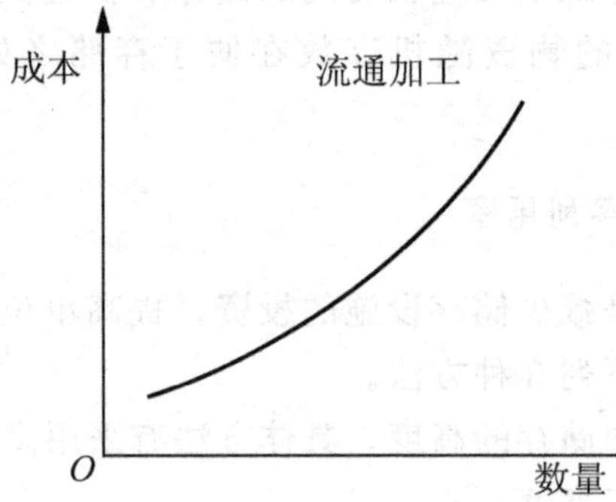

图 2.14　确定合理的加工能力

5. 确定合理的流通加工方式

仓储企业应根据企业的加工能力和客户的需求，选择适当的加工方法和加工深度。流通加工的生产管理与其成本联系十分紧密。一般地，生产管理的水平越高，其成本越低，如图 2.15 所示。

6. 采用有效的监测清点方式，提高仓储作业的准确程度

对储存物资数量和质量的监测，既有利于掌握仓储的基本情况，也有利于科学控制库存。在实际工作中稍有差错，就会使账物不符，所以，必须及时且准确地掌握实际储存情况，经常与账卡核对，确保仓储物资的完好无损，这是人工管理或计算机管理必不可少的。此外，经常的监测也是掌握被存物资数量状况的重要工作。监测清点的有效方式主要有以下几种。

(1)“五五化”堆码。“五五化”堆码是我国手工管理中采用的一种科学方法。储存物堆垛时，以“五”为基本计数单位，堆成总量为“五”的倍数的垛形，如梅花五、重叠五等。堆码后，有经验者可过目成数，大大加快了人工点数的速度，而且很少出现差错。

图 2.15　选择适当的加工深度和适当的加工方法

(2) 光电识别系统。在货位上设置光电识别装置，通过该装置对被存物的条形码或其他识别装置(如芯片等)扫描，并将准确数目自动显示出来。这种方式不需人工清点就能准确掌握库存的实有数量。

(3) 电子计算机监控系统。用电子计算机指示存取，可以避免人工存取容易出现差错的弊端，如果在储存物上采用条形码技术，使识别计数和计算机联结，每次存、取一件物品时，识别装置自动将条形码识别并将其输入计算机，计算机会自动做出存取记录。这样只需向计算机查询，就可了解所存物品的准确情况，因而无须再建立一套对仓储物实有数的监测系统，减少查货、清点工作。

7. 加速周转，提高单位仓容产出

储存现代化的重要课题是将静态储存变为动态储存，周转速度快，会带来一系列的好处。资金周转快，资本效益高，货损货差小、仓库吞吐能力增加、成本下降等。具体做法有采用单元集装存储、建立快速分拣系统，这都有利于实现快进快出，大进大出。

8. 采取多种经营，盘活资产

仓储设施和设备的巨大投入，只有在充分利用的情况下才能获得收益，如果不能投入使用或者只是低效率使用，只会造成成本的加大。仓储企业应及时决策，采取出租、借用、出售等多种经营方式盘活这些资产，提高资产设备的利用率。

9. 加强劳动管理

我国是具有劳动力优势的国家，工资较为低廉，较多使用劳动力是合理的选择。但是对劳动进行有效管理，避免人浮于事、出工不出力或者效率低下，要制定合理的作业流程，尽量减少不必要的重复性作业，避免过度使用设备，提高设备完好率。

10. 降低经营管理成本

经营管理成本是企业经营活动和管理活动的费用和成本支出，包括管理费、业务费、交易成本等。加强该类成本管理，减少不必要支出，也能实现成本降低。当然，经营管理成本费用的支出时常不能产生直接的收益和回报，但也不能完全取消，所以加强管理是很有必要的。

【项目小结】

仓储经营管理是现代物流的一个重要组成部分，在物流系统中起着至关重要的作用，是物流企业研究和规划的重点。高效合理的仓储可以帮助企业加快物资流动的速度，降低成本，保障生产的顺利进行，并可以实现对资源的有效控制和管理。仓储的发展经历了不同的历史时期和阶段，从原始的人工仓储到现在的智能仓储，通过各种高新技术对仓储的支持，仓储的效率得到了大幅度的提高。

【课后练习】

一、单项选择题

1. 消费仓储以种类物作为保管对象，仓储期间(　　)所有权于保管人。

A. 转移　B. 不转移　C. 可转可不转　D. 都不是

2. 保管仓储活动是(　　)，保管人为存货人提供仓储服务，存货人必须支付仓储费。

A. 提供服务　B. 有偿的　C. 无偿的　D. 提供仓储

3. 混藏仓储的对象是(　　)。

A. 特殊物　B. 危险品　C. 种类物　D. 有毒物

4. 仓库租赁经营是通过出租仓库、(　　)，出租仓库设备，由存货人自行保管货物的仓库经营方式。

A. 物品　B. 管理人员　C. 货物　D. 场地

5. 仓储合同的标的物须为(　　)。

A. 动产　B. 不动产　C. 所有权　D. 经营权

6. 仓储合同中可以从货仓储物物入库、验收、保管、(　　)、出库等方面明确双方当事人的权利和义务。

A. 产品生产　B. 包装　C. 采购　D. 销售

7. 仓单是一种(　　)证券，因此，其填发必须遵循法律特别规定的形式。

A. 文本　B. 文档　C. 要式　D. 流通

8. 仓单是由保管人自己填发的，又由自己负担给付义务，故仓单为(　　)证券。

A. 自付　　B. 流通　　C. 不流通　　D. 交易

9. 仓单持有人需要转让仓储物时，可以通过(　　)转让的方式进行。

A. 正书　　B. 背书　　C. 口头　　D. 协议

10. “四号定位”是用一组4位数字来确定存取位置的固定货位方法，是我国手工管理中采用的科学方法。这4个号码是(　　)、架号、层号、位号。

A. 场号　　B. 货号　　C 库号　　D. 货物代码

二、简答题

1. 仓储经营组织的目标是什么？什么是仓储经营管理？
2. 现代仓储的经营活动主要包括哪些？
3. 现代仓储的经营的方法有哪些？
4. 仓库防火管理应从哪些方面着手？
5. 什么是仓单？仓单有何特征。
6. 简述仓单的作用。
7. 什么是仓储成本？
8. 仓储成本费用构成有哪些？
9. 什么是先进先出法？
10. 什么是“双仓法”？

三、案例分析

仓储合同案例

2010年3月，原告大观园和被告商业储运公司订立了一份仓储合同。合同约定：由商业储运公司为大观园商场储存衣服、布料等物品一年，期限为2010年4月10日至2011年4月10日，仓储费每月2 800元。合同对储存货物的品名、数量、验收方法、入库、出库手续等都做了规定。合同订立后，商业储运公司即开始清理二号仓库，从2010年3月15日起不再接受其他单位的存储业务。至2010年4月5日，仓库已全部清理完毕，商业储运公司马上通知大观园商场运货入库。可是大观园商场称其已经租到仓位，不再需要商业储运公司提供仓储服务了。商业储运公司要求大观园商场支付违约金，并赔偿损失。大观园商场则称合同还没有生效，自然谈不上履行义务和承担违约责任的问题。于是，商业储运公司向人民法院起诉，要求大观园商场支付违约金、赔偿损失。

思考

(1) 仓储合同是否生效？

(2) 仓储公司的要求是否合理？为什么？

(3) 如果你是法官，会做怎样的判决？

仓单转让纠纷案例

海燕服装公司与被告富来货仓公司签订了一份仓储合同，合同约定：货仓公司为服装公司储存20万件羽绒服，并在储存期间保证羽绒服完好无损，不发生虫蛀、霉变；服装公司交纳 2 万元仓储费；储存期间至同年 12 月 20 日。合同签订后，服装公司依约将羽绒服送至货仓公司处，并交纳了仓储费。货仓公司在收到羽绒服并验收后签发了仓单。同年 12 月初，第一百货商场向服装公司订购了 20 万件羽绒服。服装公司为了简便手续，让第一百货商场早日提货并节省交易费用，于是将仓单背书转让给第一百货商场，实际上是把提取羽绒服的权利转让给了百货商场，并在事后通知了货仓公司。第一百货商场持仓单向货仓公司提货时，货仓公司以第一百货商场不是合法的仓单持有人为由拒绝交付羽绒服。第一百货商场则认为，该仓单已由原存货人合法背书转让，且服装公司已通知了货仓公司，货仓公司应履行返还义务。由于货仓公司拒不给货，耽误了时节，羽绒服作为季节性商品已过旺季销售，第一百货商场遭受了损失。遂向人民法院起诉，要求货仓公司赔偿。

思考

（1）请分析此案例引起纠纷的原因。

（2）你认为如何解决？

仓储安全知识案例

某市化工厂新录用了一批工人，但该厂目前暂时没有住宿用房。有人提出，可以先到外面去租用住房。厂长认为，到外面租房成本太高，厂内一个仓库的二层还闲着，可以先住到那里。副厂长说，仓库存放的三硝基苯是一种爆炸性物质，工人住那里不太安全。厂长说，没事，告诉大家注意点就行了。由于厂长说话，其他人不好坚持，这批新录用的工人就住进了仓库的二层。一天晚上，仓库突然发生爆炸并倒塌，造成 30 多名工人死亡，10 多人重伤。

思考

（1）请用安全防范知识分析此案例引起事故的原因。

（2）此案例给人们什么教训？你认为如何能杜绝此类事故发生？

【实训项目】

模拟仓储合同订立

一、实训目的

通过仓储合同的模拟订立，学生应熟悉订立合同的各项条款，并对各项条款的具体内容能够清晰把握、灵活处理，解决单纯的理论学习所带来的眼高手低现象，最终达到能够订立简单的仓储合同的目的。

二、实训内容

2010 年 3 月 1 日，某地天地储运公司收到本市 GZ 电器集团的邮件，内容如下：“GZ 电器集团有意向由天地储运公司保管家用电器，保管期限自 2010 年 4 月 1 日至 2011 年 4 月 1 日，仓库租金是全国统一价每平方米 15 元/月，任何一方违约，均需支付违约金 2 万元，如无异议，2 周后正式签订合同。”天地储运公司对 GZ 公司提出的“要约”表示同意，储运国内公司总经理委托仓储部门相关人员代理签订仓储合同。请以该储运公司名义起草和签订仓储合同。

三、实训步骤和要求

(1) 将学生分组，分别扮演仓储项目的需方和供方。

(2) 参考合同案例，各组讨论自己的权利和义务。

(3) 合同双方模拟协商事宜，订下仓储合同。

(4) 请各组代表总结各方在签订仓储合同时的注意事项。

(5) 双方修改合同，形成定稿，作为实训成果。

四、实训方式

(1) 可以采取小组完成的方式，每两人为一组，制作一份仓储合同，但在作业中应体现出各自独立完成的部分。

(2) 从布置日期起，两周内完成。

(3) 作业以 A4 纸、5 号宋体字打印。

五、评价标准

评价标准见表 2-6。

表 2-6 评价标准

考核内容	考核标准	分值	实际得分
仓储合同订立	(1) 合同成立条件完整	10	
	(2) 合同内容、条款清晰完整	20	
	(3) 格式正确	15	
	(4) 详细描述订立过程	10	
	(5) 自我管理的能力	10	
	(6) 分析运用信息的能力	20	
	(7) 与他人合作、协调的能力	15	
合　计		100	

项目3

入库、储存管理

RUKU、CHUCUN GUANLI

【工作情景描述】

某仓库运营部接到入库任务单，要办理多种商品入库，作为仓储主管，应该能够组织工作人员做好货物入库准备及验收，处理好货物验收中发现的问题，及时办理入库手续。具体包括如下操作。

(1) 货到后首先核对单据上的信息，检查是否存在货损货差，核对无误后录入货物信息并填写入库单据；对于异常货物，拍照并将其放入异货区。

(2) 设计货物和托盘条码，然后分别在货物和托盘上粘贴条码，便于出货和查找。

(3) 按入库的货物进行码放设计，正确选用托盘数量，优化组托。

(4) 对入库存商品进行物动量 ABC 分类，根据货物周转频率安排储位。

(5) 选用托盘、地牛、堆垛机和叉车进行入库工作。

【任务要求】

任务 3.1　货物入库

任务 3.2　入库方案设计及货位优化

任务 3.3　货物储存管理

任务 3.4　库存控制

【知识概览】

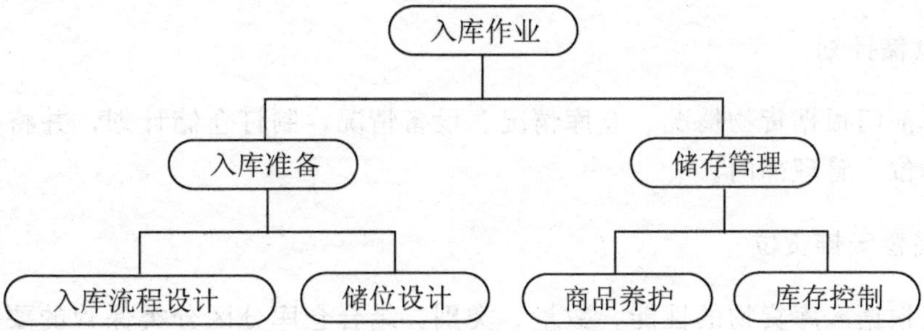

【学习目标】

知识目标	能力目标	学习重点和难点
(1) 熟悉商品入库前准备工作； (2) 了解入库流程； (3) 掌握货物入库物动量 ABC 分类计算； (4) 掌握货物组托	(1) 能够科学设计货位； (2) 认真验收接货； (3) 及时录入货物信息； (4) 独立完成入库作业	(1) 货物入库物动量 ABC 分类计算； (2) 货位安排； (3) 入库表单制作； (4) 组托优化

任务 3.1 货物入库

【任务描述】

根据货物入库凭证，在接收入库货物前要进行卸货、查点、验收、办理入库手续等。按照作业流程要求，根据货物的属性要求，设计货位，准备相应的入库设备及相关单证。

3.1.1 货物入库准备

仓库应根据仓储合同或者入库单、入库计划，及时地进行库场准备，以便货物能按时入库，保证入库过程顺利进行。仓库的入库准备需要由仓库的业务部门、仓库管理部门、设备作业部门分工合作，共同做好以下工作。

1. 熟悉入库货物

仓库业务、管理人员应认真查阅入库货物资料，必要时向存货人询问，掌握入库货物的品种、规格、数量、包装状态、单件体积、到库确切时间、货物存期、货物的理化特性、保管的要求等，据以精确和妥善地进行库场安排、准备。

2. 掌握仓库库场情况

了解在货物入库期间、保管期间仓库的库容、设备、人员的变动情况，以便安排工作。

必要时对仓库进行清查，清理归位，以便腾出仓容。对于必须使用重型设备操作的货物，一定要确保可使用设备的货位。

3. 制订仓储计划

仓库业务部门根据货物情况、仓库情况、设备情况，制订仓储计划，并将任务下达到各相应的作业单位、管理部门。

4. 仓库妥善安排货位

仓库部门根据入库货物的性能、数量、类别，结合仓库分区分类保管的要求，核算货位大小，根据货位使用原则，妥善安排货位、验收场地，确定堆垛方法、苫垫方案等准备工作。

5. 做好货位准备

仓库员要及时进行货位准备，彻底清洁货位，清除残留物，清理排水管道(沟)，必要时安排消毒除虫、铺地。详细检查照明、通风等设备，发现损坏及时通知修理。

6. 准备苫垫材料、作业用具

在货物入库前，根据预计到货物品的特性、体积、质量、数量和到货时间等信息，结合物品分区、分类和货位管理的要求，预计货位，预先确定物品的拣货场所和储存位置。准备相应的材料，并组织衬垫铺设作业。对作业所需的用具，准备妥当，以便能及时使用。苫垫材料应根据货位位置和到货物品特性进行合理的选择。苫垫材料类型如图 3.1 所示。

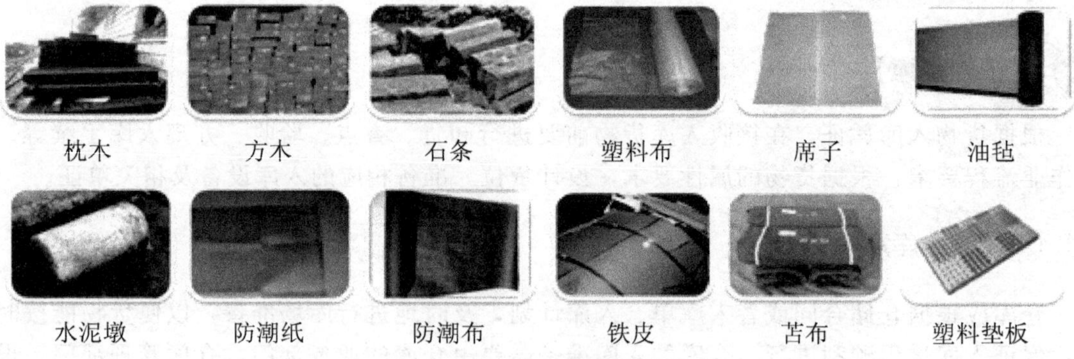

图 3.1　苫垫材料

7. 验收准备

仓库理货人员根据货物情况和仓库管理制度，确定验收方法。准备验收所需的点数、称量、计件、检斤、测试、开箱装箱、丈量、移动照明等工具。验收点数如图 3.2 所示。

8. 装卸搬运工艺设定

根据货物、货位、设备条件、人员等情况，合理科学地制定卸车搬运工艺，备好相关作业设备，安排好卸货站台或场地，保证作业效率。装卸搬运相关作业设备如图 3.3 所示。

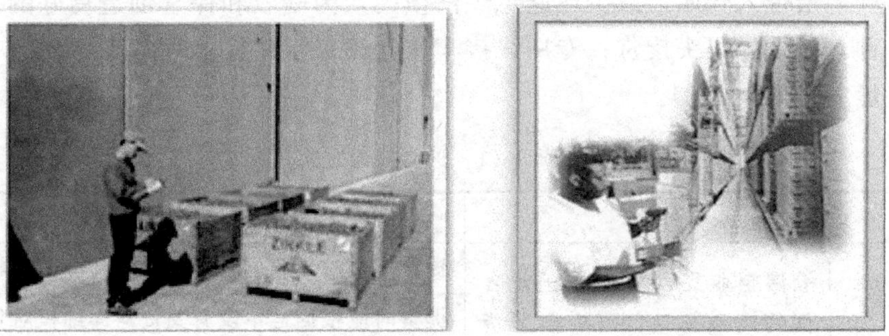

图 3.2 验收点数

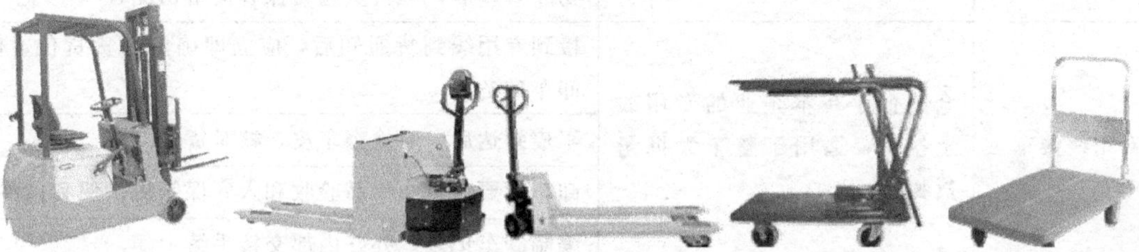

图 3.3 装卸搬运相关作业设备

9. 人员及文件单证准备

人员及文件单证准备如图 3.4 所示。

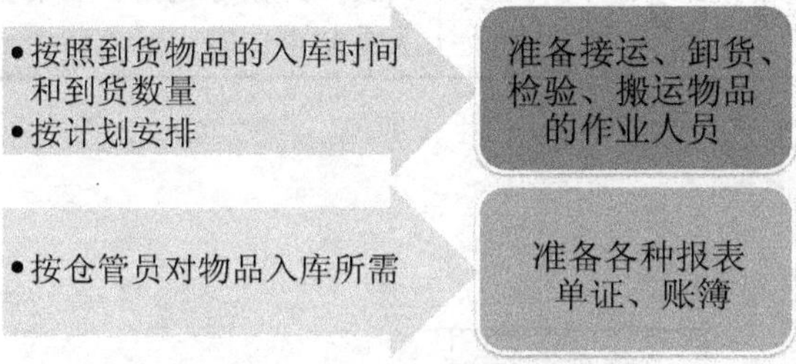

图 3.4 人员及文件单证准备

仓库员对货物入库所需的各种报表、单证、记录簿等，如入库记录、理货检验单、料卡、残损单等预填妥善，以备使用。

10. 核对凭证

核对凭证，也就是对各种相关凭证进行全面整理核对。第一，入库通知单和订货合同副本，这是仓库接受货物的凭证。第二，供货单位提供的材质证明书、装箱单、磅码单、发货明细表等。第三，货物承运单位提供的运单，若货物在入库前发现残损情况，还要有承运部门提供的货运记录或普通记录，作为向责任方交涉的依据。

11. 货物接运

做好货物接运业务管理的主要意义在于，防止把在运输过程中或运输之前已经发生的货物损害和各种差错带入仓库，减少或避免经济损失，为验收和保管创造良好的条件。接运方式大致有 4 种：车站、码头接货；专用线接车；仓库自行接货；库内接货。

货物接运方式见表 3－1。

表 3－1　货物接运方式

种类	含义	注意事项
车站、码头接货	仓储企业受存货人委托或合同约束到车站、码头接运货物到储存地，适用于零担托运和小批量货物	提货人员对应所提取的物品做到全面了解
		提货时应根据运单及有关资料详细核对货物
		在短途运输中，要做到不混不乱，避免碰坏损失
		物品到库后，提货员应与保管员密切配合
专用线接车	仓储企业在本企业的专用线上接货，适用于整车大批量货物	接到专用线到货通知后，应立即确定卸货货位，做好卸车准备
		车皮到达后，应检查车皮，核对货物
		卸车时要注意为物品验收和入库保管提供便利条件
		编制卸车记录，办好内部交接手续
仓库自行接货	仓储企业直接到存货委托人指定的企业接货	将接货与出验工作结合起来同时进行
		仓库应根据提货通知，做好准备，接货与验收合并一起
库内接货	仓储企业在仓库内接到存货委托人送来的物品	保管员或验收人员直接与送货人员办理交接手续，当面验收并做好记录。若有差错，应填写记录，由送货人员签字证明，据此向有关部门提出索赔

12. 货物入库流程

货物入库流程如图 3.5 所示。

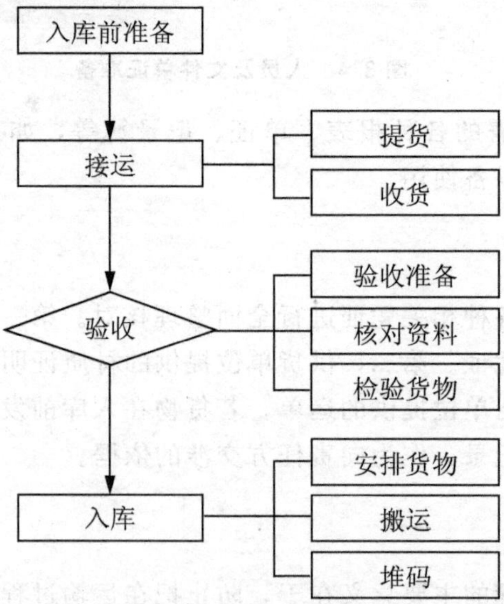

图 3.5　货物入库流程

3.1.2 货物入库作业

1. 入库交接

入库物品经过点数、查验之后，可以安排卸货、入库堆码，表示仓库接收物品，在卸货、搬运、堆垛作业完毕，与送货人办理交接手续，并建立仓库台账。

2. 物品验收作业

物品验收作业内容见表 3-2。

表 3-2 物品验收作业

验收作业	具体内容
实物检验	(1) 数量检验(计件、检斤、检尺求积)
	(2) 质量检验(外观、尺寸、理化)
	(3) 物品验收(全检、抽检)
入库中的问题处理	(1) 物品验收中，可能会发现诸如单证不齐、数量短缺、质量不符合要求等问题，应区别不同情况，及时处理
	(2) 在货物验收过程中，如果发现货物数量或质量问题，应该严格按照有关规定进行处理

3. 办理交接手续

完整的交接手续包括如下过程，如图 3.6 所示。

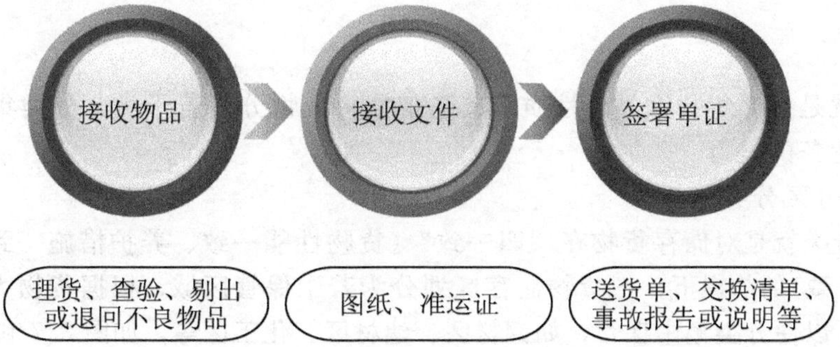

图 3.6 物品入库交接手续

1) 交接手续

交接手续是指仓库对收到的物品向送货人进行确认，表示已接收物品。办理完交接手续，意味着分清运输、送货部门和仓库的责任。完整的交接手续包括以下几个方面。

(1) 接收物品。仓库通过理货、查验物品，将不良物品剔出、退回或者编制残损单证等明确责任，确定收到物品的确切数量、物品表面状态良好。

(2) 接收文件。接收送货人送交的物品资料、运输的货运记录、普通记录等，以及随货的在运输单证上注明的相应文件，如图纸、准运证等。

(3) 签署单证。仓库与送货人或承运人共同在送货人交来的送货单、交接清单见表 3-3。

表 3-3 到/接货交接单

收货人	发站	发货人	品名	标记	单位	件数	重量	号车	运单号	货位	合同号
备注											

送货人　　　　　　　　　　　　接收人　　　　　　　　　　　　经办人

签署后留存相应单证。提供相应的入库、查验、理货、残损单证、事故报告由送货人或承运人签署。

2) 登账

物品入库，仓库应建立详细反映物品仓储的明细账，登记物品入库、出库、结存的详细情况，用以记录库存物品动态和入出库过程。

登账的主要内容有物品名称、规格、数量、件数、累计数或结存数、存货人或提货人、批次、金额、货位号或运输工具、接(发)货经办人。

3) 立卡

物品入库或上架后，将物品名称、规格、数量或出入状态等内容填在料卡上，称为立卡。料卡又称货卡、货牌，插放在物品下方的货架支架上或摆放在货垛正面明显位置。

【特别提示】

平均每天来送货的供应商数量的多少和一天中最多有多少供应商来送货对仓库入库作业的影响最大。忙时，工作量增加，计划性、效率降低，仓库服务水平降低；闲时，仓库人员、设备的劳动生产率降低，部分人员、设备闲置。

4. 货物分类

货物分类就是按照货物大类、性质及其连带性将货物分为若干类，分类集中存放，以利收发货与保管业务的进行。

1) 货物的分区分类

货物分区分类就是对储存货物在“四一致”(货物性能一致、养护措施一致、作业手段一致、消防方法一致)的前提下，把货物储存区划分为若干保管区域，根据货物大类和性能等划分为若干类别，以便分类集中保管，如钢材区、建材区、化工区等，如图 3.7 和图 3.8 所示。

图 3.7 货物的分区存放

图 3.8 货物的分类存放

2）货物分区分类的作用

（1）可以缩短货物收、发作业时间。

（2）可以合理地使用仓容。

（3）可以使保管员掌握货物进、出库活动规律，熟悉货物性能，提高保管技术水平。

（4）可以合理配置和使用机械设备，提高机械化操作程度。

3）货物分区分类的原则

（1）存放在同一货区的货物必须具有互容性。

（2）保管条件不同的货物不应混存。

（3）作业手段不同的货物不能混存。

（4）灭火措施不同的货物绝不能混存。

4）货物分区分类方法

（1）按货物的种类和性质分区分类，即按货物的自然属性归类，并集中存放在适当场所，这是大多数仓库采用的方法。

（2）按不同货主来分区分类。

（3）按货物流向分类。

（4）按货物危险性质分区分类。

5. 装卸搬运方式

入库物品的形态决定物品入库时的装卸搬运作业方式，仓储企业在进行人员配置、装卸搬运设备的选择时，应充分考虑仓储对象的形态以形成经济合理的科学决策。

【特别提示】

物品到达的高峰时间是制定作业人员轮班轮岗的重要依据，要合理安排不同班次的作业人数，以求做到作业人员的作业量和劳动强度的均衡性，同时既可以降低成本又可以保证服务水平。

6. 物品包装形态

物品包装形态的差异会对装卸搬运工具与方式、库区货位的确定、堆存状态产生影响。不同物品包装形态如图 3.9 所示。

散装物品

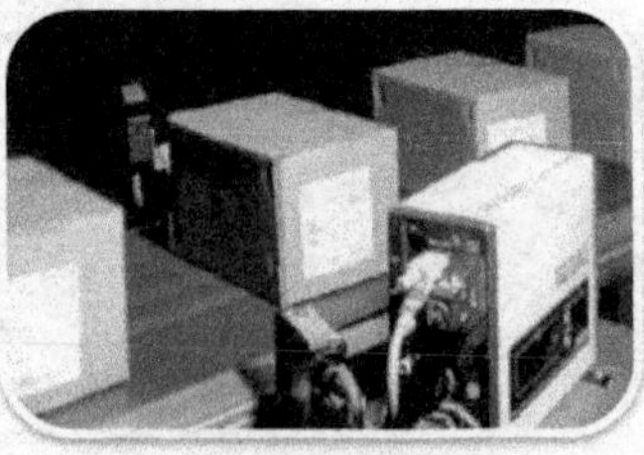

件杂物

单元货

图 3.9　物品包装形态

7. 入库作业需要注意的问题

物品入库时，单位物品的尺寸及重量对装卸搬运、堆码上架、库区货位的确定等作业会产生影响，要采用正确的入库方式，如图 3.10 所示。

图 3.10　入库作业

3.1.3　入库表单制作

1. 填写入库单

1）了解入库单

货物入库单是记录入库货物信息的单据，应该记录货物的名称、货物编号、实际验收数量、货物价值及价格等内容。根据入库货物来源的不同，可以把入库单分为外购货物入库单、成品入库单、退货入库单等。货物入库单格式见表 3-4。

货物入库单一般为一式三联。第一联留作仓库登记实物账；第二联交给采购部门，作为采购员办理付款的依据；第三联交给财务记账。如果需要的话，也可适当地增加一联，交给送货人员留作货物已经送达的依据。

表 3-4 货物入库单

采购合同号：　　　　　　　　　　　　件数：　　　　　　　　　　　　入库时间：

货物名称	品种	型号	编号	数量			进货单价	金额	结算方式	
				进货量	实点量	量差			合同	现款

采购部经理：　　　　　　采购员：　　　　　　仓库管理员：　　　　　　核价员：

2）掌握填写方法

货物验收合格后，仓库管理人员要根据验收情况和验收结果，据实填写货物入库单。在填写货物入库单、成品入库单、退料入库单时，一定要做到内容完整、字迹清晰，并于每天工作结束后，把所有入库单的存根联整理好，进行统一保存。另外，在仓库管理实务中，根据需要还可能填写一些其他的报表，如成品原料明细表、包装和运送日报表、材料进库日报表、货物收发日报表、材料收发日报表、货物收货日报表、货物交货日报表等。

2. 登记明细账

为了便于对入库货物的管理，正确反映货物的入库、出库和结存情况，并为对账、盘点等作业提供依据，仓库管理人员要建立实物明细账，以记录库存货物的动态。

1）选择账册类型

实物明细账有两种：一种是无追溯性要求的普通实物明细账；另一种是有追溯性要求的库存实物明细账。仓库管理人员要根据对货物的具体保管要求，选择适当的账册来记录货物的库存情况。

(1) 普通实物明细账。普通实物明细账适用于只需反映库存动态的货物，如进入流通环节的货物或企业内的工具、备品备件等，应该包含的内容见表 3-5。

表 3-5 普通实物明细账

年		凭证		摘要	收入	发出	结存
月	日	种类	号码				

(2) 库存实物明细账。库存实物明细账适用于需要区分批次、有一定追溯要求的货物，如企业生产所需的零部件、原材料等，应该包含的内容见表 3-6。

表 3-6 库存实物明细账

年		凭证		摘要	收入		发出		结存		其中(A)			其中(B)			其中(C)		
月	日	种类	号数		批号	数量	批号	数量	批号	数量	批号	数量	库存	批号	数量	库存	批号	数量	库存

2）掌握登账方法

为了保证实物明细账的准确性、可用性，仓库管理人员在填写账册时要做到实事求是，依据合法的凭证，掌握正确的记录方法，采用恰当的书写方式。

登账凭证的要求：必须以正式合法的凭证，如货物入库单、出库单、领料单等为依据。

记录方法的要求：要按照时间顺序连续、完整地填写各项记录，不能隔行、跳页，并对账册依次编号，在年末结存转入新账后，旧账册应交给档案部门妥善保管。登账的主要内容有物品名称、规格、数量、件数、累计数或结存数、存货人或提货人、批次、入库时间、保质期、金额、注明货位号，接(发)货经办人。

书写要求：必须使用蓝黑墨水笔，并注意书写内容的工整、清晰，数字最好只占空格的2/3，以便于改错。

记账改错要求：发现记账错误时，不得刮擦、挖补、涂抹或用其他药水更改字迹，应该在错误处画一红线，表示注销，然后在其上方填写正确的文字或数字，并在更正处加盖更改人的印章，红线画过后的原来字迹必须可以辨认。

3. 立卡

物品入库或上架后，将物品名称、规格、数量或出入库状态等内容填在料卡上，称为立卡，如图 3.11 所示。

图 3.11 立卡

货物保管卡又叫货卡、料卡，它是一种实物标签，是仓库管理人员管理货物的“耳目”。

1）确定保管卡内容

货物保管卡主要包括以下三方面内容：第一，货物的状态，如待检、待处理、不合格、合格等；第二，货物的名称、规格、供应商和批次等；第三，货物的入库、出库与库存动态等信息。

货物保管卡的内容不是一成不变的，可以根据仓储业务的具体情况和特别要求，对其内容进行适当的调整。例如，对于设置了专门的待检区、待处理区、合格货物区、不合格货物区的仓库，保管卡上可以省略货物的状态；但为了便于对货物的库存量进行控制和管理，则可以在保管卡上增设货物的估计用量、安全存量、订货点等信息，具体内容见表 3-7。

表 3-7 货物保管卡

货位编号：　　　　　　　　　　　　　　　　　　　　　　　　标示日期

材料名称		用途					
材料编号		主要供应商					
估计年用量		订货期		经济订量			
安全存量		代替品					
月份	实际用量	需求计划					平均单价
1月							
2月							
……							
12月							
合计							

收发记录

日期	单据号码	发出量	库存量	收料量	退回	订货记录	备注

2）规范设置保管卡

使用货物保管卡，不但能够便于仓库管理人员随时进行实物核对，有利于货物进出库业务的及时进行，减少差错的发生，而且便于合理组织相关作业，提高仓库作业效率的目的。

为了使保管卡的作用充分发挥出来，在设置保管卡时要注意 3 个问题。第一，选择适当的地方放置保管卡。一般把保管卡悬挂在上架货物的下方或放在货物堆垛上，位置要明显、牢固，且便于随时书写。第二，及时更新保管卡的内容。使用保管卡时，一定要根据作业的内容及时更新卡上的信息。第三，按照要求设置保管卡。新货物入库时要为其设立专门的保管卡，货物入库、出库、盘点后，立即在保管卡的相应位置填写具体信息，某货物清库后要收回保管卡，并放在该货物的档案中。

4. 建立货物档案

建立货物档案就是把与入库作业过程有关的、在具体操作过程中填写的各种资料、单据、凭证进行分类保存，从而详细地了解货物入库前后的活动全貌。这样做有助于总结和积累仓库保管经验，研究货物入库管理的规律，提高仓库科学管理的水平。

1）收集档案资料

货物档案反映了货物从入库、保管及出库的所有变化过程的信息。为了建立完善货物档案，仓库管理人员需要收集整个过程的有关资料。

货物入库时的资料：货物出厂时的各种凭证和技术资料，如货物技术证明、合格证、装箱单、发货明细表等；货物运输过程中的各种单据，如运输单、货运记录、提货单等；货物验收入库的入库通知单、验收记录、磅码单、技术检验报告等。

货物保管时的资料：货物在库保管期间的检查、保养、损益、变动等情况，以及库内外温度、湿度的记载及其对货物的影响。

货物出库时的资料：货物出库时的凭证，如领料单、出库通知单、调拨单、发运单等。

2）建立并保管档案

在货物入库后，仓库管理人员应该先收集货物入库时的资料，并建立货物档案，加以妥善保存。

任务 3.2 入库方案设计及货位优化

【任务描述】

2012 年 11 月 25 日，某仓库运营部接到入库任务单，要对 6 种商品入库。这 6 种商品的周转量分别是 550 箱、500 箱、300 箱、290 箱、220 箱、200 箱。假设仓库面积为 560 平方米，高度 4.5 米，能够满足两层货架仓储作业，对所要入库的商品进行入库方案设计及货位优化。设计时首先要分析商品物动量，把物动量大的商品储存在方便取放的货位。然后进行码盘组托，按照成本最低原则。选择合适数量的托盘。码盘后选择合适的设备将货物搬运至货位，然后画出货位储存图。入库任务单见表 3－8。

表 3－8 入库任务单

入库任务单编号：W11041801　　计划入库时间：到货当日

序号	商品名称	包装规格/毫米（长×宽×高）	单价/(元/箱)	重量/千克	入库数量/箱	限制堆码层数
1	泰山仙草蜜	395×245×265	1 380	9.5	31	5
2	紫山酱菜	330×235×240	1 180	9.3	36	6
3	丹夫华芙饼	455×245×200	260	2.5	32	5
4	厨师肉松	460×260×230	220	4.8	20	5
5	立邦油漆	295×245×240		9	36	6
6	杜浔酥糖	495×395×320	420	15	8	5

3.2.1 库存商品物动量分析

1. 商品物动量 ABC 分类

商品物动量是指商品的销售数量。

ABC 分析法又称帕累托分析法、ABC 分类管理法、重点管理法等。它是根据商品的销售数量，进行分类、排队，分清重点和一般，以有区别地实施管理的一种分析方法。由于它把被分析的对象分成 A、B、C 三类，因此又被称为 ABC 分析法。

2. 方法

第一步，统计货物周转量。

第二步，计算货物累计周转比例。

第三步，分类。根据货物累计周转比例，将 0～70％的货物定位 A 类商品；70％～90％之间的货物定位 B 类商品；其余的为 C 类商品。假设 6 种商品的周转量为 550 箱、500 箱、300 箱、290 箱、220 箱、200 箱，得到表 3－9。

表 3－9 库存周转量统计表

序号	货品名称	周转量/箱	周转比例	累计周转比例	ABC 分类
1	泰山仙草蜜	550	26.699 0％	26.699 0％	A
2	丹夫华芙饼	500	24.271 8％	50.970 9％	
3	紫山酱菜	300	14.563 1％	65.534 0％	
4	厨师肉松	290	14.077 7％	79.611 7％	B
5	杜浔酥糖	220	10.679 6％	90.291 3％	C
6	立邦油漆	200	9.708 7％	100.000 0％	

根据累计周转比例分析所得，序号 1、2、3 的商品物动量最大，故为 A 类，依此类推。

3. 对入库任务单中的商品进行 ABC 分类

根据 ABC 分析法原理，对入库任务单商品归类，见表 3－10。

表 3－10 入库任务单商品归类

入库任务单编号：QTC20120001　　　　计划入库时间：到货当日

供应商：漳州中汇百货有限公司

序号	货品编号	商品名称	包装规格/mm			单价/(元/箱)	重量/千克	入库数量/箱	ABC 分类
			长	宽	高				
1	6921294392975	泰山仙草蜜	395	245	265	160	9.5	31	A
2	6904555692151	紫山酱菜	330	235	240	160	9.3	36	
3	6920789722297	丹夫华芙饼	455	245	200	180	2.5	32	

续表

序号	货品编号	商品名称	包装规格/mm			单价/(元/箱)	重量/千克	入库数量/箱	ABC分类
			长	宽	高				
4	6941660500278	厨师肉松	460	260	230	200	4.8	20	B
5	6901535178490	立邦油漆	295	245	240	200	9	36	C
6	6934446808729	杜浔酥糖	495	395	320	150	15	8	

4. 储位确定

商品储位确定要遵循以下原则。

(1) 根据商品周转确定储位。

(2) 根据商品相似、相同性确定储位。

(3) 根据商品特性确定储位：①易燃物品必须存放在高度防护作用的独立空间内，且必须安装适当的防火设备；②易腐物品必须存放在冷冻、冷藏或其他特殊的设备内；③易污染物品存放必须与其他物品隔离。

(4) 根据商品体积重量确定储位。

(5) 根据先进先出、重不压轻原则安排储位。

(6) 面向通道原则。

3.2.2 货物组托

零散的货物如何码放在托盘上，使载物托盘的可用面积利用率最大化，即托盘货物组托。

1. 组托前要求

(1) 商品的名称、规格、数量、质量已查清。

(2) 商品已经编码。

(3) 商品外包装完好、清洁、标志清楚。

2. 选择托盘要考虑的问题

(1) 产品特性，包括产品包装的尺寸、包装的特性、产品重量、特殊要求寄搬运要求等。

(2) 托盘性能、托盘尺寸、托盘质量及数量等。

(3) 场地信息，包括适于组装地面积的大小，以及场地上不利于组装作业的限制条件。

(4) 与被组装产品有关的上一道工序的信息及产品组合。

(5) 装卸搬运及运输机械，包括叉车、卡车的尺寸和其他的性能要求等。

3. 操作要求

(1) 堆码整齐，货物堆码后，4 个角成一直线。

(2) 货物品种不混堆、规格型号不混堆、生产厂家不混堆、批号品种不混堆。

(3) 堆码合理性、牢固性、要求奇偶压缝、旋转交错、缺口留中、整齐牢固。

(4) 组托后的货物不能超长、超宽、超高。

(5) 组托的货物标签要朝外，方便入库、在库、出库盘点。

4. 示意图类型

(1) 主视图：指从正前方观察完成组托货物绘制的示意图。

(2) 俯视图：指从上方观察完成组托货物绘制的示意图。

(3) 奇数层俯视图：指第1、第3、第5……层的货物摆放图。

(4) 偶数层俯视图：指第2、第4、第6……层的货物摆放图。

5. 托盘数量计算方法

在国际标准托盘尺寸基础上，根据包装箱的实际尺寸，计算存储单元规格可通过编程实现。在程序过程中一般国际公认的1 000毫米×1 200毫米，800毫米×1 200毫米，1 140毫米×1 140毫米，1 100毫米×1 100毫米这几种标准尺寸进行核算，托盘上码放的包装个数为10的倍数。

1) 组托需要计算的参数

(1) 计算托盘每层最大摆放数量。已知托盘标准为1 000毫米×1 200毫米×160毫米，立邦油漆货物规格为29.5米×24.5米×24米，一层摆放16箱，共3层，第三层为4箱。

(2) 计算托盘堆码高度，托盘堆码高度要根据货架高度计算，不能超长、超宽、超高。

(3) 如果是整托，每层货物摆放数量一致；如果是散托，注意最后一层货物的摆放方式。

(4) 计算所需托盘总数量、整托每托货物数量、散托货物数量、每层货物摆放方式。

2) 计算托盘货物数量方法

(1) 人工计算：货物数量=[总(货物+托盘)重量-总托盘重量]/单件货物重量

(2) 计算机计算。

尺寸计算：以1 000毫米×1 200毫米，800毫米×1 200毫米，1 100毫米×1 100毫米标准托盘计算。

```
If((int(a1/(a+10))*int(b1/(b+10)))> (int(b1/(a+10))* int(a1/(b+10)))
then
Na=int(a1/(a+10))
Nb=int(b1/(b+10))
End if
Nh=int(1600/h)
```

重要计算：

```
If(na*nb*nh*m/1000)>m1
then
Nh= int(m1/(na*nb*m/1000))
End  if
```

其中，a、b、h 为包装尺寸，a_1，b_1，h_1 为托盘尺寸，m 为包装箱重量，m_1 为托盘的承载能力。这种存储单位规格是否最优，可以通过计算存储单元利率(空间利用率)来比较。$\cap = \sum$ 盘码尺寸 / $\sum (a_1 \times b_1 \times 1\,600)$。$\cap$表示利用率；$a_1 \times b_1 \times 1\,600$ 为存储单元的极限尺寸，即托盘尺寸为 $a_1 \times b_1$，码放货物后托盘上货物的高度不超过 1 600 毫米；码盘规则为程序自动运算后生成的结果。

6. 托盘货物的码垛方式

在托盘上装放各种形状的包装货物，为保证作业的安全性、稳定性，必须采用各种不同的组合码垛方式，主要包括重叠式、纵横交错式、正反交错式以及旋转交错式 4 种，如图 3.12 所示。

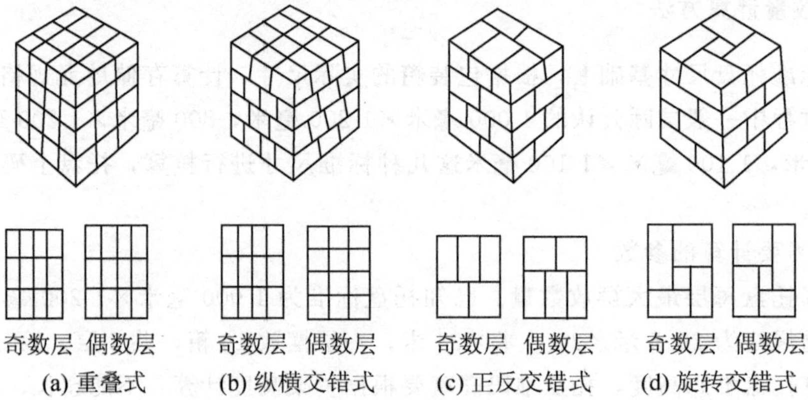

图 3.12　各种托盘堆码形式

可以根据货物的物理及几何属性，结合托盘的使用要求，选取合理的托盘堆码形式，以最大限度地提高托盘的利用率和存储的稳定性。

3.2.3　绘制货物组托示意图

根据组托要求，对任务单 6 种货物进行组托，共用 6 个托盘。

1. 立邦油漆组托示意图

立邦油漆 36 箱。货物规格：29.5 厘米×24.5 厘米×24 厘米。托盘规格：1 200 毫米×1 000 毫米。A 托：一层 16 箱，第三层 4 箱，3 层一托，共一托(36 箱)。

货物奇数俯视图、偶数俯视图、主视图如图 3.13～图 3.15 所示。

2. 杜浔酥糖

杜浔酥糖 8 箱。货物规格：49.5 厘米×39.5 厘米×32 厘米。托盘规格：1 200 毫米×1 000 毫米。A 托：第一层 6 箱，第二层 2 箱，两层一托，共一托(8 箱)。

货物奇数俯视图、偶数俯视图、主视图如图 3.16～图 3.18 所示。

图 3.13 奇数俯视图

图 3.14 偶数俯视图

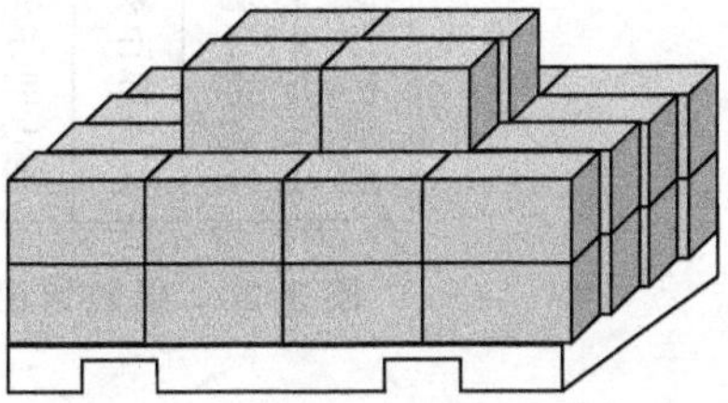

长：980毫米
宽：1 180毫米
高(含托盘)：870毫米

图 3.15 主视图

图 3.16 奇数俯视图

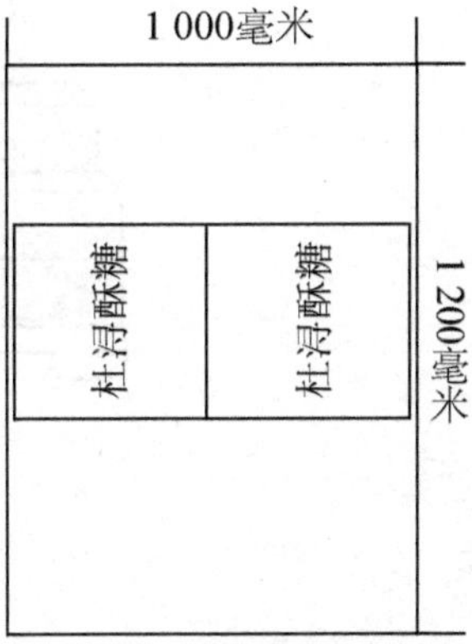

图 3.17 偶数俯视图

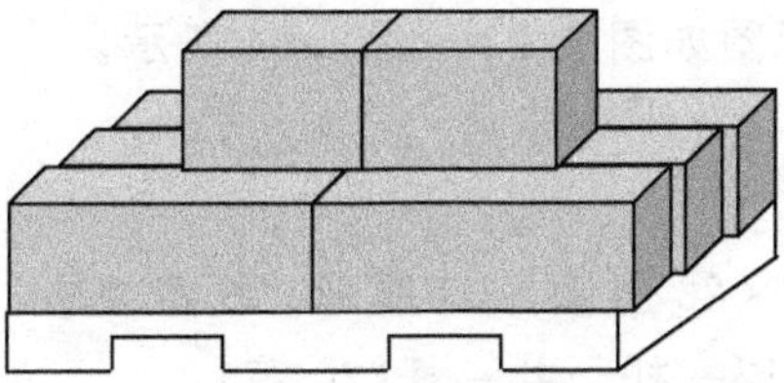

长：990毫米
宽：1 185毫米
高(含托盘)：790毫米

图 3.18 主视图

3. 泰山仙草蜜

泰山仙草蜜31箱。货物规格：39.5厘米×24.5厘米×26.5厘米。托盘规格：1 200毫米×1 000毫米。A托：一层12箱，第三层7箱，3层一托，共一托(31箱)。

货物奇数俯视图、偶数俯视图、主视图如图3.19～图3.21所示。

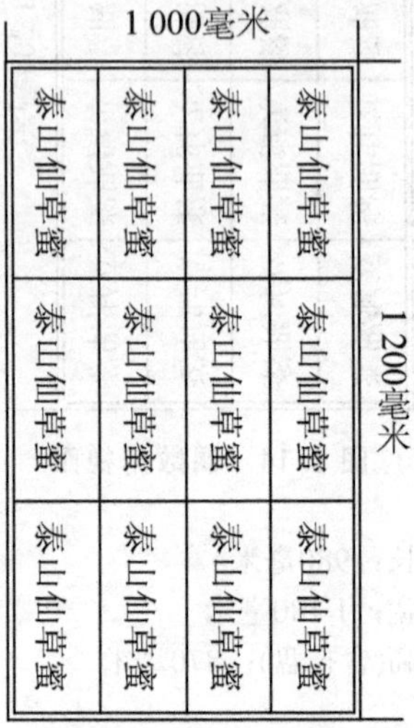

图3.19　奇数俯视图

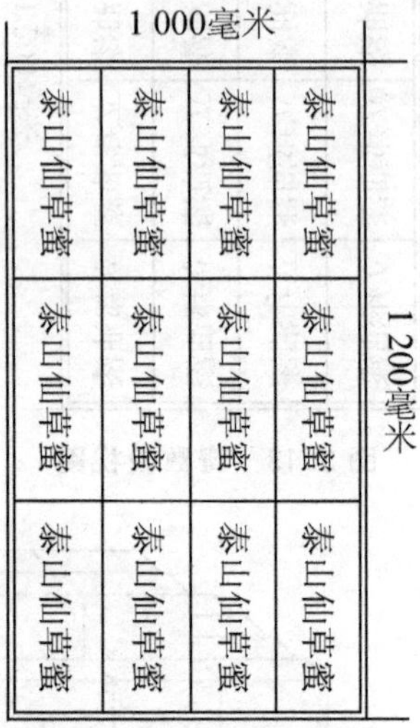

图3.20　偶数俯视图

长：980毫米
宽：1 185毫米
高(含托盘)：945毫米

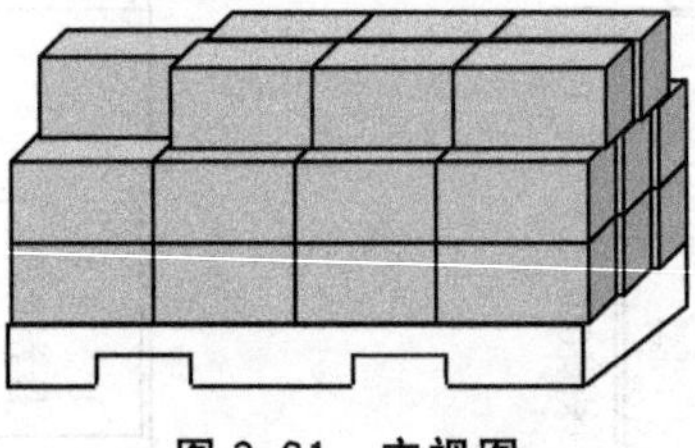

图3.21　主视图

4. 紫山酱菜

紫山酱菜36箱。货物规格：33厘米×23.5厘米×24厘米。托盘规格：1 200毫米×1 000毫米。A托：一层13箱，第三层10箱，3层一托，共一托(36箱)。

货物奇数俯视图、偶数俯视图、主视图如图3.22～图3.24所示。

5. 厨师肉松

厨师肉松20箱。货物规格：46厘米×26厘米×23厘米。托盘规格：1 200毫米×1 000毫米。A托：一层8箱，第三层4箱，3层一托，共一托(20箱)。

货物奇数俯视图、偶数俯视图、主视图如图3.25～图3.27所示。

图 3.22 奇数俯视图

图 3.23 偶数俯视图

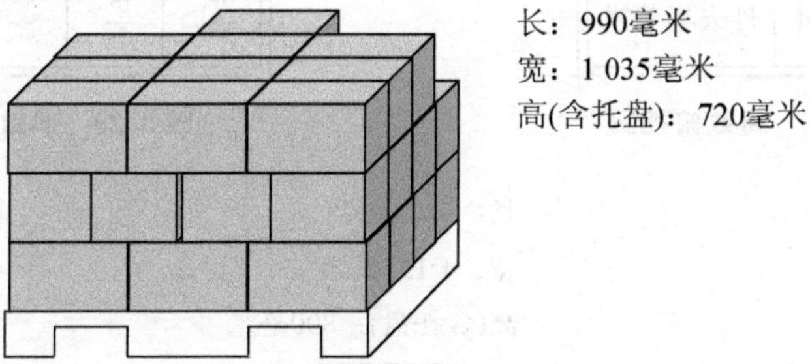

图 3.24 主视图

图 3.25 奇数俯视图

图 3.26 偶数俯视图

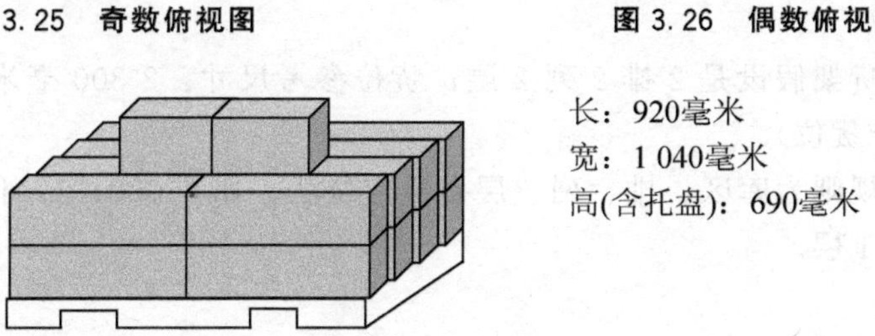

图 3.27 主视图

6. 丹夫华芙饼

丹夫华芙饼 32 箱。货物规格：45.5 厘米×24.5 厘米×20 厘米。托盘规格：1 200 毫米×1 000 毫米。A 托：一层 8 箱，第四层 2 箱，4 层一托，共一托(32 箱)。

货物奇数俯视图、偶数俯视图、主视图如图 3.28～图 3.30 所示。

图 3.28　奇数俯视图

图 3.29　偶数俯视图

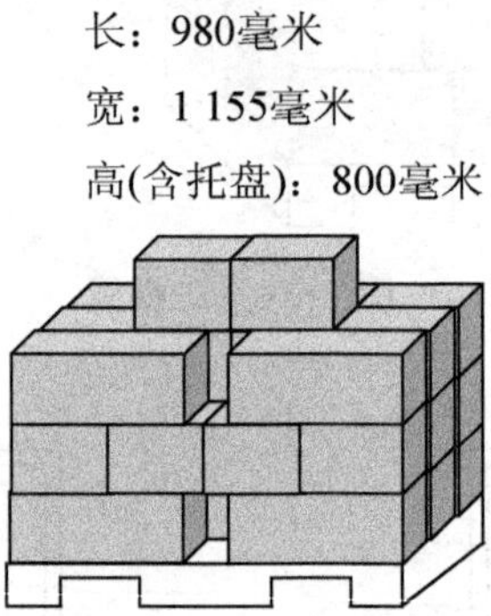

图 3.30　主视图

3.2.4　货物上架储存

1. 货架信息

本任务使用的货架假设是 2 排 2 列 2 层；货位参考尺寸：2 300 毫米×900 毫米×1 350 毫米，双货位(标准货位)。

货位条码编制规则为库区、排、列、层 4 号定位法，如 01020101，代表的信息是 1 号库区第 2 排第 1 列第 1 层。

2. 存储规定

按商品属性归类，以货架的排为单位，将货位存储情况反映在存储示意图上，在相应货位上标注货物名称及该货品库存箱数。

要求：①根据商品物动量量安排储位，物动量大的安排在离管理台最近的货架一层，方便出入库；②A类占一层，B、C类商品按商品性质共占一层货架。

3. 绘制货位存储图

绘制货物储存图要求：根据商品的储位确定原则，A类占一层，B、C类商品按商品性质共占一层货架；以货架的排为单位，将货位存储情况反映在存储示意图上，在相应货位上标注货物名称及该货品库存箱数。

将前面讲述的6种已经组托好的商品上架至储位。上架采用地牛、高位叉车、手持终端设备完成上架工作。本任务的货物储存分特种货物(立邦油漆)和普通食品货物。特种货物货架存储信息图如图3.31所示；普通货物货架存储信息图如图3.32所示。

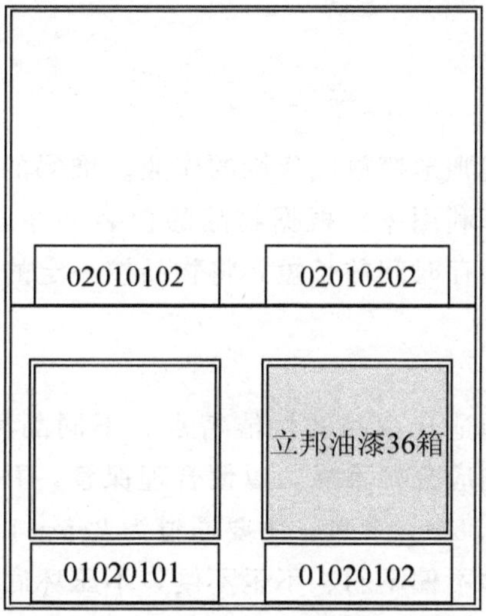

图3.31 特种货物货架存储信息图

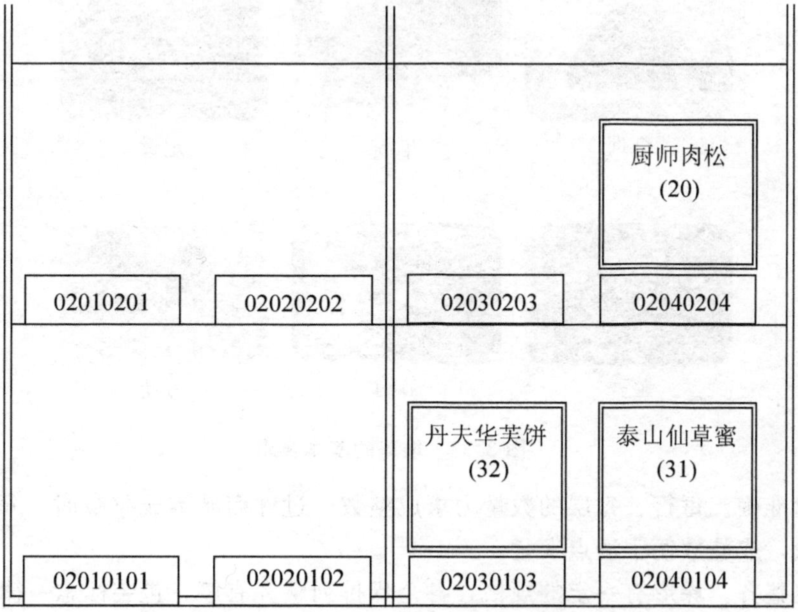

图3.32 普通货物货架存储信息图

任务3.3 货物储存管理

【任务描述】

货物经检验合格入库以后就进入了仓库保管阶段。货物保管主要是指对货物进行合理的保存和经济的管理。货物在仓库储存期间如果保管不好，会发生的霉变、锈蚀、虫蛀、融化等各种变质形象，仓管员要做好商品养护工作，为货物提供良好的保管环境和条件。

3.3.1 熟悉货物堆码

1. 堆码概念

堆码是指将物品整齐、规则地摆放成货垛的作业。堆码的主要目的是便于对物品进行维护、盘点等管理，以提高仓库利用率。根据物品的包装、外形、性质、特点、种类和数量，结合季节和气候情况，以及储存时间的长短，将物品按一定的规律码成各种形状的货垛。

2. 货物堆码的要求

(1) 科学合理。垛形必须适合商品的性能特点，不同品种、型号、规格、牌号、等级、批次、产地、单价的商品，均应分开堆垛，以便合理保管，并要合理地确定堆垛之间的距离和走道的宽度，垛距一般为0.5～0.8米，主要通道为2.5～4米。

(2) 牢固结实。货垛必须不偏不斜、不歪不倒，不压坏底层的货物和地坪，与屋顶、梁柱、墙壁保持一定距离，确保堆垛牢固安全。堆码的基本要求如图3.33所示。

图3.33 堆码的基本要求

(3) 定量准确。每行、每层的数量力求成整数，过秤商品不成整数时，每层应该明显分隔，表明重量，成整数便于清点发货。

(4) 美观整齐。垛形有一定的规格，各个垛排列整齐有序，包装标志一律朝外。

（5）合理节约。堆码时考虑节省货位，提高仓库利用率。

（6）简单方便。货物便于装卸、搬运和检查。

（7）注意“五距”符合安全管理要求。“五距”指的是垛距、墙距、柱距、顶距和灯距，如图 3.34 所示。

(a) 墙距　(b) 柱距　(c) 顶距

(d) 灯距　(e) 垛距

图 3.34　货垛五距

垛距指货垛与货垛之间的必要距离。一般距离为 0.1～0.5 米。库房垛距一般为 0.3～0.5 米，货场垛距一般不少于 0.55 米，如图 3.35 所示。

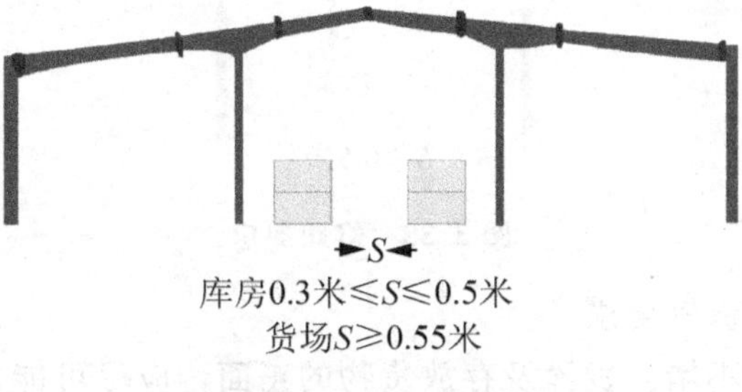

图 3.35　垛距要求

墙距又分内墙距和外墙距。内墙距（S_1）是指货物离没有窗户墙体的距离，一般距离为 0.1～0.3 米；外墙距（S_2）是指货物离有窗户墙体的距离，一般距离为 0.1～0.5 米，如图 3.36 所示。

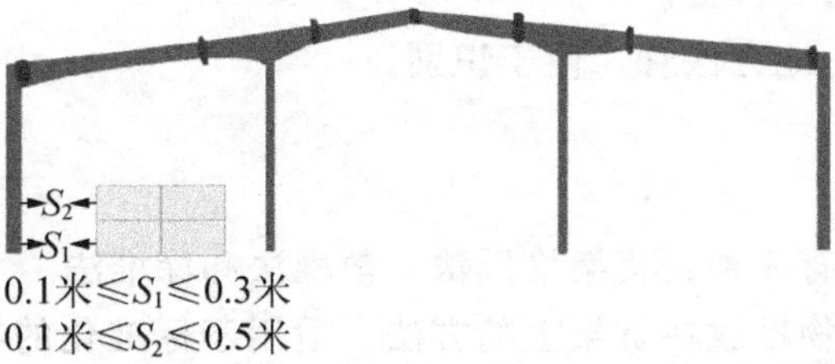

图 3.36　墙距要求

柱距指货物与柱子的距离。柱距一般为 0.1～0.3 米，如图 3.37 所示。

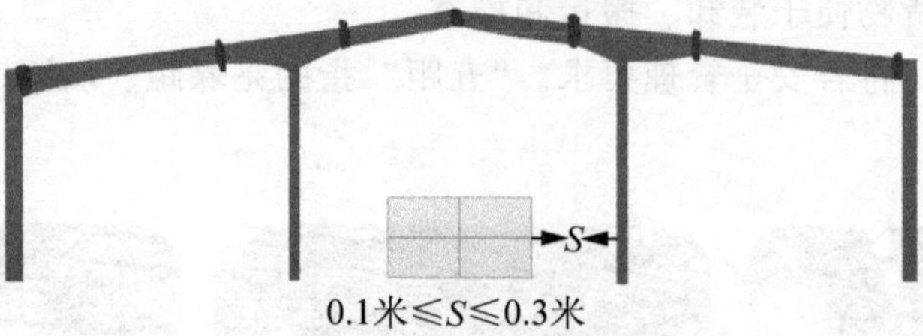

图 3.37　柱距要求

顶距是指货垛堆放的最大高度与库房、货棚屋顶横梁间的距离。顶距一般为 0.5～0.9 米，如图 3.38 所示。

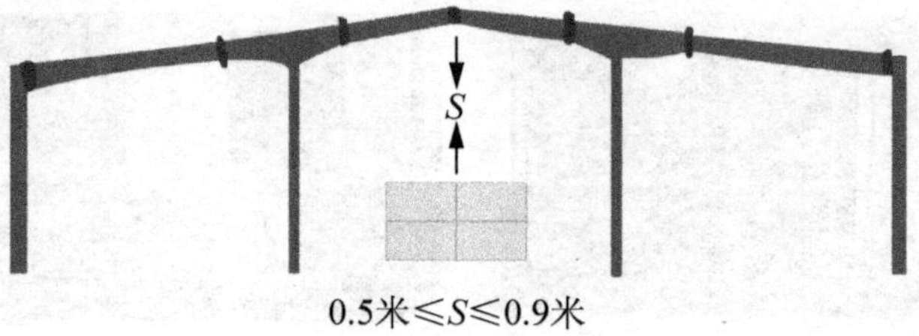

图 3.38　顶距要求

灯距是指货垛与照明灯之间的必要距离。灯距不少于 0.5 米，如图 3.39 所示。

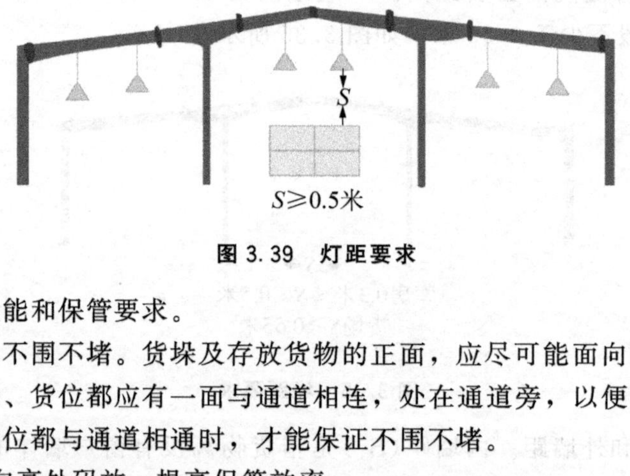

图 3.39　灯距要求

(8) 注意商品性能和保管要求。

(9) 面向通道，不围不堵。货垛及存放货物的正面，应尽可能面向通道，以便察看。另外，所有货物的货垛、货位都应有一面与通道相连，处在通道旁，以便能对货物进行直接作业。只有在所有的货位都与通道相通时，才能保证不围不堵。

(10) 尽可能地向高处码放，提高保管效率。

(11) 注意上轻下重，确保稳固。

(12) 根据出库频率选定位置。

(13) 同一品种在同一地方保管，便于识别。

3. 货物堆码方法

货物堆码的方法主要有 3 种：货架堆码法、散堆法和垛堆法。

货架堆码法是指把货物堆放在货架上的方法。适用于标准化的物资，带包装密度较小的物资，以及不带外包装的各种零星小物资，如图 3.40 所示。

图 3.40　货架堆码法

散堆法是指散装堆放货物的方法。适用于没有包装的或不需要包装的大宗物资，如煤炭、砂石、小块生铁等，如图 3.41 所示。

图 3.41　散堆法

垛堆法是指把物资堆码成一定垛形的方法。适用于有包装或裸装，但尺寸较整齐划一的大件物资，如钢材的型钢、钢板等。储存金属材料的物资仓库主要用垛堆法，商业百货仓库主要用货架堆码法。垛堆法的形式如图 3.42 所示。

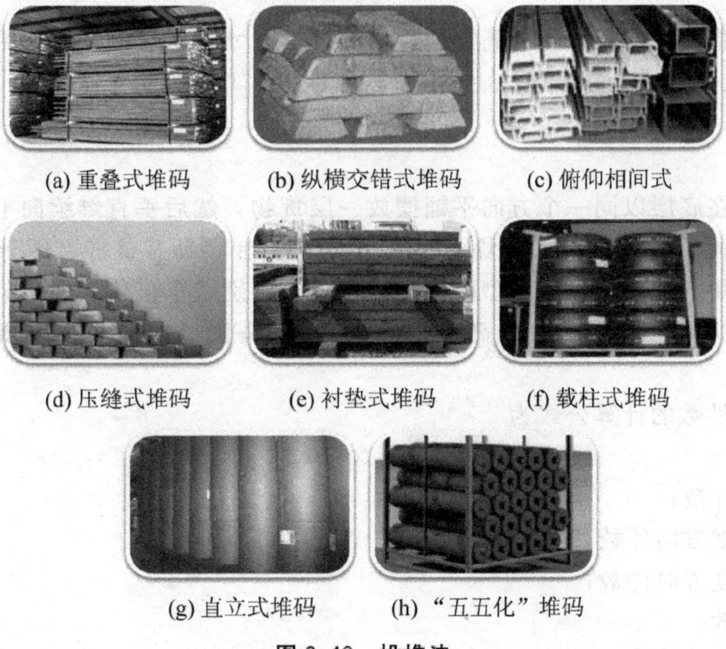

(a) 重叠式堆码　(b) 纵横交错式堆码　(c) 俯仰相间式

(d) 压缝式堆码　(e) 衬垫式堆码　(f) 载柱式堆码

(g) 直立式堆码　(h) “五五化”堆码

图 3.42　垛堆法

(1) 重叠式。指逐件逐层向上重叠堆码物资的方法。钢板、箱装物资等质地坚硬、占地面积较大，可采用这种垛形。在重叠堆码中厚钢板时，可以逢十略加交错，既便于清点数字也利于叉车出库。它是机械作业的主要形式，如图 3.42(a)所示。

(2) 纵横交错式。指将长短一致、宽度排列能和长度相等的货物，纵横交错堆码成方形垛的方法。适用于铜线锭、管材、型材、狭长的箱装货物等，如图 3.42(b)所示。

(3) 仰伏相间式。指将材料一层仰放，一层伏放，仰伏相间而相扣的码垛方法。适用于钢轨、工字钢、槽钢、角钢等货物的堆码。在露天码此垛形，应一头稍高，以利排水，如图 3.42(c)所示。

(4) 压缝式。指将垛底层排列成正方形、长方形或环行，然后起脊压缝向上码垛的方法。适用于卷板、钢带、卷筒纸、卧放的桶装货物等，如图 3.42(d)所示。

(5) 衬垫式。指在每层或每隔几层之间夹进衬垫物(如木板)，利用衬垫物使货垛的横截面积平整，货物互相牵制，加强货垛稳定性的方法(如橡胶垛)，如图 3.42(e)所示。

(6) 栽柱式。指在货垛的两旁各插上两三根木柱或钢棒，然后将材料铺平在柱中，每层或隔几层在两侧对应的柱子上用铁丝拉紧，以防倒塌的方法。适用于长条形的金属材料，如少量的圆钢、钢管、有色管棒材等，如图 3.42(f)所示。

(7) 直立式。指在数件物体中心上放物堆码，逐层缩小的方法。适用于铁合金等桶装货物竖码，如图 3.42(g)所示。

(8) “五五化”堆码。这种方式在储存商品时，以 5 为基本单位，堆成总量为 5 的倍数的垛形，如梅花五、重叠五等。采取这种方式堆码后，有经验的人可以过目成数，大大加快人工点数的速度，减少差错，如图 3.42(h)所示。

另外，还有行列式、鱼鳞式、串联式等物资堆码方法。

3.3.2 堆码货垛参数计算

1. 货垛参数

货垛参数是指货垛的长、宽、高，即货垛的外形尺寸。常见的几种货垛有平台垛、起脊垛、立体梯形垛、行列垛、井形垛、梅花垛、鱼鳞垛。

2. 平台垛

平台垛是先在底层以同一个方向平铺摆放一层货物，然后垂直继续向上堆积，每层货物的件数、方向相同，垛顶呈平面，垛形呈长方体。平台垛具有整齐、便于清点、占地面积小、堆垛作业方便的优点。但该垛型的稳定性较差，特别是小包装、硬包装的货物有货垛端头倒塌的危险，所以在必要时(如太高、长期堆存、端头位于主要通道等)要在两端采取稳定的加固措施。

平台垛货物件数的计算公式为

$$A=L\times B\times h$$

式中，A——总件数；

L——长度方向件数；

B——宽度方向件数；

h——层数。

3. 起脊垛

先按平台垛的方法码垛到一定的高度，以卡缝的方式逐层收小，将顶部收尖成屋脊形。起脊垛是平台垛为了遮盖、排水需要的变形，具有平台垛操作方便、占地面积小的优点，适用于平台垛的货物都可以采用起脊垛堆垛。但是起脊垛由于顶部压缝收小，形状不规则，无法在垛堆上清点货物，顶部货物的清点需要在堆垛前以其他方式进行。另外，由于起脊的高度使货垛中间的压力大于两边，因而采用起脊垛时库场使用定额要以脊顶的高度来确定，以免中间底层货物或库场被压损坏。

起脊垛货物件数的计算公式为

$$A = L \times B \times h + \text{起脊件数}$$

式中，A——总件数；

L——长度方向件数；

B——宽度方向件数；

h——未起脊层数。

4. 立体梯形垛

立体梯形垛是在最底层以同一方向排放货物的基础上，向上逐层同方向减数压缝堆垛，垛顶呈平面，整个货垛呈下大上小的立体梯形形状。立体梯形垛用于包装松软的袋装货物和上层面非平面而无法垂直叠码的货物的堆码，如横放的桶装、卷形、捆包货物。立体梯形垛极为稳固，可以堆放得较高，仓容利用率较高。对于在露天堆放的货物常采用立体梯形垛，为了排水需要也可以在顶部起脊。

立体梯形垛货物件数的计算公式为

$$A = (2L - h + 1)hB/2$$

式中，A——总件数；

L——长度方向件数；

B——宽度方向件数；

h——层数。

5. 行列垛

行列垛是将每票货物按件排成行或列，每行或列一层或数层高。垛形呈长条形。行列垛用于存放货物批量较小的库场码垛使用，如零担货物。为了避免混货，每批独立开堆存放。长条形的货垛使每个货垛的端头都延伸到通道边，可以直接作业而不受其他货物阻挡。但每垛货量较少，垛与垛之间都需留空，垛基小而不能堆高，使得行列垛占用库场面积大，库场利用率较低，如图 3.43 所示。

6. 井形垛

井形垛用于长形的钢材、钢管及木方的堆码。它是在以一个方向铺放一层货物后，再以垂直的方向铺放第二层货物，货物横竖隔层交错逐层堆放。垛顶呈平面。井形垛垛型稳固，但层边货物容易滚落，需要捆绑或者收进。井形垛的作业较为不便，需要不断改变作业方向，如图 3.44 所示。

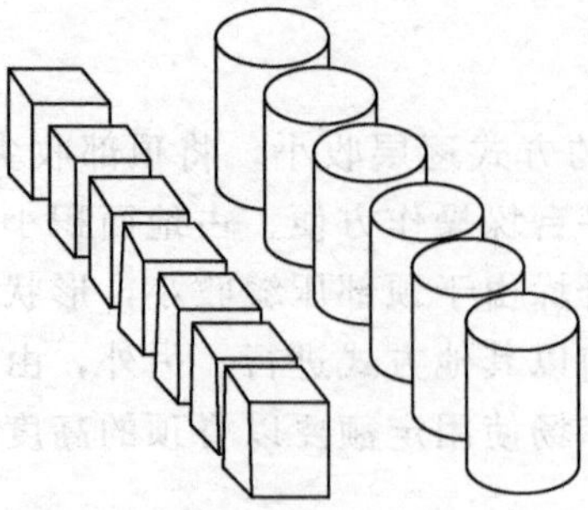

图 3.43　行列垛

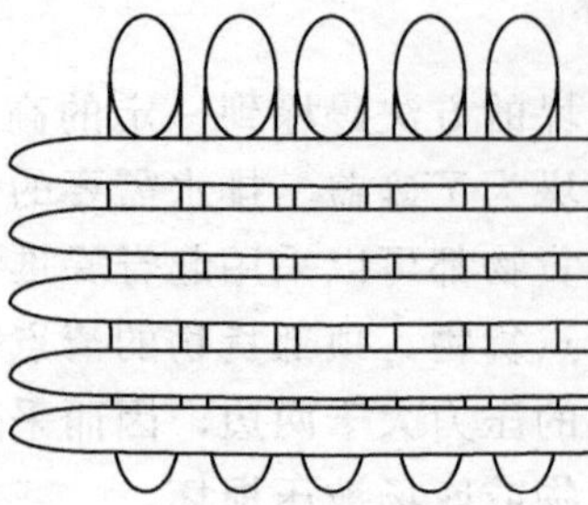

图 3.44　井形垛

井形垛货物件数的计算公式为

$$A=(L+B)h/2$$

式中，A——总件数；

L——纵向方向件数；

B——横向方向件数；

h——层数。

7. 梅花垛

对于需要立直存放的大桶装货物，先按行列垛的方式排好第一行货物(其个数就是宽度方向的个数)，第二行的每件靠在第一行的两件之间卡位，第三行同第一行一样，然后每行依次卡缝排放，形成梅花形垛(行数就是长度方向的个数)。梅花形垛货物摆放紧凑，充分利用了货件之间的空隙，提高库场面积的使用率，如图 3.45 所示。

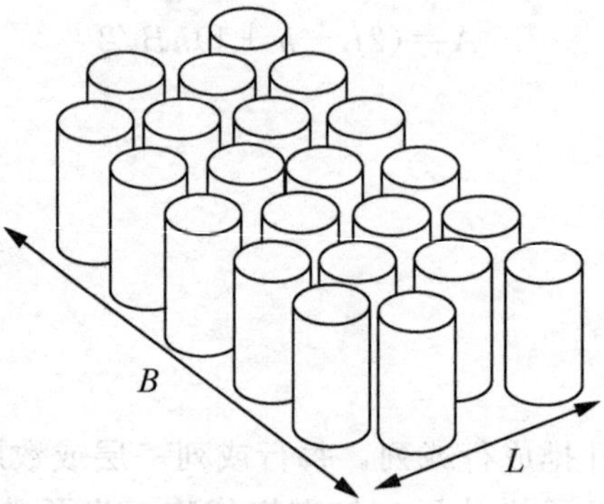

图 3.45　梅花垛

对于能够多层堆码的桶装货物，在堆放第二层以上时，将每件货物压放在下层的 3 件货物之间，四边各收半件，形成立体梅花形垛。

单层梅花垛货物件数的计算公式为

$$A=(2B-1)L/2$$

式中，A——总件数；

L——长度方向件数；

B——宽度方向件数。

8. 鱼鳞垛

鱼鳞垛适用于圆形成圈的电线、铅丝等商品。堆码时把一圈商品的一半压在另一圈商品上，上一层的商品又向相反的方向用相同的方法顺序排列，依次堆高，堆成的货垛花纹像鱼鳞一般，货垛稳固且节约仓容。

3.3.3 仓库货物保管养护

1. 苫垫

苫垫是指为了防止自然环境影响储存货物的质量而进行的仓储作业。

1）苫盖技术

苫盖是指采用专用苫盖材料对货垛进行遮盖。为了防止商品直接受到风吹、雨打、日晒、冰冻的侵蚀，通常使用塑料布、席子、油毡纸、铁皮、苫布等，也可以利用一些货物的旧包装材料等对存放在露天货场的商品进行苫盖，如图 3.46 所示。

图 3.46 物品苫盖

2）苫盖的基本要求

（1）选择合适的苫盖材料。选用符合防火、无害的安全苫盖材料；苫盖材料不会与货物发生不利影响；成本低廉，不宜损坏，能重复使用；没有破损和霉烂。

（2）苫盖牢固。每张苫盖材料都需要牢固固定，必要时在苫盖物外用绳索、绳网绑扎或者采用重物镇压，确保刮风揭不开。

（3）苫盖接口要紧密。苫盖的接口要有一定深度的互相叠盖，不能迎风叠口或留空隙，苫盖必须拉挺、平整，不得有折叠和凹陷，防止积水。

（4）苫盖的底部与垫垛齐平。不腾空或拖地，并牢固地绑扎在垫垛外侧或地面的绳桩上，衬垫材料不露出垛外，以防雨水顺延渗入垛内。

（5）要注意材质和季节。使用旧的苫盖物或在雨水丰沛季节，垛顶或者风口需要加层苫盖，确保雨淋不透。

（6）为了防止货垛倒塌，对某些稳定性较差的货垛，应进行必要的加固。加固是为了增加货垛的整体性和稳定性。货垛加固常用的方法有周围立档柱、层间加垫板、使用 U 形架、使用钢丝拉连等。

2. 垫垛

1）垫垛技术

垫垛是指在货物码垛前，在预定的货位地面位置，使用衬垫材料进行铺垫。垫垛就是在商品堆垛前，根据货垛的形状、底面积大小、商品保管养护的需要、负载重量等要求，预先铺好垫垛物的作业，如图 3.47 所示。

图 3.47　物品垫垛

2）垫垛材料

一般采用专门制作的水泥墩或石墩、枕木、木板及防潮纸。由于垫垛是一项重复而又繁重的劳动，所以现在正在逐步推行固定式的垛基，如用水泥预制件代替枕木，可以不移动地重复使用，节省劳动力，提高作业效率。

3）垫垛的目的

(1) 使地面平整。

(2) 使堆垛货物与地面隔开，防止地面潮气和积水浸湿货物。

(3) 通过强度较大的衬垫物使重物的压力分散，避免损害地坪。

(4) 使地面杂物、尘土与货物隔开。

(5) 形成垛底通风层，有利于货垛通风排湿。

(6) 使货物的泄漏物留存在衬垫之内，防止流动扩散，以便于收集和处理。

4）垫垛的基本要求

(1) 所使用的衬垫物与拟存货物不会发生不良影响，并具有足够的抗压强度。

(2) 地面要平整坚实、衬垫物要摆放平整，并保持同一方向。

(3) 衬垫物间距适当，直接接触货物的衬垫面积与货垛底面积相同，衬垫物不伸出货要有足够的高度，露天堆场要达到 0.3～0.5 米，库房内 0.2 米即可。

3. 温度控制

除了冷库外，仓库的温度还直接受天气温度的影响，库存货物的温度也会随天气温度同步变化。货物温度高时，会发生融化、膨化、软化，容易腐烂变质、挥发、老化、自燃甚至爆炸；温度太低，会变脆、冻裂、液体结冻膨胀。一般来说，绝大多数货物在常温下都能保持正常。

普通仓库的温度控制主要是避免阳光直接照射货物。仓库遮阳采用仓库建筑物遮阳和苫盖遮阳。对怕热货物应存放在仓库内阳光不能直接照射的货位。

对温度较敏感的货物，在气温高时可采用洒水降温的办法，包括直接对货物洒水、对怕水货物可以苫盖、对仓库屋顶洒水降温。在日晒降低的傍晚或夜间，将堆场货物的苫盖适当揭开通风，也是对露天货场货物降温保管的有效方法。货物自热是货物升温损坏的一个重要原因，对容易自热的货物，应经常检查货物温度。当发现升温时，可采取加大通风、洒水等方式降温、翻动货物散热降温，必要时可以在货垛内存放冰块、释放干冰等来降温。

在严寒季节，气温极低时，可以采用加温设备对货物加温防冻。对突然而来的寒潮可以在其到达前对货物进行苫盖保温，也具有短期保暖效果。

4. 湿度控制

湿度分为货物湿度和空气湿度。笼统地说，湿度表示含水量的多少，但在不同场合又有不同的表示方式。货物的含水量指标用百分比表示。空气湿度又分为绝对湿度和相对湿度。

货物湿度指货物的含水量。货物的含水量对货物有直接影响，含水量高，则容易发生霉变、锈蚀、溶解、发热甚至化学变化；含水量低，则会发生干裂、干涸、挥发、容易燃烧等。控制货物的含水量是货物保管的重要工作。

空气绝对湿度是指空气中含水气量的绝对数，用帕或克/米^{3}表示，如空气最高绝对湿度(也称饱和湿度)为 31.7×10^2 帕或者 22.8 克/米^3。相对湿度则是空气中的含水气量与相同温度空气能容纳下的最大水气量的百分比，最大为100%。相对湿度越大，表明空气中的水汽量距离饱和状态越接近，表示空气越潮湿；相反，相对湿度越小，表明空气越干燥。湿度控制可以采取以下措施。

(1) 湿度监测。仓库应经常进行湿度监测，包括空气湿度和仓内湿度监测。一般每天早晚各一次，并做好记录。

(2) 空气湿度太低时，应减少仓内空气流通，采取洒水、喷水雾等方式增加仓内空气湿度，或对货物采取加湿处理，直接在货物表面洒水。

(3) 空气湿度太高时，可以封闭仓库或者密封货垛，避免空气流入仓库或货垛；或者在有条件的仓库采用干燥式通风、制冷除湿；在仓库或货垛内摆放吸湿材料，如生石灰、氯化钙、木炭、硅胶等；特殊货仓可采取升温措施。

5. 特殊情况下的保管

为了保证保管质量，除了温度、湿度、通风控制外，仓库还应根据货物的特性采取相应的保管措施。例如，对货物进行油漆、涂刷保护涂料、除锈、加固、封包、密封等，发现虫害及时杀虫，使用防霉药剂等针对性保护措施。必要时采取转仓处理，将货物转入具有特殊保护条件的仓库。

6. 温湿度及控制

各类物品的温湿度要求见表3-11。

表 3-11　各类物品的温湿度要求

种类	温度/℃	相对湿度
金属及其制品	5～30	≤75%
塑料制品	5～30	50%～70%
仪表、电器	10～30	70%
轴承、钢珠	5～35	60%
汽油、煤油	≤30	≤75%
工具	10～25	50%～60%
树脂、油漆	0～30	≤75%

仓库温湿度控制的方法很多，主要包括通风(见图 3.48)、密封、人工吸潮、降温、气幕隔潮等。

图 3.48　通风

7. 物品保管损耗的处理

造成物品保管损耗的原因如图 3.49 所示。

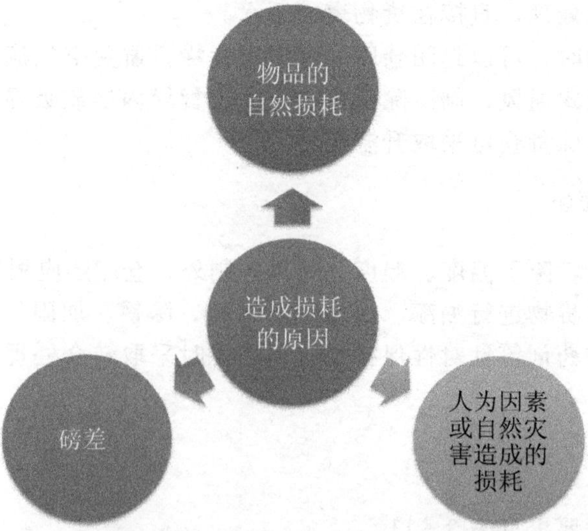

图 3.49　造成物品保管损耗的原因

一般针对不同情况，不同物品规定相应的合理损耗标准，即某种物品在库期间，保管这种物品所允许发生的自然损耗，称为标准损耗率，通常以百分数表示。

物品保管损耗率是指在一定的保管条件和保管期内，其自然损耗量与该种物品库存量的比值。某种物品保管损耗率若低于该物品标准损耗率的为合理损耗，高于该物品标准损耗率的部分为不合理损耗。物品损耗的处理见表3－12。

表3－12 物品损耗的处理

问　　题	处理方法
变质	按维护保养要求，查明原因，提出措施进行维护保养
过期	通知存货人或物品所有人及时采取措施或处理
数量有出入	弄清情况、查明原因，分清责任并通知有关人员
破损	查明原因，与存货人或物品所有人协商处理
霉烂、变质、残损	应采取积极挽救措施，尽量减少损失

3.3.4 危险品仓储的安全管理

1. 严格和完善的管理制度

为保证危险货物仓储的安全，仓库需要依据危险品管理的法律法规，根据仓库的具体实际和危险品的特性，制定各类严格的危险品仓储管理安全责任制度、安全操作规程，并在实践中不断完善。

保管单位还要根据法规规定和管理部门的要求，履行登记、备案、报告的法律和行政义务。

2. 危险品出入库管理

危险货物进入仓库，仓库管理人员要严格把关，认真核查品名标志，检查包装，清点数量，细致地做好核查登记。对于品名、性质不明或者包装、标志不符，包装不良的危险品，仓库员有权拒收，或者依据残损处理程序进行处理，未经处理的包装破损危险品不得进入仓库。剧毒化学品实行双人收发制度。送、提货车辆和人员不得进入存货区，由仓库在收发货区接受和交付危险货物。

危险货物出库时，仓库员需认真核对危险货物的品名、标志和数量，协同提货人、承运司机查验货物，确保按单发货，并做好出库登记，详细记录危险货物的流向、流量。

3. 货位选择和堆垛

危险品的储存方式、方法与储存数量必须符合国家标准。仓库管理人员要根据国家标准、危险特性、包装，以及所制定的管理制度，选择合适的存放位置，根据危险货物对保管的要求，妥善安排仓库或堆场货位；根据危险品的性质和包装，确定合适的堆放垛型和货垛大小；库场内的危险货物之间，以及和其他设备之间需保持必要的距离；消防器材、配电箱周围 1.5 米范围内禁止堆货或放置其他物品；仓库内消防通道不小于 4 米，货场内的消防主通道不小于 6 米。

另外，危险货物堆叠时要整齐，堆垛稳固，标志朝外，不得倒置。货堆头悬挂标有危险品编号、品名、性质、类别、级别、消防方法的标志牌。危险品的储存如图 3.50 所示。

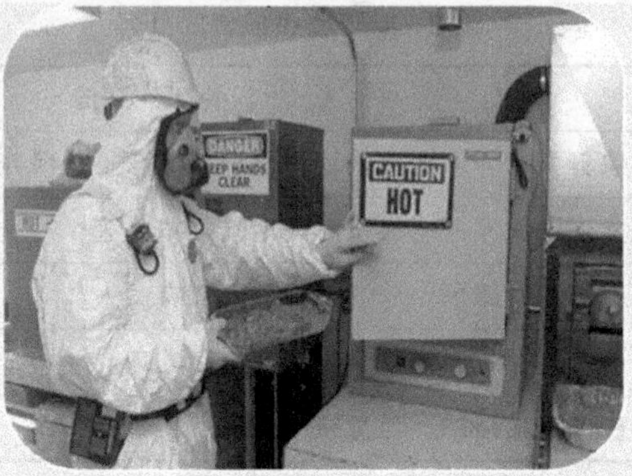

图 3.50　危险品的储存

4. 安全作业

危险品装卸作业前应详细了解所装卸危险货物的性质、危险程度、安全和医疗急救等措施，并严格按照有关操作规程和工艺、方案作业。根据货物性质选用合适的装卸机具。装卸易爆货物时，装卸机械应安置火星熄灭装置，禁止使用非防爆型电气设备。作业前应对装卸机械进行检查，装卸搬运爆炸晶体、有机过氧化物、一级毒害品、放射性物品，装卸搬运机具应按额定负荷降低 25%使用。夜间装卸危险货物，应有良好的照明。作业现场需准备必要的安全和应急设备和用具。

危险品包装破损或包装不符合要求应暂停作业。化学危险品只能委托有危险化学品运输资质的运输企业承运。

5. 妥善保管

危险品要专库专存，库房建筑要具备隔绝热源的能力，注意通风良好，使库房保持干燥。地坪应光滑而不易于在有摩擦时产生火花。夏季气温过高时，可在早晚通风降温。库与库之间的距离应不少于 20 米，库房与生活区间距离应不少于 50 米。储存气体的库房周围不可堆放任何可燃材料。储存易燃易爆气体的库房应设置避雷装置。仓库实行专人管理。剧毒化学品实行双人保管制度。仓库存放剧毒化学品时需向当地公安部门登记备案。

危险品保管要求如图 3.51 所示。

仓库管理人员应遵守库场制度，坚守岗位，根据制度规定，定时、定线、定项目、定量地进行安全检查和测查，相应地采取通风、降温、排水、排气、增湿等保管措施。危险货物提离时，及时清扫库场，将货底、地脚货、垃圾集中于指定的地点且妥善处理，并进行必要的清洗、消毒处理。

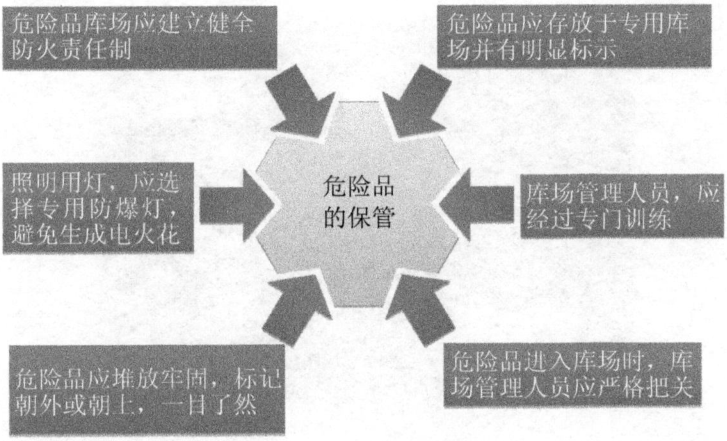

图 3.51　危险品保管要求

6. 妥善处置

对于废弃的危险品、危险品废弃物、货底、地脚货、垃圾、仓储停业时的存货、容器等，仓库要采取妥善的处置措施，如随货同行、移交、封存、销毁、中和、掩埋等无害处理措施，不得留有事故隐患。将处置方案在相应管理部门备案，并接受管理部门的监督。剧毒危险品发生被盗、丢失、误用，立即向当地公安部门报告。

7. 危险品应急处理

应急处理是指发生危险品事故时的处理安排。危险品仓储必须根据库存危险品的特性、仓库的条件，以及法律规定和国家管理机关的要求，制定仓储危险品应急措施。

应急措施包括发生危害时的措施安排和人员的应急职责，具体包括危险判定、危险事故信号、汇报程序、现场紧急处理、人员撤离、封锁现场、人员分工等。

应急措施作为仓库工作人员的专业知识，务必使每一位员工熟悉，且熟练掌握其分工的职责行为和操作技能。仓库应该定期组织员工开展应急措施演习。

3.3.5　检查与盘点

1. 检查

为了对库存货物数量进行有效控制、掌握货物保管的质量，必须对保管场所进行定期或不定期的检查，对货物进行盘点，及时发现和解决保管中的问题。库存检查如图 3.52 所示。

检查的内容包括以下几个方面。

(1) 检查货物实存量与账、卡的数字是否相符，查明货物盈亏的原因。

(2) 查明库存货物的质量状况，有无锈蚀、霉变、潮解、虫蛀等情况，必要时进行理化试验或技术检验。

(3) 查明有无超过保管期限及长期未使用的积压货物，并查明积压原因。

图 3.52 库存检查

(4) 检查堆垛是否稳固，苫垫是否严密、失效；场地有无积水和杂草；库房有无漏雨，门窗通风孔是否良好，库房温湿度是否符合保管要求，清洁卫生是否符合要求等。

(5) 检查计量工具是否准确，使用与维护是否合理。

(6) 检查各种安全措施和消防设备是否齐全，是否符合安全要求。

2. 盘点

货物盘点是指对仓库保管的货物进行数量和质量的检查，以清点库存货物的实际数量，做到账、物、卡三相符；查明超过保管期限、长期积压货物的实际品种、规格和数量，以便处理；检查库存货物盈亏数量及原因，以改进仓库管理。

通过盘点要求做到：库存货物数量清、规格清、质量清、账卡清，盈亏有原因，事故损坏有报告，调整有根据，确保库存货物的准确。

1) 盘点步骤

(1) 盘点准备。首先是制订盘点计划，确定盘点时间、培训盘点人员、设计印制盘点用的各种表格、盘点基本器具准备。

(2) 清理现场。对散乱货物和堆码进行整理，区分已入库和未验收的货物。

(3) 盘点货物。清点货物数量，鉴别损坏变质货物。

(4) 清查数量差错和货物损坏的原因，及时分清责任，提出处理意见。

(5) 处理存在的问题。根据盘点实际结果，按有关规定进行盈亏调整、价格调整或责任处理。

2) 盘点流程

盘点流程如图 3.53 所示。

3. 盘点方法

1) 永续盘点法

永续盘点法是指仓库管理人员在日常物资发生动态变化时，进行检查清点的一种盘点方法。永续盘点法的具体做法有 3 种。

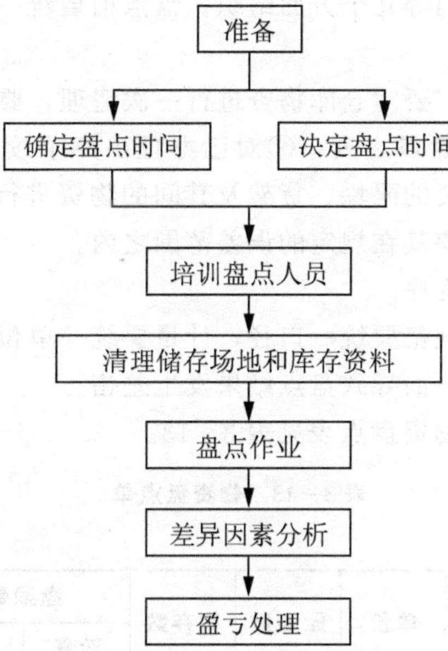

图 3.53　盘点流程

(1) 分区轮盘法。即将仓库划分为若干个区域再细分类，然后逐区、逐类、逐日地轮流盘点。采用这种方法盘点时，一般可事先制订计划，每月盘点约占总数的 30%，这样一个季度就可以盘完全部，完成一次盘点，以后再周而复始，循环进行。

(2) 分批分堆盘点法。即针对仓库收到的每一批物料，事先制定收发料记录笺，置放于一透明塑料袋内，栓附在每批收料的包装件上，当该批物料一有发料，立即在记录笺上记录下来，并将领料单副本一并放入透明塑料袋内，这样在盘点时，可通过它查对该批物料发放数与领料单及实存数是否相符。如有出入，通过查对领料单，便可很快弄清。对于尚未动用过的物料，可认为存量无误。如无特殊情况，就无须查对。

分批分堆盘点法虽然手续较为烦琐，但是实际上在每次发料后，即已起到自动盘点的效果。因此，仍有较多企业采用。

(3) 保险存量或订购点盘点法。即当库存物资达到订购点或保险存量时，由仓库管理人员自行清点存量，并开列对账单，以检查差错。这一种盘点方法对于收发较为频繁的物料比较合适。

永续盘点法不仅是保证账、卡、物三相符的关键，而且是仓库及时反馈库存情况，密切配合采购与生产，防止供应脱节的重要方法。同时，永续盘点不必关闭仓库，仓库业务不受影响，较受企业欢迎。

2) 定期盘点法

定期盘点法是指事先确定盘点日期，如利用半年或年终财务决算前进行全面盘点的方法。这种盘点方法需要关闭仓库，全面清理，可以减少盘点中的混串和疏漏，使盘点结果能获得准确的数字。但是，定期盘点不能使仓库关闭的时间太长，盘点期间时间短促，这就要求在定期盘点工作开始之前，做好充分的准备，以确保盘点的顺利进行。定期盘点前的准备工作主要有以下几个方面。

(1) 人员的编组与集训。定期盘点需要建立临时性的具有一定形式的联合组织。一般由仓库主管、财务部门、技术部门等几个方面组织，盘点前要统一认识，统一方法，以避免人为的差错。

（2）清理仓库。盘点之前，要对仓库物资进行一次清理，要求做到：①对尚未办理入库手续的物资应予以标明，不在盘点之列；②对已办理出库手续的物资要尽快发出或做好标记，亦不在盘点之列；③对物资的码垛、货架及其间的物资进行整理，以便于统计计算；④检查计量器具，并进行调整，使其在规定的误差范围之内。

（3）研究制定盘点的工作程序。

（4）对物资名称、品种、规格要统一口径，计量要统一单位、统一方法。尽量避免因技术概念不确切、计量方法不统一而导致盘点结果发生差错。

（5）制定盘点用表。一般物资盘点表见表 3-13。

表 3-13　物资盘点单

仓库号：　　　　　货位号：

序号	名称	规格型号	单位	单价	账面数	实存数	盘盈数		盘亏数		盈亏原因
							数量	金额	数量	金额	

3）重点盘点法

重点盘点法指对储存保管的 A 类或 A 类与 B 类物资进行定期清查的一种盘点方法。这一方法主要用以掌握库存重点物资的变动情况，防止并及时发现差错。通常由仓库负责人组织有关业务人员，如料账员、保管员、财务人员和质量检验人员。

3.3.6　呆废料和废旧物料的处理

1. 呆废料处理

通常所说的呆料是指库存周转率很低的物料，即存量多而使用少、甚至不用的物料，这些物料仍有利用价值。而废料是指已经失去效能，不可利用的物料。随着人类科技的不断进步，有些物料进货时是一种新产品，3 个月或半年后，它可能就变成仓库中的呆料。如果不立即处理，稍延时日，很快就会成为废料。所以，在科学日新月异的今天，呆废料的发生比过去更容易而且不可避免，如果不早做处理，则损失更加严重，如占用仓库面积、增加储存费用、资金积压、增加利息负担、妨碍资金周转等。相反，如果能在事先采取有效措施，不仅能防止呆废料的发生，使损失降到最小，而且还能及时利用物料，创造新的价值。

物料既成呆料其价值就会下降，而仓储管理费用并不会因为物料价值下降而减少，因此以同样的仓储管理费用保存价值下降的物料，显然不是很经济。对呆料进行处理，目的在于以下几个方面。

（1）节约仓储空间。呆废料日积月累，势必占用庞大的仓储空间，可能影响正常的仓储管理，为节省仓储空间，呆废料应适时给予处理。

（2）物尽其用。呆废料弃置在仓库内而不能加以利用，久而久之，物料将锈损腐蚀，降低其价值，因此应物尽其用，适时予以处理。

(3) 减少资金积压。呆废料闲置在仓库而不能加以利用，使一部分资金呆滞在呆料上，若能适时加以处理，即可减少资金的积压。

(4) 节省人力及管理费用。呆废料发生在未处理前仍需有关的人员加以管理而发生各种管理费用，若能将呆料加以处理，则上述人力及管理费用可节省。

2. 呆废料的处理方法

(1) 调拨其他单位利用。本单位的呆料，其他单位仍可设法利用，可将呆料进行调拨。例如，我公司现在不用的呆料，海钢公司或其他公司可能用得上，可按价值调拨给他们。

(2) 修改再利用。将呆料在规格上稍加修改，就能够加以利用。

(3) 打折扣出售给原来的供应商。这相对是个较好的办法，一是他们经营这种产品，二是他们也容易处理，但操作较复杂。

(4) 与其他公司，以物易物的方式相互交换。

3. 废旧物料的处置——回收物流

1) 预防废旧物料产生的方法

(1) 在企业内部实行全面物料控制，对企业内各单位的存料综合调剂管理。

(2) 采取适用于物料性质的存储和保养条件。

(3) 与设计、生产部门协商配合，在一定的范围许可内，等原存物料全部用完后再改用新材料。

(4) 与销售部门配合，及时了解产品需求状况，合理预测并提前准备，以避免重大损失。

(5) 实行物料标准化。同一物料有多种用途，可用于多种产品中，这样物料陈旧或呆滞的可能性就大大降低了。

2) 废旧物料实际处置方法

(1) 将钢铁、铝、铅等废旧物料适当分类，再分成若干等级，以便于企业内部设法利用。

(2) 对拆卸下的大件废料，如钢或其他金属，可熔断作为废料，或拼接用作新料。

(3) 对某些拆下后可以转用到其他地方的废料，如马达、泵、管道等，应小心拆解，再送到维修保养部门整修后，重新入库待用。

(4) 对某些存量很多，且有利用价值的废旧物料，可在组织内部调用、设法利用。

(5) 对无明显利用价值的物料，采取焚烧、破毁、掩埋等处理方法。退还给供应商、集中向外出售。

任务 3.4 库存控制

【任务描述】

库存具有整合需求和供给，维持物流系统中各项活动顺畅进行的功能。例如，某零售商直接向生产商订购了一批货物，并要求第二天到货，而生产商预先准备一定数量的该货物，并储存在仓库，可立即满足客户的要求，避免发生缺货或延期交货的现象，但库存过多，又会发生不必要的库存费用和占用资金，从而产生损失的可能。因此，要科学合理地控制库存数量。

3.4.1 库存的含义和分类

1. 库存的含义

库存表示某段时间内持有的存货。包括消耗品、原材料、在制品和成品。

（1）消耗品：在正常运营中消耗的但不构成成品。

（2）原材料：变成成品的投入物。

（3）在制品：处于生产过程中已部分完工的制品。

（4）成品。

2. 库存的分类

（1）基本库存。基本库存是指企业在生产经营过程中为销售或耗用而储备的物品。

（2）安全库存。安全库存是指因需求不稳定，防止由不确定因素的作用而使订货需求加大而准备的缓冲库存。

（3）在途库存。在途库存是指正在转移或等待转移的，储备在运输工具中的存货，包括处于生产加工过程和运输过程中的库存。

3.4.2 库存控制方法

1. ABC 分类法

1）概念

ABC 分类法就是一种依据一定的原则对众多事物进行分类的方法。

ABC 分类管理是“将库存物品按品种和占用资金的多少分为特别重要的库存(A 类)、一般重要的库存(B 类)和不重要的库存(C 类)3 个等级，然后针对不同等级分别进行管理与控制”。它在一定程度上可以压缩企业库存总量，节约资金的占用，优化库存的结构，节省管理的精力。

2）原理

任何一个库存系统都必须指明何时发出订单，订购数量为多少。然而，大多数库存系统要订购的物资种类非常多，因此对每种物资采用模型来进行控制有些不切实际。为了有效地解决这一问题，可用 ABC 分类法把物品分成以下 3 类：A 类，金额大的物品；B 类，中等金额的物品；C 类，金额较小的物品。

金额的大小是物资重要程度的尺度，也就是说，一种价格虽低，但用量极大的物资可能不比价格虽高但用量极少的物资重要。

3）ABC 分类标准

ABC 分类的标准主要有两个：金额标准和品种数量标准。其中金额标准是最基本的，品种数量标准仅作为参考。

一般 A 类存货的年占用金额占总库存金额的 70%左右，其品种数却只占总库存数的 10%左右；B 类存货的年占用金额占总库存金额的 20%左右，其品种数占总库存数的 20%左右；C 类存货的年占用金额占总库存金额的 10%左右，其品种数却占总库存数的 70%左右。如图 3.54 和图 3.55 所示。

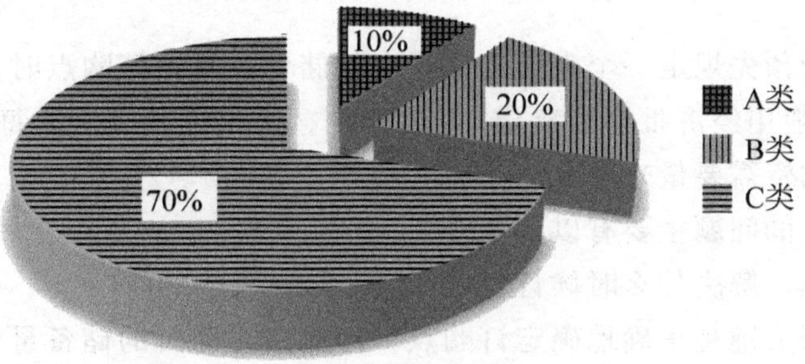

图 3.54　A、B、C 类存货品种数的百分比

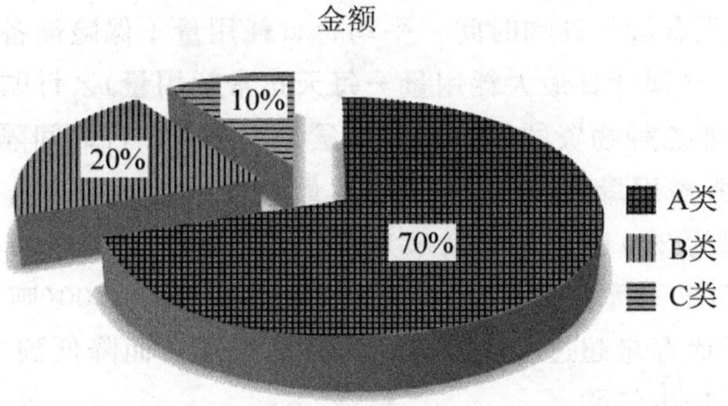

图 3.55　A、B、C 类存货占用金额的百分比

4）ABC 管理

ABC 管理如图 3.56 所示。

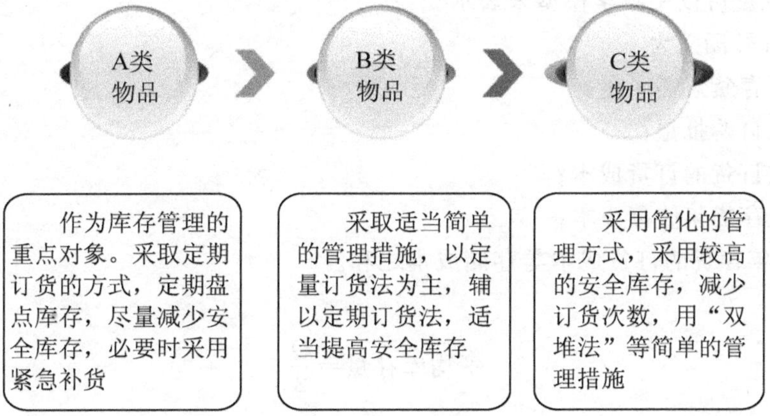

图 3.56　ABC 管理

【小贴士】

ABC分析法，在日本被称为“二八理论”，也称“20：80的法则”。其来源是按一般的经验，20%的商品的销售额往往要占整个销售额的80%。

发现这一规律的是意大利的经济学家帕累托。他研究了19世纪英国的所有人口和资产的分布后，发现存在着20%的收益阶层拥有80%的财富的不平衡现象，其他经济活动也有类似情况。

2. 定量订货法

定量订货法是指预先规定一个定购点，当实际储备量降到订购点时，就按固定的订购数量(每次订购数量一般用经济批量法确定)提出订购。运用这种方法，每次订购的数量不变，而订购时间由材料物资需要量来决定。

定量订货法解决的问题主要有以下几个。

(1) 确定订货点，解决什么时候订货。

定量库存控制的关键是正确地确定订购点，即提出订购时的储备量标准。如果订购点偏高，将会增加材料物资储备及其储存费用；如果订购点偏低，则容易发生供应中断。计算公式如下：

$$订购点量=订购时间\times 平均每日耗用量+保险储备量$$

$$保险储备量=(预计日最大耗用量-每天正常耗用量)\times 订购提前期日数$$

【例3-1】 某企业乙种物资的经济订购批量为950吨，订购间隔期为30天，订购时间为10天，平均每日正常需用量为50吨，预计日最大耗用量为70吨，订购日的实际库存量为800吨，保险储备量为200吨，订货余额为零。则：

$$订购点库存量=10\times 50+(70-50)\times 10=700(吨)$$

也就是说，当实际库存量超过700吨时，不考虑订购；而降低到700吨时，就应及时按规定的订购批量950吨提出订购。

这种方法的优点是手续简单，管理方便，缺点是物资储备控制不够严格。因此它一般适用于企业的耗用量较少、用途固定、价值较低、订购时间较短的物资。

(2) 确定订货批量，解决一次订多少货。

经济订购批量可以用数学模型来表示。

假设有关符号涵义为

A——全年存货总需求量；

Q——每批订购批量；

B——每次订货的订货成本；

C——单位存货年储存成本；

TC——全年存货的订货成本与存储成本之和。

则可计算：

$$平均库存量=\frac{Q}{2}$$

$$全年订货次数=\frac{A}{Q}$$

$$全年订货成本 = B \times \frac{A}{Q}$$

$$全年储存成本 = C \times \frac{Q}{2}$$

$$存货总成本\ TC = B \times \frac{Q}{2} + C \times \frac{A}{Q}$$

根据存货总成本公式，求 TC 对 Q 的导数得：

$$Q^* = \sqrt{\frac{2AB}{C}}$$

3. 定期订购方法

定期订购是指预先定一个订购时间，按照固定的时间间隔检查储备量，并随即提出订购，补充至一定数量。所以，这种方法订购时间固定，而每次订购数量不确定，按照实际储备量情况而定。计算公式如下：

订购量＝平均每日需用量×(订购时间＋订购间隔)＋保险储备量－实际库存量－订购余额

订购间隔是指相邻两次订购日之间的时间间隔；实际库存量为订购日的实际库存数量，订货余额是过去已经订购但尚未到货的数量。

在例 3－1 中，

订购量＝50×(10＋30)＋200－800＝1 400(吨)

这种订货方式的优点是对物资储备量控制严格，它既能保证生产需要，又避免货物超储。缺点是手续麻烦，每次订货都得去检查库存量和订货合同，并计算出订货量，它一般适用于企业必须严格管理的重要货物。

【项目小结】

在仓储过程中不断地进行着入库、调库的动态过程，经过一段时间后，由于各环节的操作误差会导致库存数与实际的库存数存在一定的差异，为了有效地控制和掌握货品的数量和质量，必须对所储存的商品进行盘点。在盘点作业过程中应重点掌握盘点的目的、盘点的方法、盘点的工作流程和盘点后的处理工作。

【课后练习】

一、单项选择题

1. 货物储存的码垛方法中，(　　)适用于露天存放的没有包装的大宗货物，如煤炭、矿石、河沙等，也可适用于库内的少量存放的谷物、碎料等散装货物。

A. 先堆高后平垛　　B. 堆垛法存货　　C. 货架存放　　D. 散堆法

2. (　　)是指货物在库场码放的形状，垛形的确定根据货物的特性、保管的需要，能方便、迅速实现作业，并充分利用仓容的原则。

A. 码垛　　B. 垛形　　C. 垫垛　　D. 苫盖

3. 苫盖的方法包括就垛苫盖法、(　　)、活动棚苫盖法。

A. 竹席苫盖法　　B. 固定棚苫盖法

C. 鱼鳞式苫盖法　　D. 塑料膜苫盖法

4. 为了有效地控制货品数量和质量，而对各储存场所进行数量清点的作业，称之为(　　)作业。

A. 盘点　　B. 分拣　　C. 理货　　D. 清点

5. (　　)是指根据物品的包装、外形、性质、特点、重量和数量，结合季节和气候情况，以及储存时间的长短，将物品按一定的规律码成各种形状的货垛。

A. 分货　　B. 堆码　　C. 分拣　　D. 上架

6. (　　)是将每票物品按件排成行或列排放，每行或列一层或数层高，垛形呈长条形。

A. 行列垛　　B. 立体梯形垛　　C. 平台垛　　D. 井形垛

7. 常见堆码方式中(　　)是逐件、逐层向上重叠堆码，一件压一件的堆码方式。

A. 重叠式　　B. 纵横交错式　　C. 仰伏相间式　　D. 压缝式

8. (　　)是指在物品码垛前，在预定的货位地面位置，使用衬垫材料进行铺垫。

A. 堆码　　B. 码垛　　C. 垫垛　　D. 垛基

9. 苫盖的方法主要有(　　)、鱼鳞式苫盖法和活动棚苫盖法。

A. 整体苫盖法　　B. 就垛苫盖法　　C. 局部苫盖法　　D. 选择苫盖法

10. 堆码的基本要求为(　　)

A. 合理　　B. 牢固　　C. 整齐　　D. 方便

二、简答题

1. 货物入库准备有哪些工作?
2. 货物分区分类的作用有哪些?
3. 货物储位确定原则有哪些?
4. 选择托盘要考虑什么问题。
5. 库存检查的内容有哪些?
6. 简述商品盘点步骤。
7. 简述商品盘点方法。
8. 呆废料的处理方法有哪些?
9. 简述库存的含义。
10. 简述 ABC 分类法。

三、案例分析

1. 案例

粮食仓储

粮食入仓前的准备工作包括清理杂质、降水处理、水分检测、空仓消毒等。第一，收获粮食时，在脱粒过程不可避免地要夹带一些秸秆、草粒、沙土等杂质，这些杂质会影响粮食的质量，在粮食储藏中也容易吸潮，从而引发粮食的霉变。清理完粮食中的杂质，还要对粮食进行降水处理。第二，粮食收获后水分含量很高，直接储藏会产生霉变。降低粮食中的水分一般通过晾晒的方法。当日晾晒完的粮食要尽快收集到一起，并用防水材料进行覆盖，避免气温下降后粮食再次吸湿。连续晾晒后，粮食水分就会达到入仓标准。在有条件的情况下，还可以使用专业的粮食水分干燥机进行降水处理。第三，在储藏粮食前，为防虫害，首先将仓房打扫干净，然后选用百毒杀进行空仓消毒。为了防止粮食在储藏时被化学药剂污染，消毒完毕48小时后，打开窗户进行通风，24小时后，粮食方可入仓。

为了达到粮情一致，粮食进行仓储时，要将水分不同、品种不同、等级不同的粮食分开进行储藏，若发现有已感染了虫害的粮食就要单独存放。

在粮食储藏后，应加强日常管理。储粮户每周要做一次温度检查，当粮堆内温度突然升高时，要进行翻仓和通风，使之散温散湿，防止发热霉变。粮食储藏中要做好防鼠、防虫等日常管理工作。

（资料来源：http：//baike.168nong.cn/doc－view－89609.html.）

思考

（1）通过以上阅读资料，分析粮食在仓储中会因哪些因素的影响而变质。

（2）粮食的仓储管理中，可以采取哪些防治措施？

2. 计算分析

（1）已知某物流企业每年对A商品的需求量为8 000千克，采购价格为每千克200元，单位产品的年储成本是商品卖价的10%，每次的订货成本为100元。试确定该企业采购A商品的经济订购批量。

（2）某公司对甲产品的年需求量为30 000个，甲产品的单价为100元，单位产品的年保管费率为10%，每次订购成本为240元，订货提前期为6天。求经济订货批量、总成本和订货点。（注：一年的工作日为300天）

（3）已知某产品的年需求量为10 000箱，单次订货成本为2元，每年单位产品的库存成本为1元，订货提前期为4天。求经济订购批量、最小总成本和订货点。

（4）某时刻仓库外测得干球温度为31℃，湿球温度为29℃，该仓库的货物要求保管的湿度为75%～80%。请分析，该仓库温湿度环境是否满足货物的要求？应该采取怎样的措施以适应货物的要求？

【实训项目】

货物储存方案设计

一、实训目的

通过实训，熟悉货物储存工作，熟悉货物的堆码与苫垫方法，掌握库存中货物养护、盘点、库存控制的技能方法。

二、实训内容

烟草最容易受外界条件影响而吸潮和变干，其储存期因储存环境不同而存在差异：在干燥的环境下，烟草可以储存两三年；如果储存环境不好，有可能放几个月就会发生霉变。外界空气相对湿度超过70%时，烟草就容易发潮、霉变；如果外界空气的相对湿度低于60%，烟草有可能发生爆碎现象。烟草在存储过程中会发生自燃现象，会对烟草安全造成一定的威胁。以烟草为例，设计烟草养护储存方案。

三、实训步骤和要求

（1）设计烟草储存方案。

（2）设计储位画出储存图。

（3）根据商品养护知识说明如何养护烟草。

（4）进行温度和湿度控制。

四、实训方式

（1）可以采取小组完成的方式，每两人为一组，获取所需资料，以报告形式显示调查结果，但在作业中应体现出各自独立完成的部分。

（2）从布置日期起，一周内完成。

（3）作业以 A4 纸、5 号宋体字打印。

五、评价标准

评价标准见表 3－14。

表 3－14　评价标准

考核内容	考核标准	分值	实际得分
货物储存方案设计	（1）分工明确、岗位职责清晰	10	
	（2）方案合理	30	
	（3）储位安排合理、储位图正确	30	
	（4）正确使用养护方法	20	
	（5）能提出自己的观点	10	
合　　计		100	

项目 4 出库管理

CHUKU GUANLI

【工作情景描述】

某仓库运营部接到多家客户订单，要办理多种商品出库，作为仓储主管，应该能够组织工作人员做好货物出库准备工作，处理好货物出库中发现的问题，完成订单的货品出库作业。具体包括如下操作。

(1) 核对凭证。

(2) 对客户的订单进行有效性分析，进行订单汇总。

(3) 对订单客户优先权分析。

(4) 检查库存，做库存分配计划。

(5) 拣选出库。

(6) 选用合适的设备进行出库工作。

(7) 装车配送。

【任务要求】

任务 4.1　商品出库

任务 4.2　出库方案设计

任务 4.3　分拣作业

任务 4.4　出库交接及单证流转

【知识概览】

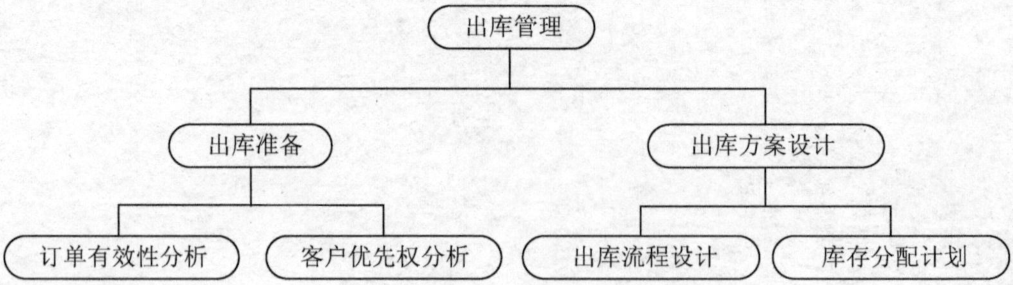

【学习目标】

知识目标	能力目标	学习重点和难点
(1) 掌握出库的作业流程； (2) 熟知出库的作业管理要求和出库方式； (3) 掌握出库单证的流转程序	(1) 能够熟练地做好货物出库前的各项准备工作； (2) 能够正确填写、流转出库作业凭证； (3) 能够正确处理货物出库作业时发生的问题和货物出库后的有关问题； (4) 能够正确进行货物出库的核查工作	(1) 订单有效性分析； (2) 客户优先权分析； (3) 出库方案设计

任务4.1 商品出库

【任务描述】

商品出库也称发货，是货物在库储存阶段的结束，也是仓储作业的最后一个环节。出库作业主要是仓库根据业务部门或要货单位开具的货物出库凭证(如订单、提货单、出库单等)，按其列明的货物名称、规格、型号、数量等项目的要求，经过单据审核、登账、分拣、配货、包装、刷唛、复核等步骤将货物点交给要货单位或运输部门的一系列物流作业的总称。

4.1.1 商品出库准备

1. 出库认知

出库过程管理是指仓库按照客户要求，由货主的调拨出库凭证或发货凭证(提货单、调拨单)所注明的货物名称、型号、规格、数量、收货单位、接货方式等条件，进行的核对凭证、备料、复核、点交、发放等一系列作业和业务管理活动。

一般情况下，库管在货物出库之前就会收到出库凭证的副本，应该根据出库凭证上货物的实际情况及时编制好有关班组的出库任务书、设备调配卡、配载计划等，并及时交由各班组负责人，以便做好出库准备工作。

【特别提示】

商品出库作业是仓储作业管理的最后一步，也是仓储作业管理的重要环节。

2. 商品出库前的准备工作

商品出库前的准备工作主要包括审核凭证、分拣备货、包装刷唛、复核查对、清点交接登帐备案、库内清理等方面的内容。同时，要做好以下几方面的工作，如图 4.1 所示。

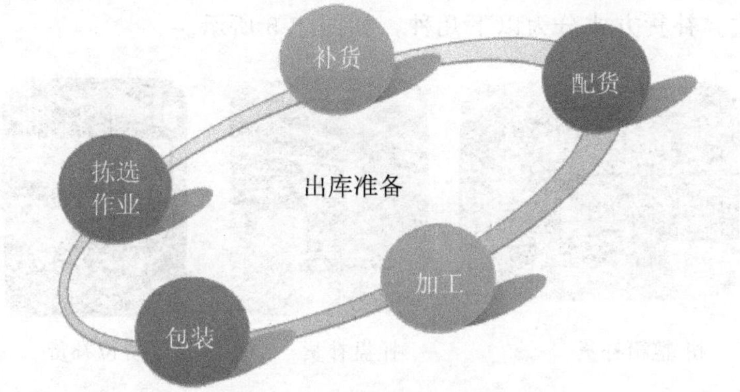

图 4.1 商品出库准备工作

1）拣选作业

拣选作业是依据顾客的订货要求或配送中心的送货计划，尽可能迅速、准确地将商品从其储位或其他区域拣取出来，并按一定的方式进行分类、集中、等待配装送货的作业活动。拣选作业流程如图 4.2 所示。

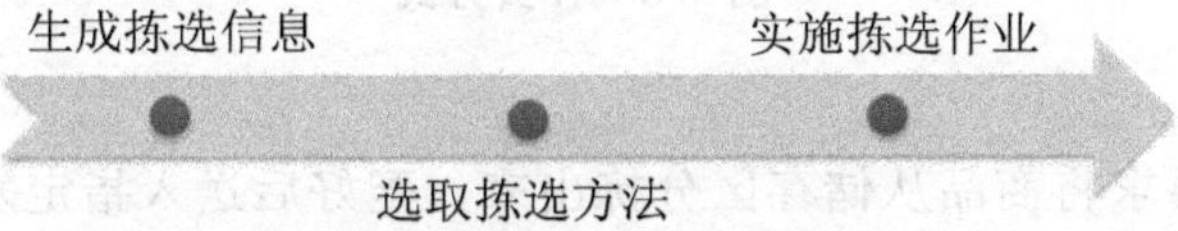

图 4.2 拣选作业流程

2）补货

补货是将货物从仓库保管区域搬运到拣货区的工作。

(1) 补货作业流程。补货作业流程如图 4.3 所示。

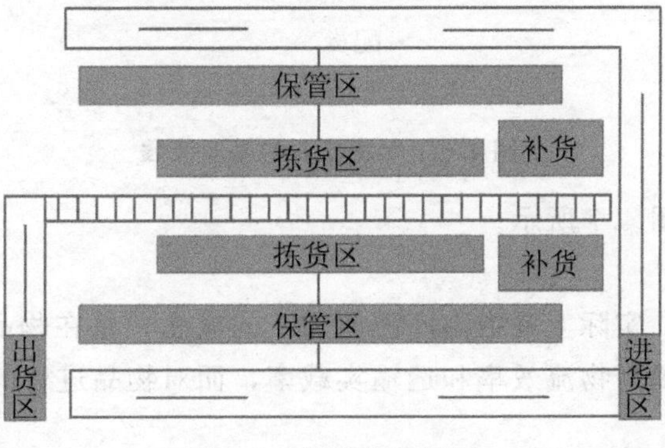

图 4.3 补货作业流程

(2) 补货时机。补货时机一般有以下 3 种方式，如图 4.4 所示。

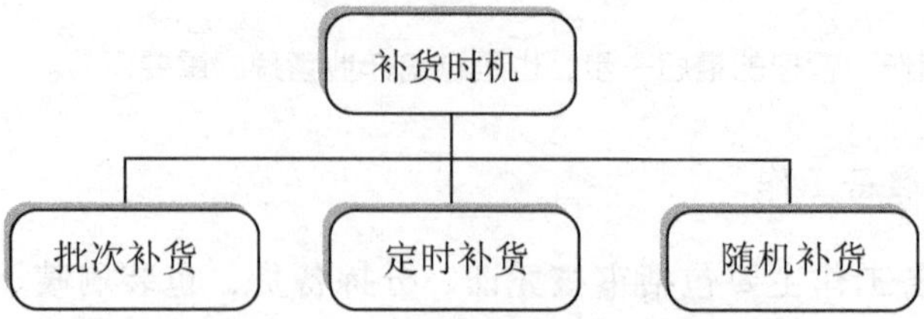

图 4.4　补货时机的方式

(3) 补货方式。补货方式分为以下几种，如图 4.5 所示。

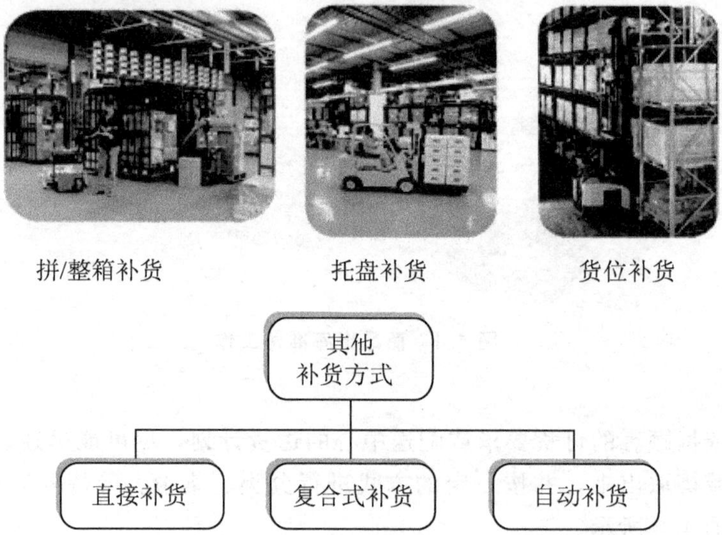

图 4.5　补货方式

3) 配货

配货指按客户的要求将商品从储存区分拣出来，配好后送入指定发货区的物流活动。配货作业的基本流程如图 4.6 所示。

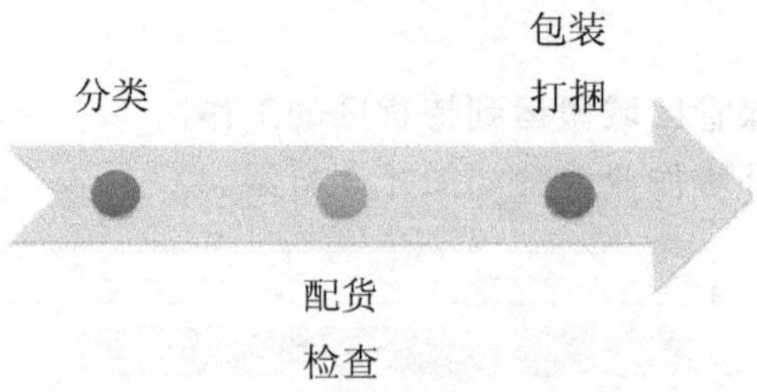

图 4.6　配货作业的基本流程

配货的主要形式如图 4.7 所示。

4) 加工

这里所说的“加工”实际上是指出库流通加工的概念，是在物品由生产领域向消费领域流动的运输过程中，为提高物流效率和运输实载率，而对物品进行的流通加工。

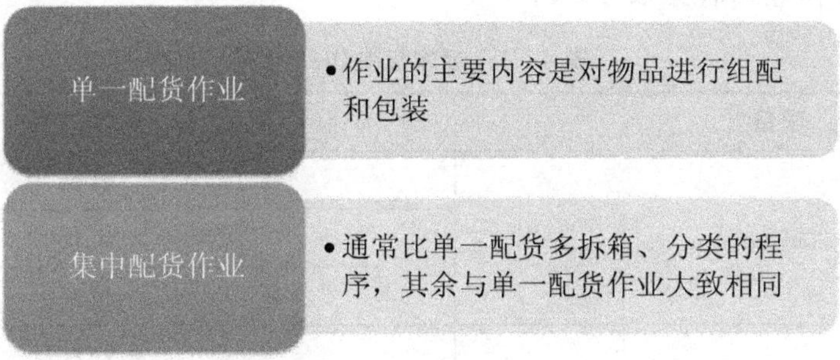

图 4.7　配货形式

5）包装

包装是使用适当的材料、容器和技术，使物品安全到达目的地的活动。

包装要求如下。

(1) 根据物品的外形特点，选择适宜的包装材料，包装尺寸要便于物品的装卸和搬运，如图 4.8 所示。

图 4.8　包装

(2) 要符合物品运输的要求。包装应牢固，包装的外部要有明显标志，不同运输等级费率的物品应尽量不包装在同一个容器内，如图 4.9 所示。

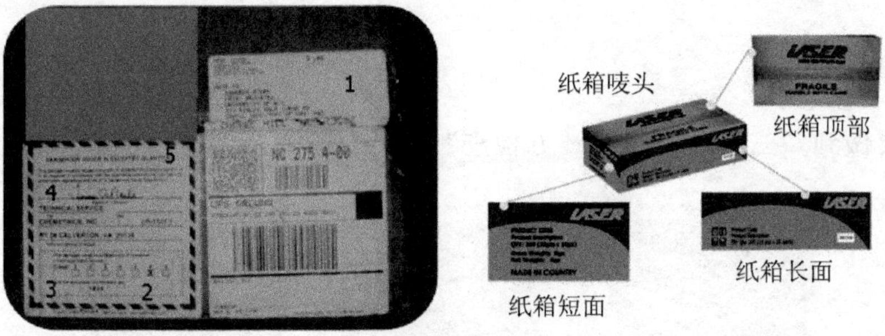

图 4.9　物品运输的要求

(3) 严禁性质抵触、互相影响的物品混合包装。

(4) 包装的容器应与被包装物品体积相适应。

(5) 要节约使用包装材料，注意节约代用、修旧利废。

（6）运输包装作业内容见表 4－1。

表 4－1　运输包装作业内容

项目	具体内容
填充	装放
	填充
	灌装
包装封口	粘合封口
	胶带封口
	插接封口
	捆扎封口
	绞结封口
	装订封口等
捆扎	直接捆扎
	半包装捆扎
	夹板捆扎
	成件捆扎
	密缠捆扎
裹包	直接裹包
	多件裹包
	收缩包装
	压缩捆包
	卷绕裹包
加标	
检重	

3. 商品出库的要求

商品出库要做到“三不”“三核”“五检查”，如图 4.10 所示。

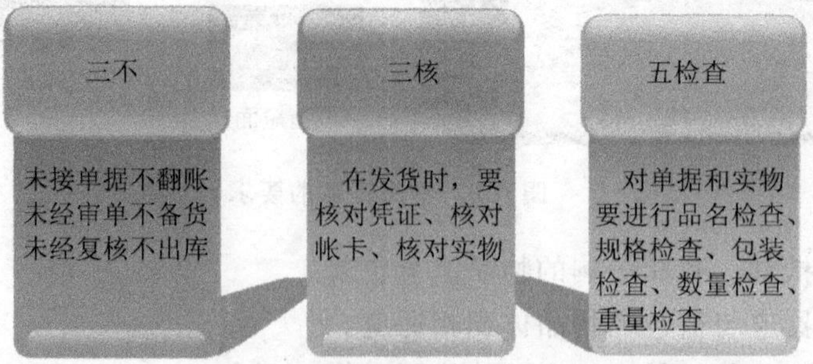

图 4.10　商品出库要做到的“三不”“三核”“五检查”

4. 出库准备注意的问题

在具体执行出库准备工作时还要注意以下几个方面。

(1) 货物经多次装卸、堆码、翻仓和拆检，会使部分包装受损，不符合运输的要求。因此，出库工作人员必须视情况事先进行整理，加固或改换包装。

(2) 根据货物的特性及实际使用要求，有些货物需要拆零后出库。因此，出库工作人员要事先做好准备，备足零散货物，避免因临时拆零而延误发货时间。

(3) 对于需要拼箱的货物，出库工作人员应做好挑选、分类、整理和配套等准备工作。

(4) 对于需要装箱或改装的货物，出库工作人员应根据货物的性质和运输的要求，准备各种包装材料、相应的衬垫物，以及刷写包装标志的用具、标签、颜料和钉箱、打包等。

(5) 货物出库前，应留出必要的理货场地，并准备必要的装卸搬运设备，以方便运输人员的提货发运或装箱送箱，加快发送速度。

4.1.2 出库程序

出库程序包括审核凭证、分拣备货、包装与刷唛、复核查对、清点交接、登账备案、库内清理等过程。出库必须遵循“先进先出，推陈储新”的原则，使仓储活动的管理实现良性循环。

1. 审核凭证

货物出库时必须有正式的出库凭证。此类凭证均应由使用部门主管人员、仓储部经理签章。

(1) 出库凭证审核内容。出库凭证通常包括凭证编号，收货单位或提货单位名称(有些还会注明提货车辆的车号等)，出库类型(自提、送货、代运等)，商品的名称、型号、规格、数量、重量、单价、总值等，以及业务部门或者客户单位的签章等主要内容，见表4-2。

表4-2 出库凭证 第____号

出库类型：________ 收货单位：________ 库房：________ 出库日期：________

<table>
<tr><th>序号</th><th>货号</th><th>品名</th><th>规格</th><th>包装件数</th><th>结存</th><th>单位</th><th>数量</th><th>单价</th><th>金额</th></tr>
<tr><td>1</td><td></td><td></td><td></td><td></td><td></td><td></td><td></td><td></td><td></td></tr>
<tr><td>2</td><td></td><td></td><td></td><td></td><td></td><td></td><td></td><td></td><td></td></tr>
<tr><td>3</td><td></td><td></td><td></td><td></td><td></td><td></td><td></td><td></td><td></td></tr>
<tr><td>4</td><td></td><td></td><td></td><td></td><td></td><td></td><td></td><td></td><td></td></tr>
<tr><td>5</td><td></td><td></td><td></td><td></td><td></td><td></td><td></td><td></td><td></td></tr>
<tr><td colspan="9">金额合计(大写)</td><td>¥</td></tr>
<tr><td colspan="2">业务员</td><td colspan="2"></td><td colspan="2">库管员</td><td colspan="2">销售部经理</td><td colspan="2"></td></tr>
<tr><td colspan="2">财务部经理</td><td colspan="3"></td><td colspan="2">总经理</td><td colspan="3"></td></tr>
</table>

出库工作人员接到出库凭证后，要认真审核提货单的合法性和真实性，核对货物的编号、规格、品名、数量有无差错和涂改，有关部门的签章是否齐全。审核无误后，出库管理

人员按照出库凭证上所列的货物品名、规格、数量与仓库账目再做全面核对，查看库内存货是否满足出库需求，是否需要从其他仓库调拨货物。

（2）出货凭证审核中的问题处理。出货凭证审核中的问题处理见表4-3。

表4-3　出货凭证审核中的问题处理

问　　题	处理方式
出库凭证超过提货期限	用户前来提货，必须先办理手续，按规定缴足逾期仓储保管费，然后方可发货
出库凭证有疑点，或者情况不清楚	及时与出具出库单的单位或部门联系，妥善处理
出库凭证有假冒、复制、涂改等情况	及时与仓库保卫部门联系，严肃处理，触犯法律的应依法移交公安机关处理
物品进库未验收，或者期货未进库的出库凭证	一般暂缓发货，并通知货主，待货到并验收后再发货，提货期顺延，保管员不得代发代验
客户将出库凭证遗失	客户应及时与仓库管理人员和财务人员联系挂失

2. 分拣备货

审核出库凭证后，就可以进行分拣和备货了。仓库保管员按出库凭证所列项目的内容和凭证上的批注，去相应货位对货，核实后进行分拣和备货。

一般地，大宗货物或者整批货物出库，就在原货位上备货，不需要进行分拣。不是整批量货物的出库，尤其是发放各种不同种类、不同类型、不同规格的货物，进行分拣作业，将这些商品从货位上分离出来，再运至指定的理货区域整装待运。

备货过程包括理单、销卡、核对、点数、签单等流程。

（1）理单：根据出库凭证所列出库货物的内容，迅速找准货位。

（2）销卡：在商品出库时，到商品存放的货位上对悬挂在货垛上的货卡进行核对并登记出库数量。

（3）核对：在销卡后，再进行单（出库凭证）、卡（货卡）、货（实际货物）三核对。

（4）点数：要仔细清点应发货物的数量，防止差错。

（5）签单：为明确责任，要求操作的保管员在货卡上签名并批注结存数量，同时在出库凭证上予以签字确认。

3. 包装与刷唛

大宗的品种单一的货物在出库时一般可以直接装箱，不需要重新进行包装，但是对于零星货物或者是经过分装、改装或拼装的货物，为了方便装卸则需要进行重新组装或加固包装。对货物包装合理化要求主要有如下几个方面。

（1）包装要适度，要防止包装不足或包装过度。包装要根据货物的外形特点和运输要求选择牢固适宜的包装材料和包装方式。严禁为了节省成本造成包装强度不足从而导致被包装货物在搬运或运输途中发生损坏。

同样不要包装过剩，如采用的包装材料的质量过高、包装层次过多、包装方式大大超过强度要求等，这样会过分增加货物的总重和体积，有可能造成包装成本超出减少损失可能获得的效益。另外还可能大幅增加运输成本或使得包装成本占货物成本比重过大从而损害最终消费者的利益。

(2) 包装应便于装卸操作。现代仓储搬运与装卸作业多采用机械化方式，这可以大大增加装卸货物的数量和质量，这就要求将货物集中形成装载单元，以便于机械装卸。一般情况下，将货物置于托盘上或集装箱等包装容器内，然后利用各式叉车进行装卸搬运操作。

(3) 包装应利于运输。运输方式、运输工具、运输距离都会对包装产生影响。因此，在进行包装前就要充分考虑以上因素，选择最适宜的包装材料以及包装方式并且要充分考虑降低运输成本。

(4) 运输标志。为了便于装卸、运输、交接等作业顺利进行，为了防止错发、串发，为了方便收货人提货，就需要在外包装上刷上运输标志，即唛头(shippingmarks)。

唛头通常由一些简单的几何图形或简单的文字构成，没有一定之规但是通常都包括如下一些内容：①收货人的名字或简称；②目的地的名称或代号；③合同号或原产地、发票号等；④件数与批号，如 YUANJUN(收货人的简称) SHANGHAI CHINA(目的地) YJ-06-011(合同编号) C/NO. 1—5(货物的件数)。

4. 复核查对

为了避免出库货物出现种类、数量、规格等方面的差错，分拣备货后应根据出库凭证对货物进行复核查对。复核查对是防止发生货差的关键，其主要内容见表4-4。

表4-4 复核操作

复核项目	操作说明	具体检查项目
复核出库单据	主要审查货物出库凭证有无伪造编造、是否合乎规定手续、各项目填写是否齐全等	凭证有无涂改、过期等现象
		凭证中各栏项目填写是否正确、完整
		印鉴及签字是否正确、真实、齐全
		出库货物应附的技术证件和各种凭证是否齐全
复核实物	根据货物出库凭证上所列项目对待发货物进行核对	核查货物的购货单位、品名、规格、批号、有效期、生产厂商、数量、质量状况等项目是否与出库凭证所列的内容一致
		检查外包装是否牢固和完整，如发现箱内有破损、流体外溢等现象，应及时调换补足；发现包装材料因受潮而破损或散架的，则应更换包装或加固后，才能发货
复核账、货结存情况	对配货时取货的货垛、货架上货物的结存数进行核对	检查货物的数量、规格等与出库凭证上标明的账面结存数是否相符
		核对货物的货位、货卡有无问题，以便做到货、卡相符

复核工作由仓库所设的复核员、仓库主管等工作人员执行，也可由操作的保管员执行。对货物的质量和状态进行检验，一般采用人工抽样的检验方式。而对于货物的编号、数量核对来说，则采用信息化的方式来提高效率增加准确率。

5. 清点交接

货物出库后无论是自提还是送货或是托运都必须办理清点交接手续(见图 4.11)。当物品出库完毕后，仓管员应及时将物品从仓库保管账上核销；并将留存的仓单(提货凭证)、其他单证、文件等存档。

图 4.11　清点交接

1）货主自提

仓库方面应将货物向提货人当面点清，办理交接手续。此时要注意当装货车辆到库装载待运货物时，出库工作人员、提货人员共同在现场监督装载全过程，实际装车件数必须共同点交清楚，然后在交接单据上共同签字确认。

在自提方式下，提货人持客户单位开具的提货单前来仓库的业务受理部门办理手续，仓库方面的业务受理员对提货单审核无误后，盖销提货单，另开具出库单(或称作业通知单、出门通知单等)，由提货人再凭此出库单及盖销后的提货单前去仓库提取库存商品。

货物发运后，该货物出库工作即告结束，出库工作人员应做好清理工作，及时核销货物明细卡，调整货位上的吊牌或电子标签，以保持该类货物的账、卡、货一致，及时、准确地反映货物进出、存取的动态。

2）送货上门

仓库应与运输部门办理内部点交手续。货物保管员与提货或运输人员点清交接，由接收人员在出库单据上签章确认，以划清责任。同时仓库保管员应做好出库记录，及时向仓库管理和财务部门报账核销。

3）代理托运

根据承运合同点交方式可分为自提与送货。

自提：承运人派车到仓库或工厂提货，点交手续与货主自提一样。

送货：运输部门需要将出库货物运至指定的地点进行交接。此时运输人员要向承运人提供发票、箱单、托运单等单证。双方要在托运单上签章以证明货交承运人。托运单由运输人员带回交仓库和财务部门进行货物明细账的核销。

注意：仓库方面对重要商品、特殊商品的技术要求，要主动向提货人、承运人交待清楚。

6. 登账备案

出库的货物清点交接后，仓库工作人员在出库单上认真填写实发数、发货日期等相关项目并签名，然后交给提货人员办理结算手续。仓库门卫通常凭出库单的出门联或者专门的出门单放行出库的商品。保管员根据出库凭证的留存联更新货物的明细账，做到日清月结，随发随记，账、货、卡一致，而且要将出库凭证定期装订成册，妥善存档，以备后查。

7. 库内清理

发货后的库内清理包括现场清理和档案清理。

1）现场清理

商品出库后，有的货垛被拆开，有的货位被打乱，有的库内还留有垃圾和杂物等，这就需要对现场进行清理。现场清理的主要内容有对库存的商品进行并垛、挪位、腾整货位，清扫发货场地、保持清洁卫生，检查相关设施设备和工具是否损坏、有无丢失等，如图 4.12 所示。

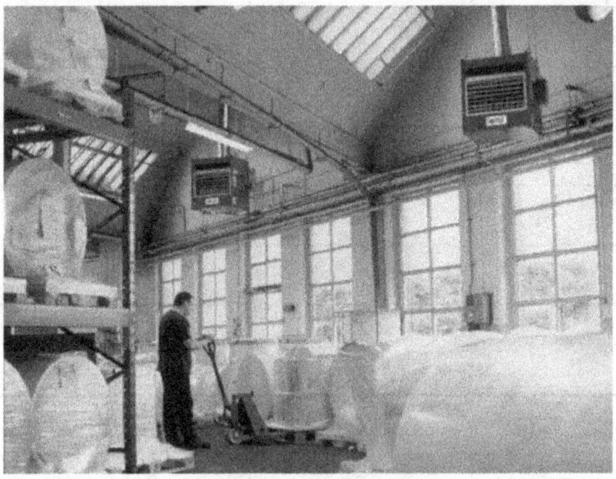

图 4.12 现场清理

2）档案清理

商品出库后，还要整理该批商品的出入库情况和保管保养情况，清理并按规定传递出库凭证、出库单等，相关原始依据要存入商品保管档案，档案要妥善保管。保管员应根据储存规划要求，及时整理、清扫发货现场，保持清洁整齐。现场物品清理完毕，还要收集整理该批物品的出入库情况、保管保养及盈亏等数据情况，并将这些数据存入物品档案，妥善保管，以备查用。

任务 4.2 出库方案设计

【任务描述】

2012 年 11 月 25 日，某仓库运营部接到新华都超市、吉马超市、芗客隆超市、沃尔玛购物广场、信义购物广场5家客户订单，见表4-5～表4-9。这5家客户的信用额度分别是100、100、70、70、100(万元)；累计应收账款分别为80.450 0、95.312 0、80.336 0、81.306 0、120.564 0(万元)。根据客户订单设计出库方案。

表4-5　新华都超市采购订单

序号	商品名称	单位	重量/千克	单价/元	订购数量	金额/元
1	紫山酱菜	箱	9.3	160	6	960
2	厨师肉松	箱	4.8	200	2	400
3	丹夫华芙饼	箱	2.5	180	5	900
4	泰山仙草蜜	箱	9.5	160	5	800
合　计					18	3 060

表4-6　吉马超市采购订单

序号	商品名称	单位	重量/千克	单价/元	订购数量	金额/元
1	立邦油漆	箱	9	200	12	2 400
2	泰山仙草蜜	箱	9.5	160	5	800
3	厨师肉松	箱	4.8	200	5	1 000
4	丹夫华芙饼	箱	2.5	180	8	1 440
合　计					30	5 640

表4-7　萝客隆超市采购订单

序号	商品名称	单位	重量/千克	单价/元	订购数量	金额/元
1	立邦油漆	箱	9	200	12	2 400
2	壳牌机油	箱	8	180	4	720
合　计					16	3 120

表4-8　沃尔玛购物广场订单

序号	商品名称	单位	重量/千克	单价/元	订购数量	金额/元
1	杜浔酥糖	箱	15	150	6	900
2	泰山仙草蜜	箱	9.5	160	10	1 600
3	紫山酱菜	箱	9.3	160	5	800
4	厨师肉松	箱	4.8	200	6	1 200
合　计					27	4 500

表 4-9 信义购物广场订单

序号	商品名称	单位	重量/千克	单价/元	订购数量	金额/元
1	杜浔酥糖	箱	15	150	2	300
2	泰山仙草蜜	箱	9.5	160	5	800
3	紫山酱菜	箱	9.3	160	6	960
4	厨师肉松	箱	4.8	200	2	400
5	丹夫华芙饼	箱	2.5	180	5	900
合计					20	3 360

4.2.1 订单处理及生成拣选单

1. 订单有效性分析

有效性即合法性。收到客户订单后，应对订单的有效性，即价格是否有效、赊销的金额的大小、信用额度、库存是否充足等几个方面进行分析、判断，确定的无效订单予以锁定，陈述理由，主管签字并标注日期。

1）计算客户信用额度

接受订单后都要核查客户的财务状况，以确定其是否有能力支付该订单的账款。通常做法是检查客户的应收账款是否已超过其信用额度。

客户信用额度根据客户的信用额度档案及客户的订单数量、订单金额和应收账款来计算(这里假设信用额度≤15％为有效)，判断客户的订单是否有效。若客户累计应收账款超过信用额度的15％[(应收账款＋本期订单金额)/信用额度×100％－1]，其订单为无效订单；若客户类型为内部客户，则不受信用额度限制，其订单均有效。计算过程和结果见表 4-10。

表 4-10 订单有效性分析表

序号	客户名称	信用额度/万元	信用额度的15%/万元	累计应收账款/万元	累计应收账款是否超过信用额度的15%	是否有效	备注
1	新华都超市	100	100×15％＝15	80.450 0	100＋15＞80.450 0	有效	
2	吉马超市	100	100×15％＝15	95.312 0	100＋15＞95.312 0	有效	
3	萝客隆超市	70	70×15％＝10.5	80.336 0	70＋10.5＞80.336 0	有效	
4	沃尔玛购物广场	70	70×15％＝10.5	81.306 0	70＋10.5＜81.306 0	无效	由于累计应收账款超过信用额度的15％，因此放弃订单
5	信义购物广场	100	100×15％＝15	120.564 0	100＋15＜120.564 0	无效	

注：由于沃尔玛购物广场、信义购物广场两家客户累计应收账款超过信用额度的15％，因此判断是无效订单定予以锁定，需要客户缴清应收账款后才予以发货。

2）存货查询和库存分配

查询库存的目的在于确认库存是否能满足订单货品需求，通常称为“事先拣货”。查询时输入客户订货商品的名称、代号，系统从库存数据库查核存货的相关资料看是否缺货，若缺货则应提供商品资料或此商品的已采购未入库信息以便于接单人员与客户的协调，从而提高接单率及接单处理效率。订单资料输入系统，确认库存货物能满足订单需求后，就要将大量的订货资料做最有效的分类、调拨，以便后续物流作业的顺利进行。

存货分配模式可分为单一订单分配及批次分配两种。单一订单分配就是在输入订单、资料时，就将存货分配给订单。批次分配就是在输入所有订单资料、汇总已输入订单资料后，再一次分配库存的分配方式。配送中心因订单数量多，客户类型等级多，且多为每天固定配送次数，所以通常实行批次分配以确保库存能作最佳分配。

根据表 4－10 的计算结果，对有效订单进行汇总，见表 4－11。

表 4－11　有效订单汇总

客户名称 商品名称	新华都超市	吉马超市	芗客隆超市	总数/箱
紫山酱菜	6			6
厨师肉松	2	5		7
丹夫华芙饼	5	8		13
泰山仙草蜜	5	5		10
立邦油漆		12	12	24
壳牌机油			4	4
合　计				64

进行批次分配，须注意订单分批原则，即批次的划分。各配送中心根据不同的作业采用不同的分批原则，常有以下几种划分方法。

（1）按接单时序，即将整个接单时段划分为几个合理区段，订单按先后顺序分为几个批次处理。

（2）按配送区域路径，即将同一配送区域路径的订单汇总处理。

（3）按配送加工需求，即将需加工处理或需相同流通加工处理的订单一起处理的方法。

（4）按车辆需求，即将需要特殊配送车辆(如低温车、冷藏车、冷冻车等)的货物汇总合并处理。

若遇到某些货物的总出货量大于可分配的库存量时，则需要对订单做特殊处理。

2. 客户优先权分析

客户优先权从客户对企业营业额的贡献程度、合作年限、客户级别、忠诚度 4 个方面分析客户的优先权，并对客户按照优先权级别由高到低进行排序。可根据以下批次划分原则处理。

（1）依订单金额，即对公司贡献度大的订单做优先分配。

（2）按客户合作年限优先分配，即按 ABC 分类对客户进行重要程度划分等级，以确定优先分配。

(3) 特殊优先权者先分配，根据客户级别对某些特殊订单应事先确认优先分配权，如缺货补货订单、延迟交货订单、紧急订单或远期订单等。

(4) 客户忠诚度，对信用较好的客户订单做优先处理。

其中 4 个方面的影响因子的大小规定如下：客户对企业营业额的贡献程度假设为 0.4，合作年限假设为 0.2，客户级别假设为 0.3，忠诚度假设为 0.1。

根据以上原则，对 2012 年 11 月 25 日某仓库运营部接到客户订单分析处理，见表 4－12。

表 4－12 客户订单分析

客户	新华都超市	吉马超市	芗客隆超市
客户忠诚度	一般	一般	高
客户满意度	一般	一般	高
客户信誉度	中	高	中

备注：一般为 0.7，中为 0.8，高为 0.9。

该配送中心客户优先权评价指标的权重见表 4－13。

表 4－13 该配送中心客户优先权评价指标的权重

评价指标	客户忠诚度	客户满意度	客户信誉度
权重	0.2	0.3	0.5

客户优先权等级见表 4－14。

表 4－14 客户优先权等级

客户	新华都超市	吉马超市	芗客隆超市
优先权指数	0.75	0.8	0.85
优先权排列：芗客隆超市＞吉马超市＞新华都超市			

3. 库存分配计划

按照客户优先权重大小排序分配，得出表 4－15。

表 4－15 库存分配计划表　　单位：箱

客户名称 / 商品名称	芗客隆超市	吉马超市	新华都超市	总需求	库存	库存余额
紫山酱菜			6	6	36	30
厨师肉松		5	2	7	20	13
丹夫华芙饼		8	5	13	32	19
泰山仙草蜜		5	5	10	31	21
立邦油漆	12	12		24	36	12
壳牌机油	4			4	0	0

4. 生成拣选单

根据库存分配计划，得出拣选单，见表 4－16～表 4－18。

表 4－16　拣选单 01

客户	芗客隆超市		验收员	姚英豪	
拣选日期	2012－05－07		拣选员	潘泽伟	
序号	商品名称	单位	重量/千克	单价/元	订购数量
1	立邦油漆	箱	9	200	12
2	壳牌机油	箱	8	180	4

表 4－17　拣选单 02

客户	吉马超市		验收员	姚英豪	
拣选日期	2012－05－07		拣选员	潘泽伟	
序号	商品名称	单位	重量/千克	单价/元	订购数量
1	立邦油漆	箱	9	200	12
2	泰山仙草蜜	箱	9.5	160	5
3	厨师肉松	箱	4.8	200	5
4	丹夫华芙饼	箱	2.5	180	8

表 4－18　拣选单 03

客户	新华都超市		验收员	姚英豪	
拣选日期	2012－05－07		拣选员	潘泽伟	
序号	商品名称	单位	重量/千克	单价/元	订购数量
1	紫山酱菜	箱	9.3	160	6
2	厨师肉松	箱	4.8	200	2
3	丹夫华芙饼	箱	2.5	180	5
4	泰山仙草蜜	箱	9.5	160	5

4.2.2　制订作业计划

在分析货物出库作业流程的基础上，建立了以出库作业时间最短为目标的优化作业计划。作业计划见表 4－19。

表 4-19　作业计划

操作	责任人	时间/分														
		16	17	18	19	20	21	22	23	24	25	26	27	28	29	30
出库信息录入	主管	■														
熟悉拣选货位	理货员 1		■													
拣选货物	理货员 2			■	■	■										
RF 拣选确认	主管					■										
货物搬运到月台	理货员 1						■	■	■							
月台配货	理货员 2									■	■	■				
月台点检	理货员 1											■	■			
进行 5S 管理	理货员 1													■		
打印出库单	主管														■	
签名确认	主管															■

任务 4.3　分拣作业

【任务描述】

根据前面分析得出 3 家客户的拣选单，把不同种类、数量的商品集中在一起分门别类堆放。

4.3.1　选择分拣作业形式

1. 分拣的概念

分拣就是根据客户订单、出库凭证等单据，把不同种类、数量的商品集中在一起分门别类堆放的作业。

2. 分拣作业的形式

(1) 人工分拣。人工分拣适用于数量少、品种多的、重量轻的单件小货物的分拣作业。主要由人工进行，人、货架、集货设备(货箱、托盘)等配合完成配货作业，在实施时，由人一次巡回或分段巡回于各货架之间，按拣选单拣货，直至配齐。

(2) 人工与手推作业车拣选。分拣作业人员推着手推车一次巡回或分段巡回于货架之间，按订单需求进行拣货，直到配齐。它与人工拣选基本相同，区别在于借助半机械化的手推车作业。

(3) 机械作业车拣选。分拣作业员乘牵引车或台车为一个订单或多个订单拣选，主要用于分拣单元装载的货物。

(4) 传动运输带拣选。分拣作业人员，只在附近几个货位进行拣选作业，传动运输带不停地运转，分拣作业人员按指令将货物取出放在传动运输带上或者放入传动运输带上的物料盒内。传动运输带运转到末端时把货物卸下来，放在已划好的货位上整装待发，如图 4.13 所示。

图 4.13 传动运输带拣选

(5) 拣选机械拣选。自动分拣机或由人操作的叉车、分拣台车巡回于一般高层货架间进行拣选，或者在高层立体货架一端进行拣选。

(6) 计算机辅助拣选工具——电子标签拣选系统。为了提高拣选作业的效率，很多仓库通过引进自动拣选系统来提高拣选效率，电子标签拣选系统就是其中之一，如图 4.14 所示。

图 4.14 计算机辅助拣选

3. 主要的拣选方法

拣选作业主要有两种，单一拣选和批量拣选。

(1) 单一拣选。单一拣选就是按单一用户订单商品品种和数量进行拣选，如图 4.15 所示。

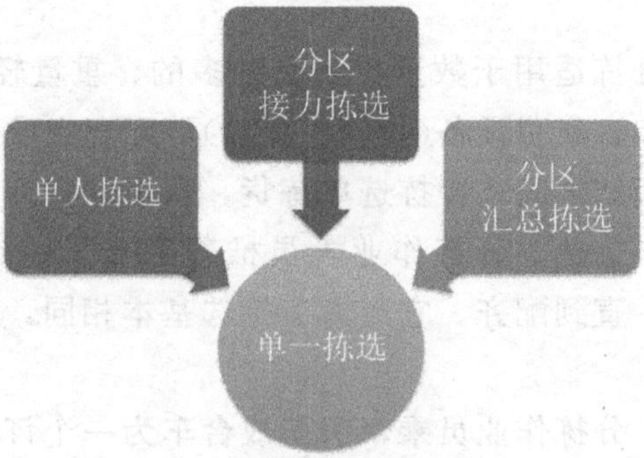

图 4.15 单一拣选

单一拣选的特点及适用范围见表 4-20。

表 4-20 单一拣选的特点及适用范围

特 点	适用范围
准确度较高，很少发生差错，而且机动灵活	(1) 客户不稳定，波动较大； (2) 需求种类不多； (3) 需求之间差异较大，配送时间要求不一

(2) 批量拣选。批量拣选就是将各用户的需求订单集中起来进行拣选，如图 4.16 所示。

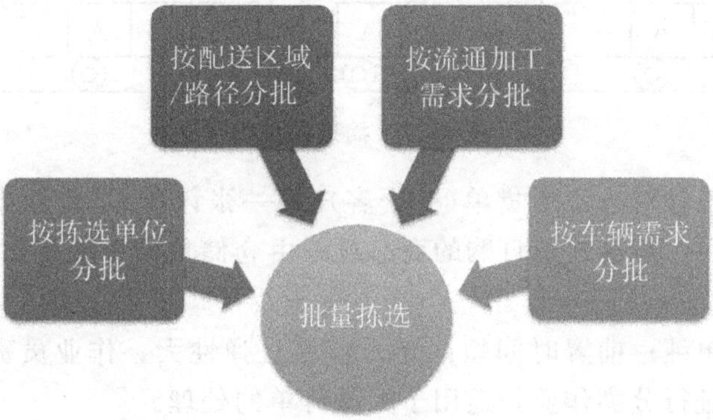

图 4.16 批量拣选

批量拣选的特点及适用范围见表 4-21。

表 4-21 批量拣选的特点

特 点	适用范围
有利于进行拣选路线规划，减少不必要的重复行走	适合用户稳定而且用户数量较多的专业性配送中心，需求数量可以有差异，配送时间要求也不太严格，但品种共性要求较高

4.3.2 分拣策略

1. 概述

现代化仓库大多安装了电子标签，因此要综合利用电子标签来选择分拣策略。电子标签是拣货系统的一种应用，它是一组安装在货架储位上的电子设备，利用计算机与软件的控制，通过发送操作数字，引领拣货人员正确、快速地完成分拣工作。

2. 摘果式拣选

在储存的商品不易移动，或者每一个客户需要的商品品种较多，而每种商品的数量较小时，可采用摘果式拣选作业方式。电子标签安装于货架储位上，原则上一个储位内放置一项产品，即一个电子标签代表一项产品，并且以一张订单为一次处理的单位，系统会将订单中货物所代表的电子标签亮起，检货人员根据数字显示将货物取出，放入物料盒或分拣箱，即称为摘果式拣货系统，如图 4.17 所示。

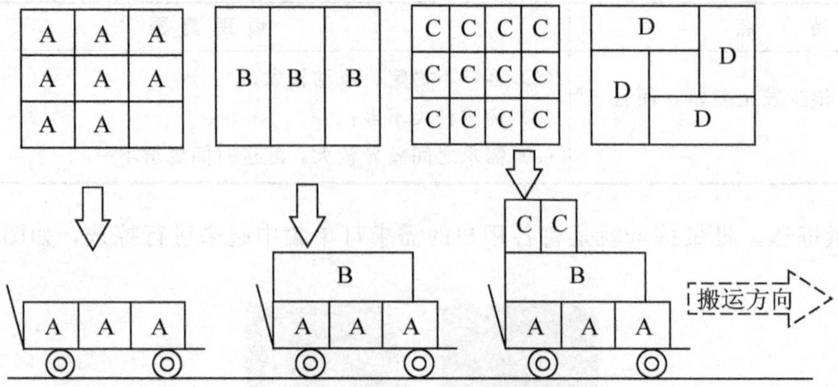

图 4.17 摘果式拣货

摘果式作业方式是针对每张拣货单(一个客户的一张订单)，作业员巡回于仓库货架间，按照拣货单上所列项目，将客户所订购的商品逐一由仓储货架中挑拣出来的方式，是一种传统的拣货方式。

优点：作业方法单纯；前置时间短；导入容易且弹性大；作业员责任明确，派工容易、公平；拣货后不用再进行分类作业，适用于大量订单的处理。

缺点：商品品种太多时，拣货行走路径加长，拣取效率降低。拣货区域大时，搬运系统设计困难。

为了克服摘果式分拣作业中存在的问题，可采取以下应对策略。

(1) 协同合作拣取。当一名分拣人员按照拣货单进行拣货时，由于一边看拣货单一边拣货的交替进行影响了拣货效率，也容易出错。

建议两名分拣人员采用协同合作的拣货方式，即一人唱名，一人拣货，则效率会比一个人边看边拣的效率及正确性高。

(2) 对拣货单进行有效标示。拣货单上相邻两行的货物品种或数量相近，拣货单不清晰，拣货时拣货人员经常容易看错行，造成拣货错误，影响拣货效率。

拣货单相邻两行可印制不同颜色来明显区分拣货品种，以避免因视觉混淆造成重复拣取或疏漏某品种的拣货。

(3) 合理规划拣货路线。分拣单未合理分类归纳排序或未按照最短行动路线打印，造成拣货员无效走动、重复走动，使行走路线过长，造成拣货时间的浪费。

按照货架的位置重新对拣货单上的货品进行排序，采取由远而近的拣取顺序，即最先拣取离出入口最远的货架上的货品，按照 S 形路线行走，再分别拣取离出入口较近的货架上的货品，最后返回入口，完成全部拣货任务。

(4) 分区拣取。分拣单未合理分类归纳排序，拣货单中货品品种多且货品存储区域分布广，拣货人员寻找时间及存走时间长，影响拣货效率，这时就可以采用分区的作业策略。

所谓分区作业，就是将拣取作业场地做区域划分，每个拣货人员负责拣取固定区域内的商品。在做拣货分区时亦要考虑储存分区，必须先了解储存分区的规划，才能使得拣货分区更加合理。

（5）接力拣取。此种方法与分区拣取类似，先决定出拣货员各自分担的货品项目或货架的责任范围后，每个拣货员只拣取拣货单中自己所负责的部分，然后以接力的方式交给下一位拣货员。

（6）订单分割拣取。当一张订单所订购的商品项目较多，或者某个订单需要快速处理时可以通过订单分割将一个订单切分成若干子订单，交由不同的拣货人员同时拣货以加速订单执行的速度。

3. 播种式拣选

播种式拣选也称批量拣选，是把多张订单集合成一批，按照商品品种将数量汇总后再进行拣取，然后按照不同客户订单做分类处理的拣选作业方法。每个电子标签所代表的是一个客户订单，每个品项为一次处理的单位，检货人员先将货品的应配总数取出，并将货物信息输入，而系统会将有订购此项货物的客户所代表的电子标签点亮，配货人员只要依电子标签的数字显示将货品配予客户即可，此乃播种式捡货系统。播种式拣选如图 4.18 所示。

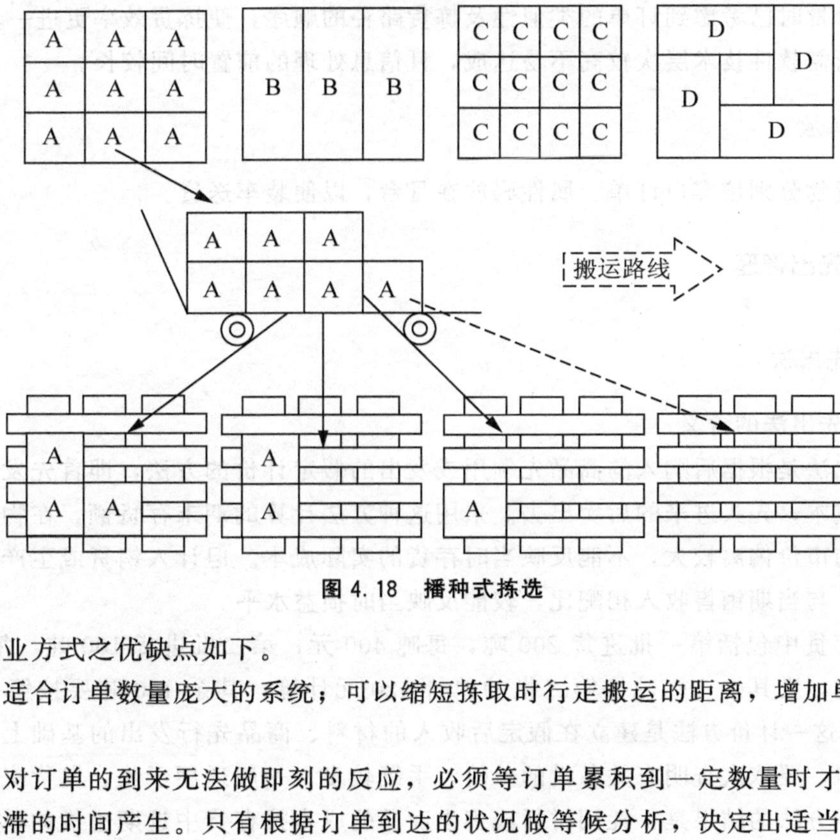

图 4.18 播种式拣选

此种作业方式之优缺点如下。

优点：适合订单数量庞大的系统；可以缩短拣取时行走搬运的距离，增加单位时间内的拣货量。

缺点：对订单的到来无法做即刻的反应，必须等订单累积到一定数量时才做一次处理，因此会有停滞的时间产生。只有根据订单到达的状况做等候分析，决定出适当的批量大小，才能将停滞时间减到最低。

播种式拣选方式主要适用于有多张订单需要处理的情况，并且每张订单的货物品种或数量不是很多。如果采取单一顺序拣取的方式，拣货人员分别对每张订单进行操作，拣货效率较低，此时宜采用批量拣取操作的方式进行。

拣货人员首先对订单进行分析，根据订单性质或客户要求的紧急程度按一定原则对订单进行分批处理，形成分货单，然后对一批的多张订单进行拣货操作。具体原则如下。

（1）合计量分批原则。将拣货作业前所有累积的订单中的货物依据种类分别合计总量，再根据总量进行拣选。此原则适合固定点间的周期性配送。

优点：一次拣出商品总量，可使平均拣货距离最短。

缺点：必须经过功能较强的分类系统完成分类作业，订单数不可过多。

（2）时段分批原则。当订单的出货时间非常紧迫时，可利用这一策略开启短暂时段，再将此一时段中所到达的订单做成一批，进行拣取。此分批方式较适合密集频繁的订单，且较能应付紧急插单的要求。

（3）定量分批原则。订单分批按先进先出的基本原则，当累计订单数到达设定的固定量后，再开始进行拣货作业的方式。

优点：维持稳定的拣货效率，使自动化的拣货、分类设备得以发挥最大功效。

缺点：订单的商品总量变化不宜太大，否则会造成分类作业的不经济。

（4）智慧型的分批原则。订单汇集后，利用计算机进行分析处理，将拣取路线相近的订单集中处理，求得最佳的订单分批，可大量缩短拣货行走搬运距离。

优点：分批时已考虑到订单的类似性及拣货路径的顺序，使拣货效率更进一步提高。

缺点：所需软件技术层次较高不易达成，且信息处理的前置时间较长。

4. 月台码放

将拣出货物分别按客户订单、属性码放在月台，以便装车送货。

4.3.3 先进先出管理

1. 后进先出法

1）后进先出法的含义

后进先出法是根据后购入的商品先领用或发出的假定计价的方法，即首先发生的成本作为期末存货成本，先买进来的后卖出去。采用这种方法计算的期末存货额，在物价波动较大的情况下，与市价偏离较大，不能反映当时存货的实际成本。但计入销货或生产成本的价格较接近市价，与当期销售收入相配比，较能反映当时损益水平。

例如，存货中包括第一批进货 200 吨，每吨 400 元；第二批进货 100 吨，每吨 420 元。现发出 250 吨，则其中 100 吨按第二批的单价 420 元计算，其余 150 吨要按第一批的单价 400 元计算。这一计价方法是建立在假定后收入的材料、商品先行发出的基础上的。采用这一方法计价时，要依次查明有关各批的单价，手续较多，一般适用于收、发货次数不多的企业。采用这一方法的结果是，耗用材料或售出商品的成本按存货中近期进货的单价计算，而期末结存材料、商品等则按存货中早期进货的单价计算。

2）后进先出法的特点及存在的主要问题

后进先出法基于“后入库的先发出”这样的一个存货流动假设，其基本特点是使所销售的存货按最近期取得存货的成本与其实现的销售收入相配比。在物价持续上涨的情况下，采用后进先出法将会导致较高的销售成本、期末现金余额和较低的期末存货余额、销售毛利、所得税和净收益额，而当物价持续下跌时，结论恰好相反。

2. 先进先出法

1）先进先出法的含义

先进先出法是指根据先购进的存货先发出的成本流转假设对存货的发出和结存进行计价的方法。用先进先出法计算的期末存货额，比较接近市价。

先进先出法是以先购入的存货先发出这样一种存货实物流转假设为前提对发出存货进行计价的一种方法。采用这种方法，先购入的存货成本在后购入的存货成本之前转出，据此确定发出存货和期末存货的成本。

例如，假设库存为零，1 日购入 A 产品 100 个，单价 2 元；3 日购入 A 产品 50 个，单价 3 元：5 日销售发出 A 产品 50 个，则发出单价为 2 元，成本为 100 元。

先进先出法假设先入库的材料先耗用，期末库存材料就是最近入库的材料，因此发出材料按先入库的材料的单位成本计算。

2）先进先出法的优缺点

先进先出法的优点是企业不能随意挑选存货计价以调整当期利润。缺点是工作量比较烦琐，特别对于存货进出量频繁的企业更是如此。而且当物价上涨时，会高估企业当期利润和库存存货价值；反之，会低估企业存货价值和当期利润。

任务 4.4 出库交接及单证流转

【任务描述】

出库作业要严格按照出库流程执行各项工作任务，在具体操作中要注意以下几项。

（1）严格遵守公司关于货物出库的各项规章制度，按规定流程进行。货物出库凭证须符合要求，严禁凭证无签章或白条发货。

（2）严格贯彻“先进先出、发陈储新”的货物出运原则，以保障库存货物的质量完好状态。对于易变质、易腐败、易老化的货物应尽量加快库存周转，而对于过保质期的货物则不准出库。

（3）严格贯彻“三不三核五检查”的原则：“三不”，即未接单据不登账，未经审单不备货，未经复核不出库；“三核”，即在发货时，要核实凭证、核对账卡、核对实物；“五检查”，即对单据和实物要进行品名检查、规格检查、包装检查、件数检查、重量检查。

（4）注重提高服务水平，力求满足客户需要。货物出库要做到及时、准确、安全，要做好发货前的准备工作。

（5）完成出库任务后要进行 5S 管理，将使用的设备归位，对现场中对人员、机器、材料等生产要素进行整理（seiri）、整顿（seiton）、清扫（seiso）、清洁（seiketsu）、素养（shitsuke）(详见图 4.23)。

4.4.1 出库方式选择

货物出库的主要方式有送货、收货人自提、过户、托运、取样、转仓等，如图 4.19 所示。出库方式不同，其风险与责任转移包括出库单证的流转也有所不同。

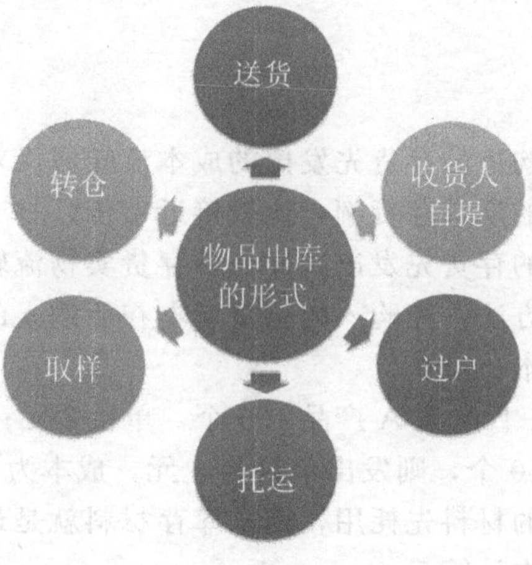

图 4.19　出库方式

1. 送货

送货方式是仓库受提货单位通知或出库请求，将其所需货物，按出库凭证所列内容交由运输部门运送到收货地点(收货单位或其指定仓库或地点)，并在收货地点当场点交给收货人。

特点：①仓库可预先安排作业，缩短发货时间；②要货单位可避免因人力、车辆等不便而引发的提货困难；③在运输上，可合理使用运输工具，减少运费。

在送货方式下，一般是采用先发货后记账的形式。提货单随同送货单经内部流转送达仓库后，一般是直接送给理货员，而不先经过账务人员。理货员接单后，经过理单、编写储区代号，分送仓管员发货，待货发讫后再交给账务人员记账。货物出库的手续相对复杂。以送货方式出库的凭证应是一式四份，一份由送货司机签收后交给仓库保留以备核销，一份由库管签章后留存用于盘点，一份由送货司机和库管员共同签章后交给装货部门作为装货通知，一份由送货司机和库管共同签章后由司机带往目的地用于交接。

2. 收货人自提

收货人自提方式是提货单位持出库凭证自备运输工具自行到仓库提货，库管员根据出库凭证列明的货物名称、规格、数量当面点交给提货人员。

特点：按单备货、随到随提、库内交接、现场验货、现场核单、自提自运。

【特别提示】

收货人自提相当于工厂或仓库交货，因此双方一定要当面交接并办理签收手续。其单证的流转与账务的处理过程与送货基本相同。

3. 过户

过户是一种就地划拨的形式，物品实物并未出库，但是所有权已从原货主转移到新货主的账户中。

特点：无需发生真正的出库操作，只需变更户主即可，方便快捷。

仓库必须根据原货主开出的正式过户凭证，才予办理过户手续。

4. 托运

托运方式是仓库受要货单位委托，按单将货物配齐后，通过铁路、公路、水运、航空、邮寄等方式，将货物发至收货单位所在地的车站、码头、邮局，然后由要货单位自行提货的一种出库方式。

特点：由专业货代或承运人来承运货物，降低了货运风险，减少了双方为此投入的人力、物力。

此种出库方式的风险与责任的划分是在与铁路、公路、水路、航空等运输部门进行货物交接时完成的。仓库按规定程序办理完托运手续并取得运输部门的承运凭证，将应发货物全部点交承运部门后，风险与责任也就转移给了要货单位，因此采用此种出库方式要为货物办理货运保险。其单证的流转与送货基本相同。

5. 取样

取样是货主出于对商品的质量检验或样品陈列等需要，到仓库提取样货的一种出库方式。此过程一般包括开箱、拆包、分割等操作，因此仓库必须根据货主开具的取样凭证才予发放货物。

取样对于货主单位而言，并不是货物的销售和调拨，但对仓库来说却是一笔出库业务。货主单位签发的取样单和移库单也是仓库发货的正式凭证，它们的流转和账务处理程序与提货单基本相同。货物的过户，对于仓库来说，货物并不移动，只是所有权在货主单位之间转移。所以，过户单可以代替入库通知单，开给过入单位储存凭证，并另建新账务，既作入库处理；对过出单位来说，等于所有货物出库。

6. 转仓

转仓是货主由于业务上的需要或者改变货物的存储条件，需要将货物转移到另外仓库的一种出库方式。

特点：不改变货物的所有权，只是变更库位或库房。

仓库必须根据货主开出的正式转仓单才能办理转仓手续。

4.4.2 出库单据处理

1. 出库单据样例

1）出库单

出库单见表 4－22。

表 4-22 出库单

NO. ________

出库类型：________ 收货单位：________ 库房：________ 出库日期：________

序号	货号	品名	规格	包装件数	结存	单位	数量	单价	金额
1									
2									
3									
4									
5									
金额合计(大写)									¥
业务员			库管员		销售部经理				
财务部经理			总经理						

2）发货单

发货单见表 4-23。

表 4-23 发货单

NO. ________

货物类型：________ 收货单位：________ 库房：________ 发货日期：________

货物名称	规格型号	重量/千克	尺寸/毫米	件数	备注
收货单位名称					
收货单位地址		收货单位邮编			
		收货单位电话			
车号					
发货单位名称					
供货发运时间	年 月 日				

2. 出库单据处理流程

出库单据处理流程如图 4.20 所示。

3. 出库单据流转处理说明

出库单据流转处理说明见表 4-24。

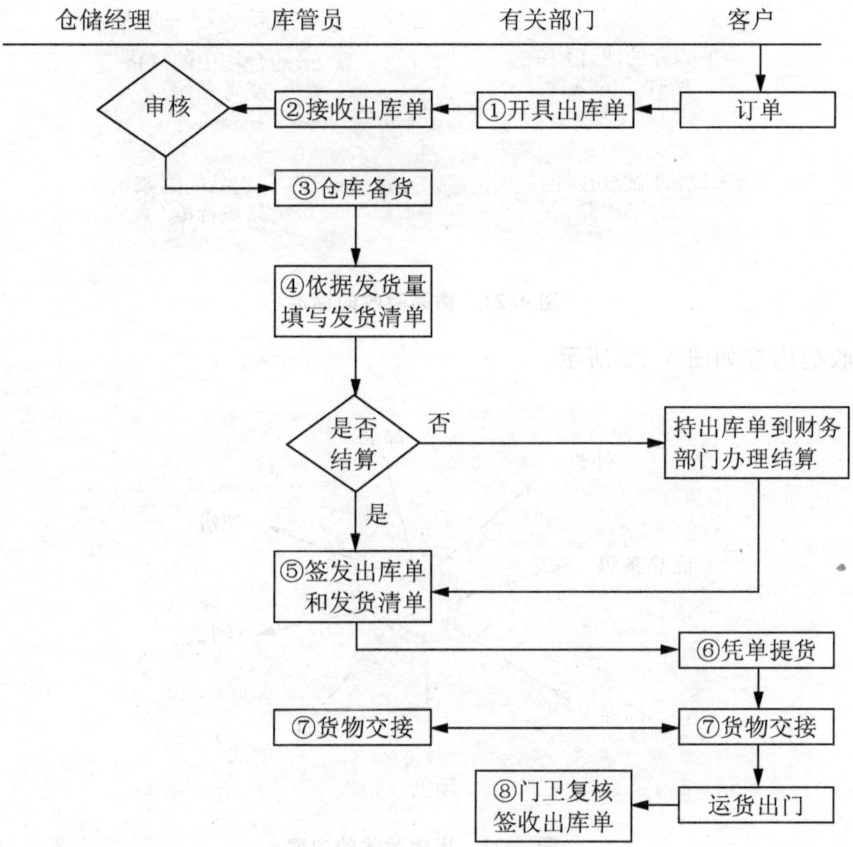

图 4.20 出库单据处理流程

表 4－24 出库单据流转处理说明

任务步骤	出库单据流转处理相关说明
①	业务人员根据客户的订货单或订货合同填写出库单，并将出库单交给仓库
②	仓储部接收出库单，仓储部经理核对出库单，经确认无误后签字交给仓库管理员备货
③	仓库管理员根据出库单进行备货、理货
④	仓库管理员根据实际发货数量填制发货单
⑤	仓库管理员在确认货物结算事宜已办妥后签发出库单与发货单
⑥	客户指派的提货人凭出库单和发货单提货出库
⑦	仓库管理员与提货人办理货物交接手续，双方共同核实货物数量
⑧	门卫核查提货人所持的出库单与货物，复核无误后签字收回出库单

4.4.3 出库验收

1. 物品验收的标准及内容

物品验收的标准如图 4.21 所示。

图 4.21　物品验收的标准

出库验收的内容如图 4.22 所示。

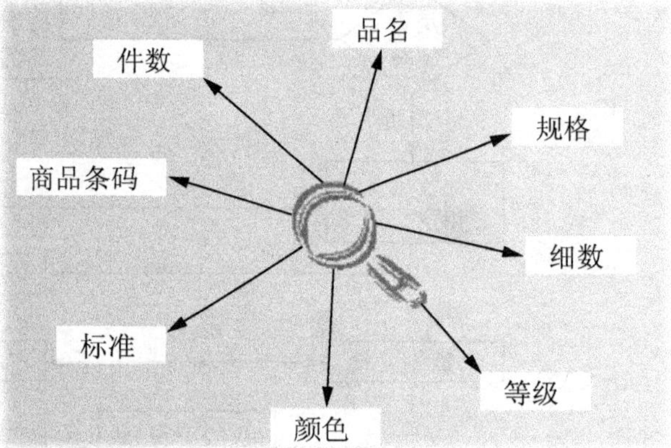

图 4.22　出库验收的内容

2. 出库验收问题的处理

货品出库过程中出现的问题是多方面的，应分别对待，及时处理。

(1) 过期凭证。凡出库凭证超过提货期限，用户前来提货时，必须先办理手续，按规定缴足逾期仓储保管费，然后方可发货。任何非正式凭证都不能作为发货凭证。提货时，发现规格开错，保管员不得自行调换规格发货。

(2) 疑点凭证。凡发现出库凭证有疑点，或者出库凭证发现有假冒、复制、涂改等情况时，应及时与仓库保卫部门及出具出库单的单位或部门联系，妥善处理。

(3) 遗失凭证。因各种原因客户将出库凭证遗失，客户应及时与仓库发货员和账务人员联系挂失；如果挂失时货已被提走，保管人员不承担责任，但要协助货主单位找回货品；如果货还没有提走，经保管人员和账务人员查实后，做好挂失登记，将原凭证作废，缓期发货。

(4) 其他凭证问题。如货品进库未验收，或者期货未进库的出库凭证，一般暂缓发货，并通知货主，待货到并验收后再发货，提货期顺延。

3. 提货数与实存数不符

若出现提货数量与商品实存数不符的情况，一般是实存数小于提货数。造成这种问题的原因主要有以下几方面。

(1) 入库验收差错。货品入库时，由于验收问题，增大了实收商品的签收数量，从而造成账面数大于实存数。

(2) 错发、串发。仓库保管人员和发货人员在以前的发货过程中因错发、串发等差错而形成实际商品库存量小于账面数。

(3) 货主核减差错。货主单位没有及时核减开出的提货数，造成库存账面数大于实际储存数，从而开出的提货单提货数量过大。

(4) 仓储毁损。由于货品在仓库储存过程出现毁损，也会出现提货数量与商品实存数不符的情况。

当遇到提货数量大于实际商品库存数量时，无论是何种原因造成的，都需要和仓库主管部门及货主单位及时取得联系后再作处理。

4. 串发货和错发货

所谓串发和错发货，主要是指发货人员由于对物品种类规格不很熟悉，或者由于工作中的疏漏，把错误规格、数量的物品发出库的情况。

如果物品尚未离库，应立即组织人力重新发货。如果物品已经离开仓库，保管人员应及时向主管部门和货主通报串发和错发货的品名、规格、数量、提货单位等情况，会同货主单位和运输单位共同协商解决。一般在无直接经济损失的情况下，由货主单位重新按实际发货数冲单(票)解决。如果形成直接经济损失，应按赔偿损失单据冲转调整保管账。

5. 包装破漏

包装破漏是指在发货过程中，因物品外包装破损引起的破漏等问题。这类问题主要是在储存过程中因堆垛挤压、发货装卸操作不慎等情况引起的，发货时都应经过整理或更换包装方可出库，否则造成的损失应由仓储部门承担。

6. 漏记和错记账

漏记账是指在出库作业中，由于没有及时核销明细账而造成账面数量大于或少于实存数的现象。错记账是指在货品出库后核销明细账时没有按实际发货出库的货品名称、数量等登记，从而造成账实不相符的情况。无论是漏记账还是错记账，一经发现，除及时向有关领导如实汇报情况外，同时还应根据原出库凭证查明原因，调整保管账目，使之与实际库存保持一致。如果由于漏记和错记账给货主单位、运输单位和仓储部门造成了损失，应予赔偿，同时应追究相关人员的责任。

4.4.4 5S 管理

5S 起源于日本，是指在生产现场中对人员、机器、材料、方法等生产要素进行有效的管理。出库后要对场所进行整理、整顿、清扫、清洁，保持良好的作业环境。

所谓 5S，是指在物品保管现场，按步骤进行以下 5 项活动，如图 4.23 所示。

图 4.23　5S 管理

1. 整理

整理就是将工作场所内的物品分类，并把不要的物品坚决清理掉。这些物品主要包括工作区及货仓的物品、办公桌、文件柜的物品、文件、资料及生产现场的物品等。我们将工作场所的物品区分为 3 类：一类是经常用的，如要把一周生产计划内要用的物品放置在工作场所附近或者容易取到的位置，以便随手可以取到；一类是不经常用的，如一个月生产计划内不用的物品要将其储存在专有的固定位置；还有一类是不再使用的，如对一些废滞料等物品，要清除掉。做这样的整理非常必要，其目的是为了腾出更大的空间，防止物品混用、误用，创造一个干净而有序的工作场所。

2. 整顿

整顿就是把有用的物品按规定分类摆放好，并做好适当的标志，杜绝乱堆乱放、物品混淆不清、该找的东西找不到等无序现象发生，以便使工作场所一目了然，工作环境整齐明快，可以节省寻找物品的时间，也可以消除过多的积压物品。具体来说，就是对旋转的场所按物品使用频率进行合理的规划，如经常使用物品区、不常使用物品区和废品区等。将物品分类放到这些场所并摆放整齐，并对这些物品在显著位置做好适当的标志。

3. 清扫

清扫就是点检。简单地说，就是将工作场所内所有的地方，工作时使用的设备器具、工量夹具、模具、材料等打扫干净，使工作场所保持一个干净、宽敞、明亮的环境。其目的是维护生产安全，减少仓储灾害，保证品质。

4. 清洁

货物出库后要对现场进行清洁，这是为了保证和维持以上 3 个 S 的成果。经常性地做整理、整顿、清扫工作，并对以上 3 项进行定期与不定期的监督检查措施。

5. 素养

每个员工都要有良好的素养，养成良好的习惯，遵守规则，积极主动。如遵守作息时间，工作时要精神饱满，仪表整齐，保持环境的清洁等。

4.4.5 开展5S活动的原则

1. 自我管理的原则

良好的工作环境，不能单靠添置设备，应当充分依靠现场人员，动手为自己创造一个整齐、清洁、方便、安全的工作环境，养成现代仓储管理所要求的遵章守纪、严格要求的风气和习惯。

2. 勤俭原则

开展5S活动，要从仓储现场清理出很多无用之物。其中，有的只是在现场无用，但可用于其他的地方；有的虽然是废物，但应本着废物利用、变废为宝的精神，该利用的应千方百计地利用，需要报废的也应按报废手续办理并收回其"残值"，千万不可只图一时处理"痛快"，当作垃圾一扔了之。对于那种大手大脚、置企业财产于不顾的"败家子"作风，应及时制止、批评、教育，情节严重的要给予适当处分。

3. 持之以恒原则

企业首先应将5S活动纳入岗位责任制，使每一部门、每一人员都有明确的岗位责任和工作标准；其次，要严格、认真地搞好检查、评比和考核工作，将考核结果同各部门和每一人员的经济利益挂钩；再次，要坚持PDCA[plan(计划)，do(执行)，check(检查)，action(处理)]循环，不断提高现场的5S水平，即要通过检查，不断发现问题，不断解决问题。因此，在检查考核后，还必须针对问题，提出改进的措施和计划，使5S活动坚持不断地开展下去。

4.4.6 5S的作用

5S的具体作用体现在以下几点。

1. 提升公司形象

整洁的工作环境，饱满的工作热情，有效的管理方法，会使顾客对企业有充分的信心，易吸引顾客。5S做得好，原有的顾客会不断地进行宣传，进而会吸引更多的新顾客。在顾客、同行及员工的亲友中相传，产生更大的吸引力，吸引更多的优秀人才加入公司行列。

2. 营造团队精神

5S活动能创造良好的企业文化，增强员工的归属感，带动员工上进的思想。有了良好的效果，员工对自己的工作也就有了一定的成就感。员工们养成了良好的习惯，其整体素质得到提高，也就容易塑造良好的企业文化了。

3. 减少资源浪费

经常习惯性的整理整顿，就不需要专职的整理人员，减少人力；物品进行规划分区，分类摆放，可以减少场所的浪费；物品分区分类摆放，标志清楚，就可以节约找寻物品的时间。

4. 保证工作质量

养成认真的工作习惯，做任何事情都认认真真、一丝不苟，质量自然有保障。

5. 调节员工情绪

清洁、整齐、优美的环境带来美好的心情，员工工作会更认真。上、下级及同事之间彬彬有礼，给人一种被尊重的感觉，在这种融洽的氛围中工作心情舒畅，情绪调节得好，工作效率自然也就提高了。

6. 保障员工安全

工作场所宽敞明亮，通道畅通，地上没有随意摆放、丢弃的物品，墙上没有悬挂的危险品，这样员工的人身安全、企业的财产安全就能得到相应的保障。

7. 提高工作效率

做好5S，能创造优美的工作环境、融洽的工作氛围，工作自然也就能得心应手，工作效率也会因此大大提高。

【项目小结】

出库是根据货物在库内的流向和出库凭证的流转程序构成的作业。通常货物出库有8个业务环节的衔接，它们是：出库前的准备、出库凭证的审核、分拣备货、包装与刷唛、复核查对、清点交接、登账备案、库内清理等，并且根据仓库管理的实际情况，流程的工作侧重点会有所差异。

降低成本一个很重要的途径是在企业内部施行有效的5S管理，5S管理可以使工作场所干净而整洁；员工能够具有很强的品质意识；能减少库存量。

【课后练习】

一、单项选择题

1. 商品出库前的准备工作，主要包括审核凭证、分拣备货、包装刷唛、复核查对、(　　)交接登账备案、库内清理等方面的内容。

A. 清点　　B. 清货　　C. 清洁　　D. 清扫

2. 出库程序包括审核凭证、(　　)、包装与刷唛、复核查对、清点交接、登账备案、库内清理等过程。

A. 码垛　　B. 分拣备货　　C. 垫垛　　D. 苫盖

3. 出库工作人员接到出库凭证后，要认真核对货物的(　　)、规格、品名、数量有无差错和涂改，有关部门的签章是否齐全。

A. 编号　　B. 颜色　　C. 尺寸　　D. 大小

4. 备货过程包括(　　)、销卡、核对、点数、签单等流程。

A. 理货　　B. 分拣　　C. 理单　　D. 清点

5. 唛头通常由一些简单的(　　)或简单的文字构成。

A. 数学公式　　B. 英文符号　　C. 几何图形　　D. 数字

6. 现场清理的主要内容有对库存的商品进行(　　)、挪位、腾整货位，清扫发货场地、保持清洁卫生，检查相关设施设备和工具是否损坏、有无丢失等。

A. 列垛　　B. 码垛　　C. 拆垛　　D. 并垛

7. 分拣就是根据客户订单、出库凭证等单据，把不同种类、数量的商品集中在一起(　)堆放的作业。

A. 混合堆码　　B. 分散堆码　　C. 任意摆放　　D. 分门别类

8. (　　)作业方式是针对每张拣货单(一个客户的一张订单)，作业员巡回于仓库货架间，按照拣货单上所列项目，将客户所订购的商品逐一由仓储货架中挑拣出来的方式。

A. 摘果式　　B. 播种式　　C. 混合式　　D. 单一式

9. (　　)拣选一般把多张订单集合成一批，依据商品类别将数量相加后再进行拣取。之后依据客户订单再做分类处理。

A. 摘果式　　B. 混合式　　C. 播种式　　D. 单一式

10. 货物出库的主要方式有送货、自提、托运、过户、(　　)、取样等。

A. 转让　　B. 入库　　C. 转卖　　D. 转仓

二、简答题

1. 货物出库准备有哪些工作？
2. 简述商品出库流程。
3. 什么是订单有效性？
4. 分拣作业一般有哪几种形式？
5. 简述摘果式拣选的优缺点。
6. 简述播种式拣选的优缺点。
7. 什么是转仓？
8. 什么是过户？什么是取样？
9. 简述出库单据处理流程。
10. 什么是5S管理？有何作用？

三、案例分析

远程仓储在亚洲

远程仓储已在越来越多的跨国企业中成为一种节约成本、方便营运的运作方式。如今到亚洲采购已成为一种趋势：越来越多的公司不再像以前那样把货物进口后储存在本国仓库中备用，而是充分利用当地的低成本和廉价劳动力，把货物存放在亚洲的仓库里，随后直接运到客户手中。专家估计，通过在亚洲原产地附近存储货物，可以使美国进口商在仓储和货物搬运方面的成本节省20%～30%，同时把货物分拣、包装、拼箱等物流服务项目也放到亚洲，更可以节约一笔开支。

从上海外高桥保税区的上海物流中心的发展可以看出，这一趋势愈演愈烈。该中心2011年为施乐、埃克森美孚、西门子等跨国企业建设了面积达45万平方英尺(1平方英尺≈0.093平方米)的仓库设施。该中心预计，今年平均每月所处理的货盘数将从去年的3 000个增长至1.2万个。使用该仓库的美国公司将从5家增至20家，再到30家。尽管有些货主仍坚持自己在亚洲设立仓库，但大部分企业已把仓储业务外包给像美国Consolidation公司这样的第三方物流公司。该公司称其设在深圳盐田港的仓库容量5年内已从17万平方英尺增长到50万平方英尺；常年利用率达75%。Accessory Network公司主要进口箱包、皮带和其他服饰附件，该公司利用的就是Consolidation公司位于盐田的仓库，同时Consolidation公司还为它分拣和包装货物，Accessory Network公司预计这样为公司节约了20%～30%的库存成本。

物流公司发现，越来越多的零售商把仓储放在亚洲，一旦客户需要，就随时运送出去。而且这样做，对跨国企业还有一个好处：一旦供应商在货物销售方面出现变化，企业可以最快做出反应，及时调整库存，而不必像以往那样把货物再从美国送回亚洲。对那些从事季节性商品采购的进口商来说，这种“远程仓储”的方式尤为有利。例如，进口商可以让生产厂家在比较空闲的12月生产出万圣节用的面具，然后存上大半年，到需要时运到美国。货主还可以一次性以优惠价订下大批量货物，存放在廉价的“远程仓库”里。不过，要想有效地管理这样一个“远程仓库”，信息技术非常关键，不仅需要高水平的数据可视系统，而且应对需求有准确的预测。只有这样，货主才可以放心地把货物存放在生产地附近，并能随时对之进行遥控。

思考

(1) 为什么国际上一些跨国公司选择亚洲作为远程仓库？你认为采用远程仓库对企业经营效益有何利弊？

(2) 你对仓库变革有哪些好建议？

【实训项目】

货物出库方案设计

一、实训目的

通过实训熟悉商品出库流程，掌握订单有效性分析、客户优先权分析方法；熟悉分拣方法、出库交接和单证流转。

二、实训内容

某公司收到5家客户订单，见表4-25～表4-29，客户资料(虚拟资料)见表4-30～表4-34。请根据本章知识设计出库方案。

表4-25　中百超市(汽运店)采购订单

序号	商品名称	单位	单价/元	订购数量	金额/元	备注
1	玉兰油沐浴乳	箱	260	10	2 600	
2	一九一五酒	箱	1 180	7	8 260	
3	圣元金装1段奶粉	箱	1 380	11	15 180	
4	椰清黑发洗发露	箱	220	12	2 640	

表4-26　中百佳乐佳超市(院校街店)采购订单

序号	商品名称	单位	单价/元	订购数量	金额/元	备注
1	牧峰源蜂蜜	箱	420	10	4 200	
2	美涛清爽保湿啫喱膏	箱	260	7	1 820	
3	圣元金装1段奶粉	箱	1 380	9	12 420	
4	玉兰油沐浴乳	箱	320	7	2 240	
5	椰清黑发洗发露	箱	220	12	2 640	
6	一九一五酒	箱	1 180	4	4 720	

表4-27　中百佳乐佳超市(四平路店)采购订单

序号	商品名称	单位	单价/元	订购数量	金额/元	备注
1	椰清黑发洗发露	箱	220	11	2 420	
2	牧峰源蜂蜜	箱	420	5	2 100	
3	圣元金装1段奶粉	箱	1 380	11	15 180	
4	玉兰油沐浴乳	箱	260	8	2 080	
5	一九一五酒	箱	1 180	5	5 900	

表4-28　中百超市(虞河店)采购订单

序号	商品名称	单位	单价/元	订购数量	金额/元	备注
1	圣元金装1段奶粉	箱	1 380	12	16 560	
2	一九一五酒	箱	1 180	7	8 260	
3	玉兰油沐浴乳	箱	260	10	2 600	
4	美涛清爽保湿啫喱膏	箱	320	5	1 600	

续表

序号	商品名称	单位	单价/元	订购数量	金额/元	备注
5	椰清黑发洗发露	箱	220	12	2 640	
6	旺旺大礼包	箱	480	6	2 880	
7	牧峰源蜂蜜	箱	420	4	1 680	

表 4－29　中百便利(NO. 79 店)采购订单

序号	商品名称	单位	单价/元	订购数量	金额/元	备注
1	玉兰油沐浴乳	箱	260	7	1 820	
2	椰清黑发洗发露	箱	220	13	2 860	
3	圣元金装 1 段奶粉	箱	1 380	10	13 800	
4	一九一五酒	箱	1 180	6	7 080	
5	牧峰源蜂蜜	箱	420	9	3 780	

表 4－30　客户档案表 1

客户编号	2003041801	所属区域	广东佛山市	业务负责人	张××	发展日期	2003－04－18
基本情况							
客户名称（公司）	中百便利 NO. 79 店	法人代表	刘××	主营业务	日用品销售	经销区域	广东佛山市
税务登记号	123459278362905	开户行	佛山商业银行	账号	66666666352	通信地址	广东佛山市
业务负责人	陈××	联系电话		手机	13800000000	邮箱	123245@126.com
业务覆盖地区	南海区	门店数量	2		传真		
客户属性	公司或个体	客户来源	互联网络	√资源介绍	客户状态	关系初建	√过往合作
资信情况	注册资金	3 600 万元			年营业额	1 000 万元	
	满意度	☑高　☐较高　☐一般			忠诚度	☑高　☐较高　☐一般	
	客户类型	☐一般　☑潜力　☐关键			客户级别	B	
	信用截止期限	2013—03—31			信用额度	127 万元	
	去年交易总额	256 万元			应收账款	125 万元	
金融状况	资金状况	☑充足　☐紧张　☐短缺　☐危险					
	付款态度	☐爽快　☑尚可　☐拖延　☐欠款					
备注	中百集团加盟店						

表 4-31　客户档案表 2

客户编号	2006042301	所属区域	广东佛山市	业务负责人	李××	发展日期	2006-04-23
基本情况							
客户名称（公司）	中百超市（汽运店）	法人代表	李××	主营业务	日用品销售	经销区域	广东佛山市
税务登记号	12345768362915	开户行	佛山商业银行	账号	62000007352	通信地址	广东佛山市南海区
业务负责人	王××	联系电话		手机	10000002321	邮箱	Wang123@122.com
业务覆盖地区	南海区	门店数量	2		传真		
客户属性	公司或个体	客户来源	互联网络	√资源介绍	客户状态	关系初建	√过往合作
资信情况	注册资金	2 000 万元			年营业额	3 000 万元	
	满意度	☑高　□较高　□一般			忠诚度	□高　☑较高　□一般	
	客户类型	□一般　□潜力　☑关键			客户级别	A	
	信用截止期限	2015—12—31			信用额度	180 万元	
	去年交易总额	526 万元			应收账款	152.5 万元	
金融状况	资金状况	☑充足　□紧张　□短缺　□危险					
	付款态度	☑爽快　□尚可　□拖延　□欠款					
备注	中百集团加盟店						

表 4-32　客户档案表 3

客户编号	2005042301	所属区域	广东佛山市	业务负责人	李××	发展日期	2005-04-23
基本情况							
客户名称（公司）	中百超市（虞河店）	法人代表	孔××	主营业务	日用品销售	经销区域	广东佛山市
税务登记号	120111111164905	开户行	佛山商业银行	账号	62222237352	通信地址	广东佛山市南海区
业务负责人	刘××	联系电话		手机	15900000×××	邮箱	Liuqi123@126.com
业务覆盖地区	南海区	门店数量	2		传真		
客户属性	公司或个体	客户来源	互联网络	√资源介绍	客户状态	关系初建	√过往合作

续表

资信情况	注册资金	100 万元	年营业额	80 万元
	满意度	□高 ☑较高 □一般	忠诚度	□高 □较高 ☑一般
	客户类型	☑一般 □潜力 □关键	客户级别	B
	信用截止期限	2013—03—31	信用额度	6 万元
	去年交易总额	56 万元	应收账款	4.2 万元
金融状况	资金状况	☑充足 □紧张 □短缺 □危险		
	付款态度	☑爽快 □尚可 □拖延 □欠款		
备注	中百集团加盟店			

表 4-33　客户档案表 4

客户编号	2002042301	所属区域	广东佛山市	业务负责人	李××	发展日期	2002-04-23
基本情况							
客户名称（公司）	中百佳乐佳超市（四平路店）	法人代表	林××	主营业务	日用品销售	经销区域	广东佛山市南海区
税务登记号	120111178363235	开户行	佛山商业银行	账号	62222242356	通信地址	广东佛山市南海区
业务负责人	陈××	联系电话		手机	15800000025	邮箱	Huang123@126.com
业务覆盖地区	南海区	门店数量	2		传真		
客户属性	公司或个体	客户来源	互联网络	√资源介绍	客户状态	关系初建	√过往合作
资信情况	注册资金	1 200 万元			年营业额	2 000 万元	
	满意度	☑高 □较高 □一般			忠诚度	☑高 □较高 □一般	
	客户类型	下属子公司			客户级别	A	
	信用截止期限	—			信用额度	200 万元	
	去年交易总额	1 562 万元			应收账款	199.5 万元	
金融状况	资金状况	☑充足 □紧张 □短缺 □危险					
	付款态度	☑爽快 □尚可 □拖延 □欠款					
备注	本中心自营超市						

表4-34　客户档案表5

客户编号	2007042323	所属区域	广东佛山市	业务负责人	李××	发展日期	2007-04-23
基本情况							
客户名称（公司）	中百佳乐佳超市（院校街店）	法人代表	刘××	主营业务	日用品销售	经销区域	广东佛山市
税务登记号	120111178363521	开户行	潍坊商业银行	账号	62222242321	通信地址	广东佛山市南海区
业务负责人	田××	联系电话		手机	15800000625	邮箱	tianchuqiang@126.com
业务覆盖地区	南海区	门店数量	2		传真		
客户属性	公司或个体	客户来源	互联网络	√资源介绍	客户状态	关系初建	√过往合作
资信情况	注册资金	20万元			年营业额	10万元	
	满意度	较高			忠诚度	一般	
	客户类型	一般客户			客户级别	B	
	信用截止期限	2012—03—31			信用额度	10万元	
	去年交易总额	50万元			应收账款	4.2万元	
金融状况	资金状况	☑充足　□紧张　□短缺　□危险					
	付款态度	☑爽快　□尚可　□拖延　□欠款					
备注	中百集团加盟店						

三、实训步骤和要求

（1）进行订单有效性分析。
（2）进行客户优先权分析。
（3）设计出库方案。
（4）完成出库。

四、实训方式

（1）可以采取小组完成的方式，每两人为一组，但在作业中应体现出各自独立完成的部分。
（2）从布置日期起，一周内完成。
（3）作业以A4纸、5号宋体字打印。

五、评价标准

评价标准见表4-35。

表 4-35 评价标准

考核内容	考核标准	分值	实际得分
物出库方案设计	小组合作参与程度	10	
	分工明确、岗位职责清晰	10	
	不违规出托、正确选择设备	10	
	方案的可行性与合理性	50	
	不混区作业、出库完成后 5S 管理	20	
合　计		100	

项目5

配　　送

PEISONG

【工作情景描述】

某仓库运营部接到多家客户订单，完成了多种商品出库，现在要为客户进行配送。具体包括如下操作。

(1) 配货、分拣、设计配送流程。

(2) 组织配送工作人员进行配送作业。

(3) 合理选择配送方式。

(4) 配送商务管理。

(5) 配送成本分析、收费定价。

【任务要求】

任务5.1　认知配送

任务5.2　配送中心

任务5.3　配送商务管理

任务5.4　配送成本与收费定价

【知识概览】

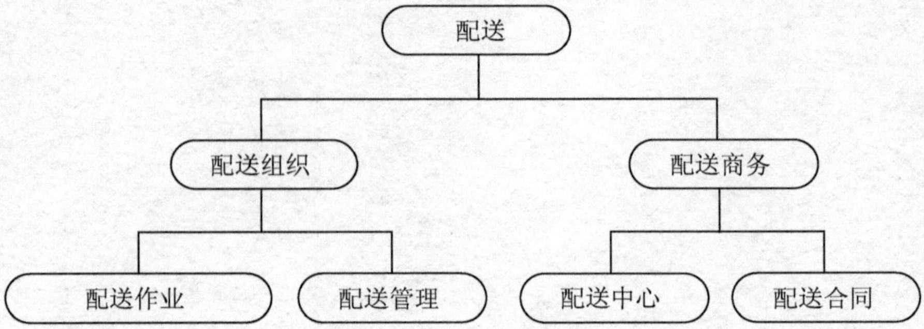

【学习目标】

知识目标	能力目标	学习重点和难点
(1) 理解配送的概念，对配送、运输、搬运和送货等概念能够进行有效区分； (2) 理解配送作业的组织形式； (3) 理解配送中心的概念，有效区别配送中心与物流中心； (4) 掌握配送中心的功能及类型； (5) 掌握配送中心的组织结构与管理	(1) 能对生活中常见配送企业识别其作业组织形式，并能分析其配送特点； (2) 能说明不同类型的配送中心在服务对象、组织形式和功能方面的区别和联系； (3) 能订立配送合同	(1) 配送作业的组织； (2) 配送合同签订； (3) 配送与运输区别； (4) 配送要素

任务 5.1　认知配送

【任务描述】

配送是物流系统中由运输派生出来的功能。它是为了满足客户多品种、小批量、高频率的订货需求，在配送中心或其他物流结点进行货物的配备，并且以最合理的方式送交用户。

5.1.1　配送概述

1. 配送的概念

配送(distribution)是指在经济合理区域范围内，根据用户要求，对物品进行拣选、加工、包装、分割及组配等作业，并按时送达指定地点的物流活动，即按照用户的订货要求，在配送中心或其他物流结点进行货物配备，并以最合理的方式送交用户。一般配送是物流体系的一个缩影，是物流的一项终端活动，它使物流服务更加贴近市场、贴近消费者。配送活动如图 5.1 所示，配送作业流程如图 5.2 所示。

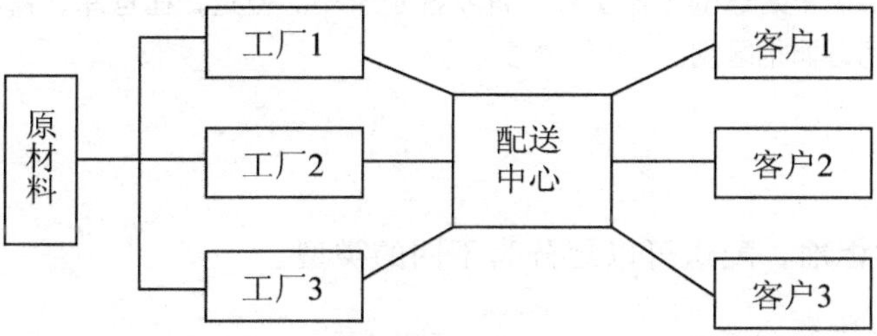

图 5.1　配送活动

图 5.2　配送作业流程

2. 配送与运输

从配送活动的实施过程看，配送包括“配”和“送”两方面的活动。“配”是对货物进行集中、分拣和组配，“送”是将货物送达指定地点或用户手中。配送与运输的比较如表 5－1 所示。

表 5－1　配送与运输的比较

比较项目	配　送	运　输
移动距离	短距离、少量货物的移动	长距离、大量货物的移动
服务功能	“配”与“送”的结合；货物送交客户	纯粹是“送”：结点间货物移动
运输工具	主要采用汽车运输	使用多种交通工具
货物特点	多品种、小批量、多批次的货物	少品种、大批量货物
价值取向	服务优先	效率优先

3. 配送的特点

（1）配送是从物流据点至用户的一种送货形式。其特殊性表现为：从事送货活动的是专业流通企业，而不是生产企业；配送是“中转”型送货，而工厂送货一般是直达型送货(直接送到用户手中)，而且是生产什么送什么，配送是用户需要什么送什么。

（2）配送不是单纯的运输或输送，而是运输与其他活动共同构成的组合体。而且配送所包含的那一部分运输，在整个运送过程中是处于“二次运输”“支线运输”“终端运输”的位置。

（3）配送不是广义概念的组织物资定货、签约、进货及对物资处理分配的供应，而是以供该者送货到户式的服务性供应，是一种“门到门”的服务。

（4）配送是在全面配货基础上完全按用户的要求，包括种类、品种搭配、数量、时间等方面的要求所进行的运送，是“配”和“送”的有机结合形式。

【特别提示】

运输是指物品在物流渠道中，在各网点之间移动的活动。其中，一般把向顾客交货时的近距离、少量的运输叫作配送、发送。用于配送的运输工具，几乎都是卡车。但是，在仓库、物流中心等网点内，物品的移动称为搬运，以示与运输相区别。

5.1.2 配送的类型

根据不同的分类标准，配送可以划分为不同的类型。

1. 按照配送主体进行分类

1）生产企业配送

生产企业配送即以生产企业的成品库或设在各地的配送中心为据点，由生产企业自己组织的配送活动。因为：第一，产品的产销量非常大；第二，产品的销售地较为集中，地产地销的消费资料企业(如一些地方性的啤酒企业)及客户相对集中的生产资料供应商就经常自己组织配送；第三，产品的保质期非常短，如许多酸奶生产企业就建立了自己的配送车队，直接向各大零售网点供货。

采用生产企业配送的方式，由于减少了货物中转环节，可以加快物流的时间，提高物流速度，物流费用也相应减少。但这种配送方式必须以一定的规模经济为前提，即生产企业应确保由自己组织配送具有较大的规模经济性。

2）分销商配送

许多产品的生产具有很强的集中生产、分散消费的特点，在实现生产的规模经济性的同时，将产品的市场拓展到全国乃至全世界。为了不断扩充自己的市场，生产企业在各地发展了自己的地方产品代理，作为自己的分销商，并且委托这些分销商实施对零售网点的分销商配送有助于将商流与物流有机地结合在一起，提高对零售网点的服务水平，同时，可以让生产企业集中精力搞好产品的生产与研发工作。其不足之处在于，一些地区由于市场规模的限制，分销商配送的经济性较差。

3）连锁店集中配送

统一采购、集中配送、分散销售是连锁店的基本特点。建立自己的配送中心，强化集中配送的能力，是连锁店提高竞争力的重要途径。尤其是当连锁店在某一地区建立的门店较为密集时，集中配送具有很大的竞争优势，有助于集成采购批量，降低采购成本，节约配送费用，而且可以使各门店的商品存货降到很低的水平，乃至实现零库存。同时，也使配送服务质量具有很强的可控性。

如果连锁店各门店很分散，则自己组织配送的经济性就会大打折扣。委托社会配送中心进行配送更为经济、合理。

4）社会配送中心配送

随着社会分工的发展，出现了专门从事商品配送服务的配送中心。配送中心的设施及工艺流程是根据配送需要专门设计的，所以配送能力强，配送距离远，配送品种多，配送数量大。由于为众多的企业、众多的产品提供配送服务，社会配送中心能够实现较强的规模经济性。

2. 按照配送时间和数量进行分类

1）定时配送

定时配送是指按照规定的时间进行货物配送。定时配送的时间间隔可长可短，可以是数天，也可以是几个小时。定时配送由于时间固定，便于制订配送计划，安排配送车辆及送货人员，也便于安排接货人员及设备。但如果配送订单下达较晚，在配送品种和数量变化较大时，配货时间很短，会给配送工作造成较大的难度。

日配(当日配送)是定时配送中较常见的方式。一般来说，如果是上午下达的订单，当天下午可送达；如果是下午下达的订货，第二天上午可送达。日配的开展可以使客户维持较低的库存，甚至实现零库存。日配特别适合生鲜食品及周转快、缺乏仓储场地或特定设备(如冷冻设备)的小型零售商。

2）定量配送

定量配送是指在一定的时间范围内，按照规定的品种和数量进行货物配送。这一配送方式由于每次配送品种和数量固定，因此，不但可以实现提前配货，而且可以按托盘、集装箱及车辆的装载能力有效地提高配送的效率，降低配送费用。同时，每次接货的品种和数量固定，有利于提前准备好接货所需的人力、设备。但定量配送的方式较容易与客户对货物的实际需求相脱节，既可能造成缺货损失的现象，也可能由于货物库存过大而造成仓位紧张的现象。

3）定时定量配送

定时定量配送是上述两种配送方式的综合，即按照规定的时间、规定的品种和数量进行货物配送。这种配送方式计划性很强，但适合的客户对象较窄，要求货物需求具有非常稳定的特点。

4）定时定路线配送

定时定路线配送是指在规定的运行路线上，按照所要求的运行时间表进行货物配送。例如，邮政部门的普通邮件投递就是采用这种配送方式。在客户相对集中地区，采用这种配送方式有利于安排配送车辆及人员，对客户而言，有利于安排接货力量，但一般配送的品种、数量不宜太多。

5）即时配送

即时配送是指完全根据客户提出的配送要求，采取对货物的品种、数量、时间提供一种随要随送的配送方式。由于这种配送方式要求的时限很快，因此对配送的组织者提出了较高的要求。对客户而言，它具有很高的灵活性，可以使客户实现安全存货的零库存。随着准时制(just in time，JIT)生产的发展而出现的准时制配送也属于这种即时配送，准时制配送真正实现了按照实际需要的品种和数量进行配送，具有很高的效率，使生产企业的原材料或零部件真正实现了零库存。

3. 按照配送专业化程度进行分类

1）专业化配送

专业化配送是指专门针对某一类或几类货物的配送方式，如图书配送、鲜奶配送等。专业化配送有利于发挥专业化分工的优势，按照不同配送货物的特殊要求优化配送设施、配送车辆，提高配送的效率，确保配送货物的品质。例如，鲜奶配送要求配备相应的冷藏设备和冷藏车辆。

2）综合化配送

综合化配送是指同时针对多种类型的货物的配送方式。综合化配送可以使客户只要与少数配送组织者打交道就可以满足对众多货物的需要，可以简化相应的手续。但当不同产品的性能、形状差别很大时，配送组织者的作业难度较大。

5.1.3 配送的业务组织

配送业务的组织一般是按照功能要素展开的，其基本流程如图 5.3 所示。

图 5.3 配送基本业务流程

具体到不同类型、不同功能的配送中心或物流结点的配送活动，其流程可能有些不同，而且不同的商品，由于其特性不一样，其配送流程也会有所区别。例如，食品类商品由于其种类繁多，形状特性不同，保质保鲜要求也不一样，所以通常有不同的配送流程，如图 5.4 所示。

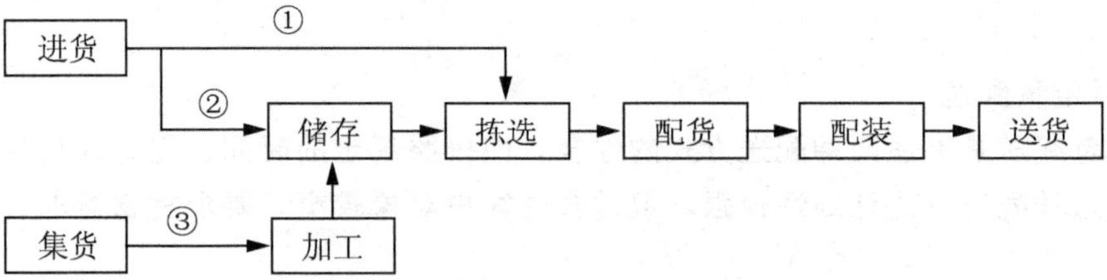

图 5.4 食品类商品的 3 种配货流程

第①类商品如海鲜产品、鱼、肉类制品等，由于保质期短，保鲜要求高集货再不经过储存立即分拣配货、配装后送达客户。

第②类商品如矿泉水、方便食品等，保质期较长储存保管后，再按客户订单要求组织配送。

第③类商品如速冻食品、大包装进货食品、成衣等的要求再按商品特性经过配送加工后再组织配送。

5.1.4 配送的结构模式

1. 商流、物流一体化的配送模式

商流、物流一体化的配送模式又称配销模式，其模式结构如图 5.5 所示。

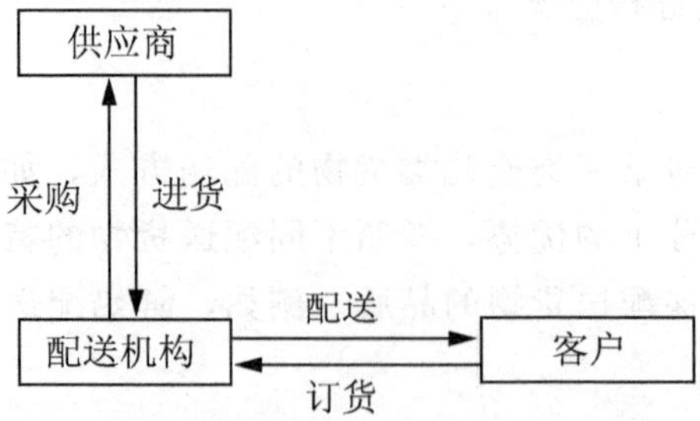

图 5.5 商流、物流一体化的配送模式

在这种配送模式下，配送的主体通常是销售企业或生产企业，也可以是生产企业的专门物流机构。其主要经营行为是商品销售，配送是实现其营销策略的具体实施手段，主要目的是通过提供高水平的配送服务来促进商品销售和提高市场占有率。在我国物流实践中，以批发为主体经营业务的商品流通机构多采用这种配送模式，国外的许多汽车配件中心所开展的配送业务同样也属于这种配销模式。

商流、物流一体化的配送模式对于行为主体来说，由于其直接组织货源及商品销售，因而配送活动中能够形成资源优势，扩大业务范围和服务对象，同时也便于向客户提供特殊的物流服务，满足客户的不同需求。但这种模式对于组织者的要求较高，需要大量资金和管理技术的支持。

2. 商流、物流相分离的配送模式

商流、物流相分离的配送模式如图 5.6 所示。

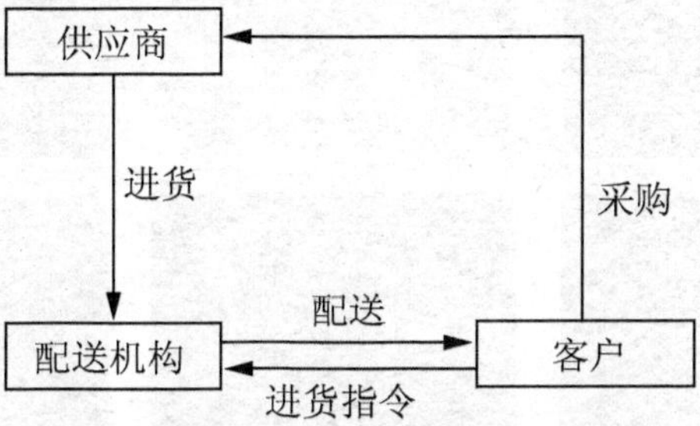

图 5.6 商流、物流相分离的配送模式

在这种配送模式下，配送的组织者不直接参与商品交易活动，即不参与商流过程，它只是专门为客户提供货物的入库、保管、加工、分拣、送货等物流服务，其业务实质上属于"物流代理"。从组织形式上看，其商流与物流活动是分离的，分属于不同的行为主体。

这种配送模式的特点如下。

(1) 配送企业的业务活动单一，有利于专业化的形成，提高了物流服务的水平。

(2) 配送企业占用资金相对较少，易于扩大服务范围和经营规模。

(3) 配送企业只提供物流代理服务，企业收益主要来自服务费，经营规模较小。

这种模式的主要缺点就是配送机构不直接掌握货源，其调度和调节能力较差，另外对客户的依赖性强，容易随客户的销售不畅而导致自身配送规模的下降，经营的主动性差。

5.1.5 配送作业的基本环节

配送作业是按照用户的要求，把货物分拣出来，按时按量发送到指定地点的过程。从总体上讲，配送是由备货、理货和送货 3 个基本环节组成的。其中每个环节又包含若干项具体的、枝节性的活动。

1. 备货

备货指准备货物的系列活动，它是配送的基础环节。严格来说，备货包括两项具体活动筹集货物和存储货物。

2. 理货

理货是配送的一项重要内容，也是配送区别于一般送货的重要标志。理货包括货物分拣、配货和包装等经济活动，其中分拣是指采用适当的方式和手段从储存的货物中选出用户所需货物的活动。分拣货物一般采取两种方式来操作：其一是摘取式，其二是播种式。

3. 装车要求

物品的装车方式对于散货、件杂货和单元货的装车要求如图 5.7 所示。

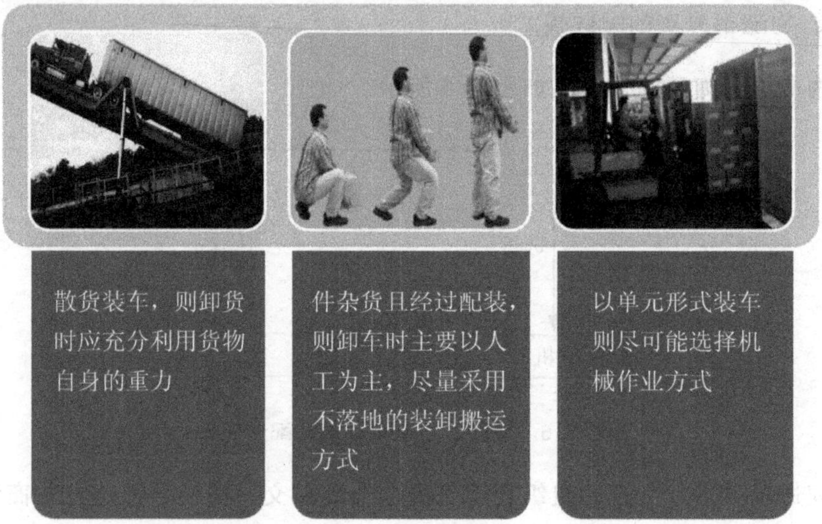

图 5.7　散货、件杂货和单元货的装车要求

4. 送货

送货是配送活动的核心，也是备货和理货工序的延伸。在物流活动中送货实际上就是货物的运输。在送货过程中常常进行 3 种选择：运输方式、运输路线和运输工具。

当收到用户订单后，首先将订单按其性质进行订单处理，之后根据处理后的订单信息，进行从仓库中取出用户所需货品的拣货作业。拣货完成，一旦发现拣货区所剩余的存货量过低时，则必须由储存区进行补货作业。如果储存区的存货量低于规定标准时，便向供应商采购订货。从仓库拣选出的货品经过整理之后即可准备发货，等到一切发货准备就绪，司机便可将货品装在配送车上，向用户进行送货作业。另外，在所有作业进行中，只要涉及物的流动作业，其间的过程就一定有搬运作业。

5.1.6　配送作业流程分析

配送的一般作业流程基本上是这样的一种运动过程：进货—储存—拣货—配货(补货)—送货，如图 5.8 所示。

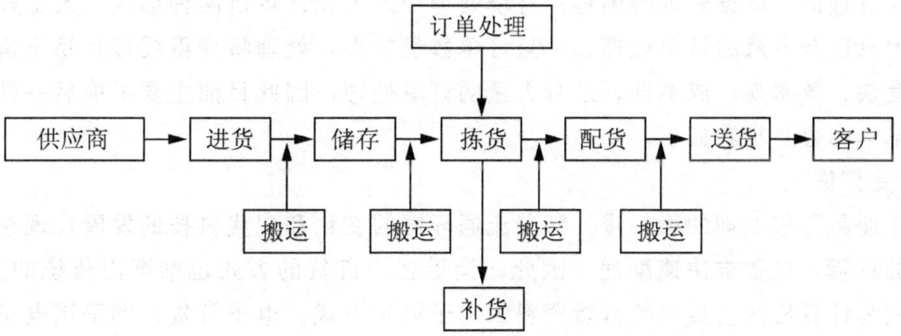

图 5.8 配送作业流程

1. 进货

进货即组织货源。其方式有两种：①订货或购货(表现为配送主体向生产商订购货物，由后者供货)；②集货或接货(表现为配送主体收集货物，或者接收用户所订购的货物)。前者的货物所有权(物权)属于配送主体，后者的货物所有权属于用户。

1）进货作业应注意的事项

进货作业包括接货、卸货、验收入库，然后将有关信息书面化等一系列工作。在其流程安排中，应注意以下事项。

(1) 应多利用配送车司机卸货，以减少公司作业人员和避免卸货作业的拖延。

(2) 尽可能将多样活动集中在同一工作站，以节省必要的空间。

(3) 尽量避开进货高峰期，并依据相关性安排活动，以达到距离最小化。

(4) 详细记录进货资料，以备后续存取核查。

2）货物编码

进货作业是配送作业的首要环节。为了让后续作业准确而快速地进行，并使货物品质及作业水准得到妥善维持，在进货阶段对货物进行有效的编码是一项十分重要的内容。编码结构应尽量简单，长度尽量短，一方面便于记忆，另一方面也可以节省机器存储空间，减少代码处理中的差错，提高信息处理效率。

3）货物分类

货物分类是将多品种货物按其性质或其他条件逐次区别，分别归入不同的货物类别，并进行有系统的排列，以提高作业效率。

在实际操作中，对品项较多的分类储存，可分为两个阶段、上下两层输送同时进行。

4）货物验收检查

货物验收检查是对产品的质量和数量进行检查的工作。

5）货物入库信息的处理

到达配送中心的商品，经验收确认后，必须填写验收单，并将有关入库信息及时准确地登入库存商品信息管理系统，以便及时更新库存商品的有关数据。货物信息登录的目的在于为后续作业环节提供管理和控制的依据。此外，对于作业辅助信息也要进行搜集与处理。

2. 订单处理

从接到客户订单开始到着手准备拣货之间的作业阶段，称为订单处理。通常包括订单资料确认、存货查询、单据处理等内容。订单处理分人工和计算机两种形式。人工处理具有较大弹性，但只适合少量的订单处理，一旦订单数量较多，处理将变得缓慢且易出错。计算机处理则速度快、效率高、成本低，适合大量的订单处理，因此目前主要采取后一种形式。订单处理的基本内容及步骤如下。

1）接受订货

接单作业是订单处理的第一步。随着流通环境的变化和现代科技的发展，现在客户更趋于高频度的订货，且要求快速配送。因此，接受客户订货的方式也渐渐由传统的人工下单、接单，演变为计算机间直接送收订货资料的电子订货方式。电子订货，即采用电子传运方式取代传统人工书写、输入、传送的订货方式，它将订货资料由书面资料转为电子资料，通过通信网络进行传送。

2）货物名称、数量及日期的确认

接单以后，首先确认货物名称、数量及日期，即检查品名、数量、送货日期等是否有遗漏、笔误或不符合公司要求的情形。尤其当送货时间有问题或出货时间已延迟时，更需与客户再次确认订单内容或更正运送时间。同样地，若采用电子订货方式接单，也需对已接受的订货资料加以检验确认。

3）客户信用的确认

不论订单是由何种方式传至公司，配送系统都要核查客户的财务状况，以确定其是否有能力支付该订单的账款。通常的做法是检查客户的应收账款是否已超过其信用额度。若客户应收账款已超过其信用额度，系统自动加以警示，以便输入人员决定是继续输入其订货资料还是拒绝其订单。运销部门一旦发现客户的信用有问题，则将订单送回销售部门再调查或退回订单。

4）订单形态确认

配送中心虽有整合传统批发商的功能及有效率的物流信息处理功能，但在面对较多的交易对象时，仍需根据顾客的不同需求采取不同做法。在接受订货业务上，表现为具有多种订单的交易形态，所以物流中心应对不同的客户采取不同的交易及处理方式。

(1) 一般交易订单。一般交易订单即接单后按正常的作业程序拣货、出货、发送、收款的订单。其处理方式是接单后，将资料输入订单处理系统，按正常的订单处理程序处理，资料处理完后进行拣货、出货、发送、收款等作业。

(2) 间接交易订单。间接交易订单是客户向配送中心订货，直接由供应商配送给客户的交易订单。其处理方式是接单后，将客户的出货资料传给供应商由其代配。此方式需注意的是客户的送货单是自行制作或委托供应商制作的，应对出货资料加以核对确认。

(3) 现销式交易订单。现销式交易订单是与客户当场交易、直接给货的交易订单。其处理方式是订单资料输入后，因货物此时已交给客户，故订单资料不再参与拣货、出货、发送等作业，只需记录交易资料即可。

(4) 合约式交易订单。合约式交易订单是与客户签订配送契约的交易，如签订某期间内定时配送某数量的商品。其处理方式是在约定的送货日，将配送资料输入系统处理以便出货配送；或一开始便输入合约内容的订货资料并设定各批次送货时间，以便在约定日期系统自动产生所需的订单资料。

5）订单价格确认

对于不同的客户(批发商、零售商)、不同的订购批量，可能对应不同的售价，因而输入价格时系统应加以检核。若输入的价格不符(输入错误或业务员降价接受订单等)，系统应加以锁定，以便主管审核。

6）加工包装确认

客户订购的商品是否有特殊的包装、分装或贴标等要求，或是有关赠品的包装等资料系统都需加以专门的确认记录。

7）设定订单号码

每一份订单都要有单独的订单号码，此号码一般是由控制单位或成本单位来指定，它除了便于计算成本外，还有利于制造、配送等一切相关的工作。所有工作的说明单及进度报告都应附有此号码。

8）建立客户档案

将客户状况详细记录，不但能有益于此次交易的顺利进行，且有益于以后合作机会的增加。

9）订单资料处理输出

订单资料经上述处理后，即可开始印制出货单据，展开后续的物流作业。

3. 拣货作业

拣货作业是配送作业的中心环节。所谓拣货，是依据顾客的订货要求或配送中心的作业计划，尽可能迅速、准确地将商品从其储位或其他区域拣取出来的作业过程。拣货作业系统的重要组成元素包括拣货单位、拣货方式、拣货策略、拣货信息、拣货设备等。

4. 补货作业

补货作业是将货物从仓库保管区搬运至拣货区的工作，其目的是确保商品能保质保量按时送到指定的拣货区。补货作业的基本流程如图 5.9 所示。

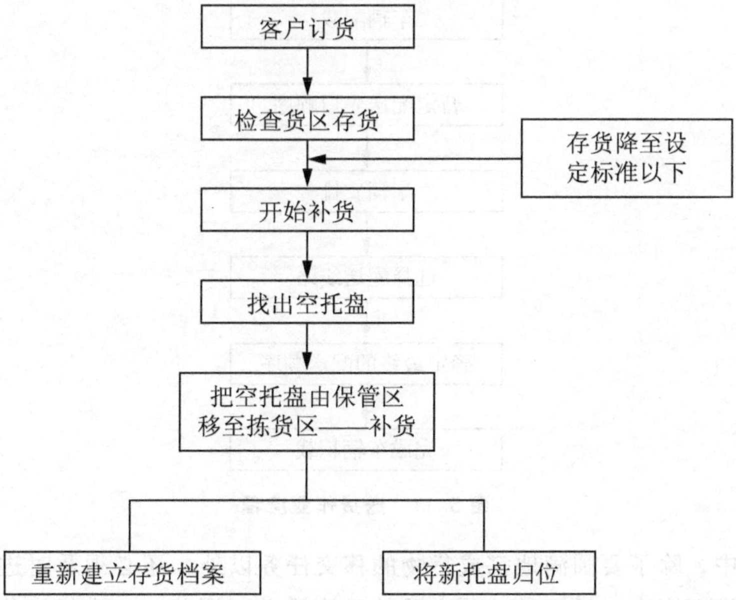

图 5.9　一般补货作业流程

补货方式主要有整箱补货，托盘补货，从货架上层、货架下层补货 3 种。补货的时机主要有批组补货、定时补货和随机补货 3 种。

5. 配货作业

配货作业是指把拣取分类完成的货品经过配货检查过程后，装入容器和做好标示，再运到配货准备区，待装车后发送。配货作业既可采用人工作业方式，也可采用人机作业方式，还可采用自动化作业方式，但组织方式有一定区别。其作业流程如图 5.10 所示。

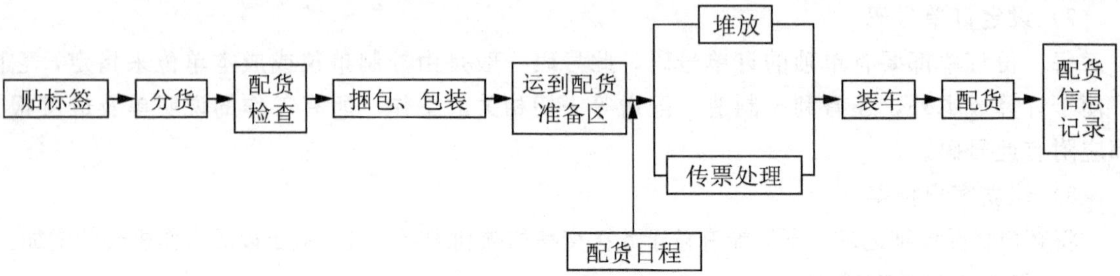

图 5.10　配货作业流程

6. 送货

送货作业是利用配送车辆把用户订购的物品从制造厂、生产基地、批发商、经销商或配送中心，送到用户手中的过程。送货通常是一种短距离、小批量、高频率的运输形式，它以服务为目标，以尽可能满足客户需求为宗旨。在各阶段的操作过程中需要注意的要点有明确订单内容、掌握货物的性质、明确具体配送地点、适当选择配送车辆、选择最优的配送线路及充分考虑各作业点装卸货时间。送货作业流程如图 5.11 所示。

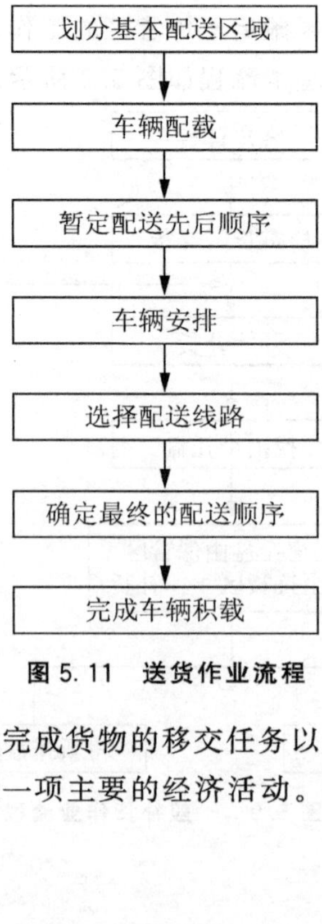

图 5.11　送货作业流程

在送货流程中，除了要圆满地完成货物的移交任务以外，还必须及时进行货款(或费用)结算。在送货这道工序中，运输是一项主要的经济活动。据此，在进行送货作业时，选择合理的运输方式和使用先进的运输工具，对于提高送货质量至关重要。

7. 退调作业

退调作业涉及退货商品的接收和退货商品的处理，是售服务的一项任务。而退货商品的处理，还包含着退货商品的分类、整理(部分商品可重新入库)、退供货商或报废销毁及账务处理。退货作业涉及部门如图 5.12 所示。

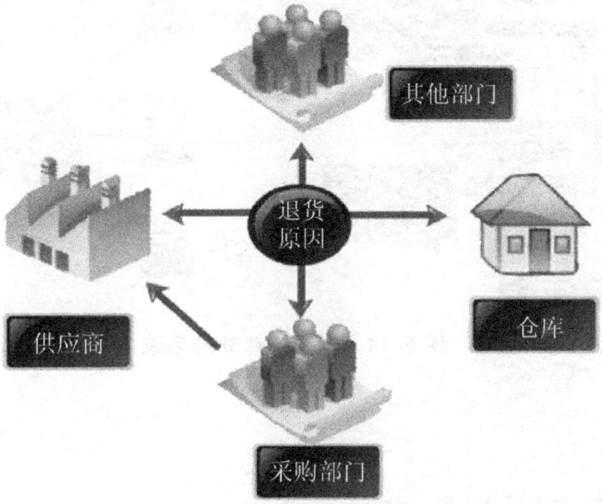

图 5.12 退货作业涉及部门

8. 信息处理

在配送中心的运营中包含着 3 种“流”，即物流、资金流和信息流，见图 5.13 所示。在

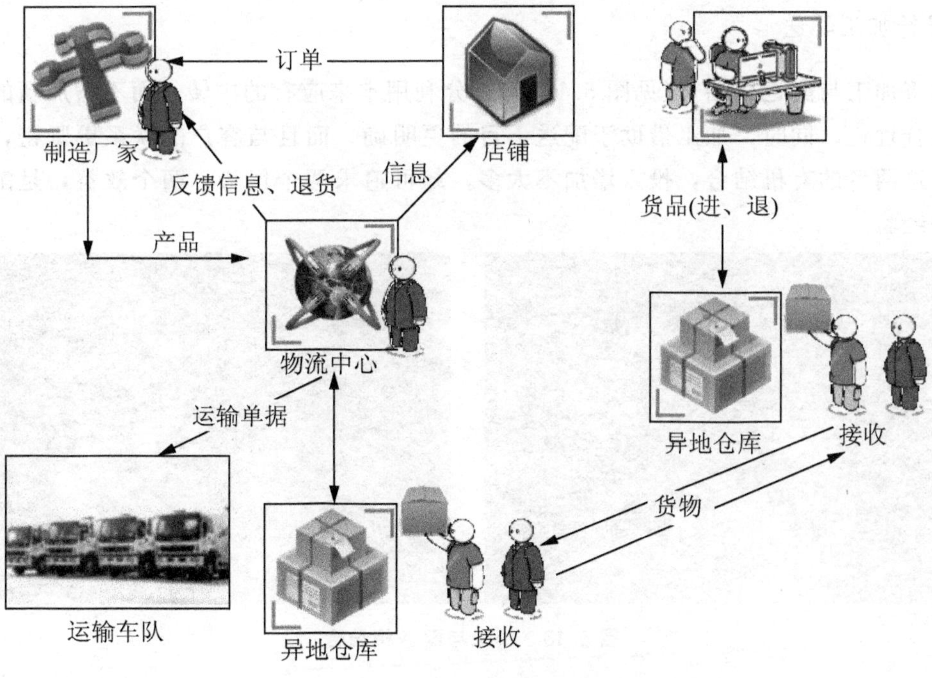

图 5.13 物流、资金流和信息流

配送中心的运营中，信息系统起着中枢神经的作用，其对外与生产商、批发商、连锁商场及其他客户等联网，对内向各子系统传递信息，把收货、储存、拣选、流通加工、分拣、配送等物流活动整合起来，协调一致，指挥、控制各种物流设备和设施高效率运转。采用仓储信息处理系统对进货信息进行处理，可确保库存的准确性，保证必要的库存水平及仓库中物流的移动。仓储信息处理系统如图 5.14 所示。

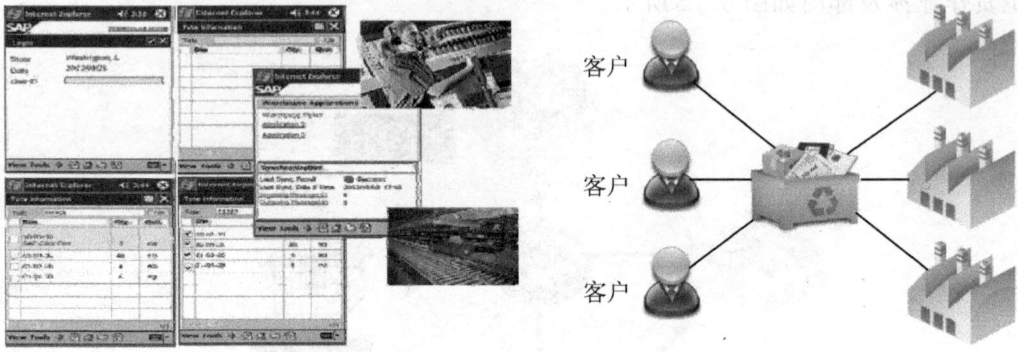

图 5.14　仓储信息处理系统

5.1.7　配送合理化

配送合理化的措施有以下 10 种。

1. 推行一定综合程度的专业化配送

通过采用专业设备、设施和操作程序，取得较好的配送效果，并降低配送综合化的复杂程度及难度，从而追求配送合理化。

2. 推行加工配送

通过将加工与配送相结合(见图 5.15)，充分利用本来应有的中转，而不增加新的中转来求得配送合理化。同时，加工借助于配送，目的更明确，而且与客户的联系更紧密，避免了盲目性。这两者的有机结合，投入增加不太多，却可追求两个优势、两个效益，是配送合理化的重要经验。

图 5.15　加工与配送相结合

3. 推行共同配送

共同配送其实质就是在同一个地区，许多企业在物流运作中互相配合，联合运作，共同进行理货、送货等活动的一种组织形式。通过共同配送，可以最近的路程、最低的配送成本来完成配送，从而追求配送合理化。

4. 实行送取结合

配送企业与用户建立稳定的协作关系。配送企业不仅是用户的供应代理人，而且还是用户的储存据点，甚至为其产品代销人。在配送时，将用户所需的物资送到，再将该用户生产的产品用同一车运回，这种产品也成了配送中心的配送产品之一，或者为生产企业代存代储，免去了其库存包袱。这种送取结合，使运力充分利用，也使配送企业功能有更大的发挥，从而追求配送合理化。

5. 推行准时配送系统

准时配送是配送合理化的重要内容。配送做到了准时，用户才有资源把握，才可以放心地实施低库存或零库存，才可以有效地安排接货的人力、物力，以追求最高效率的工作。另外，保证供应能力，也取决于准时供应。

6. 推行即时配送

即时配送是最终解决用户企业所担心的供应间断问题，大幅度提高供应保证能力的重要手段。即时配送是配送企业快速反应能力的具体化，是企业配送能力的体现。即时配送成本较高，但它是整个配送合理化的重要保证手段。此外，用户实现零库存，即时配送也是其重要的保证手段。

7. 推行产地直接配送

配送产地直送化将有效缩短流通渠道，优化物流过程，大幅度降低物流成本。特别是对于大批量、需求量稳定的货物，产地直送的优势将更加明显。

8. 实现区域配送

配送的区域扩大化趋势突破了一个城市的范围，发展为区间、省间，甚至是跨国的更大范围的配送，即配送范围向周边地区、全国乃至全世界辐射。配送区域扩大化趋势将进一步带动国际物流，使配送业务向国际化方向发展。

9. 实现配送的信息化、自动化

配送信息化就是直接利用计算机网络技术重新构筑配送系统。信息化是其他先进物流技术在配送领域应用的基础。配送作业的自动化突破了体力劳动和手工劳动的传统模式，出现了大量自动化程度相当高的自动化立体仓库，大大提高了配送效率。

10. 提倡多种配送方式最优组合

每一种配送方式都有其优点，多种配送方式和手段的最优化组合，将有效解决配送过程、配送对象、配送手段等复杂问题，以求得配送效益最大化。

任务 5.2 配送中心

【任务描述】

熟悉配送中心的概念及功能、配送中心的基本作业流程和一般作业项目；了解几种典型的配送中心的模式和类型；掌握配送中心选址的原则和影响配送中心布点的各种环境因素；了解配送中心选址的技术方法；了解配送中心管理的内容和一般岗位设置。

5.2.1 认知配送中心

1. 配送中心的概念

中华人民共和国国家标准 GB/T 18354—2006《物流术语》中规定，配送中心(distribution center)是“从事配送业务的物流场所或组织，应基本符合下列要求：①主要为特定的用户服务；②配送功能健全；③完善的信息网络；④辐射范围小；⑤多品种、小批量；⑥以配送为主，储存为辅。”配送中心层面图如图 5.16(a)所示。

配送中心首先是为了进行配送业务的策划和控制组织机构，能够组织开展配送服务，具有较强的组织能力和配送策划能力。

2. 配送中心的作业

配送中心是商品集中、出货、保管、包装、加工、分类、配货、配送、信息的场所或经营主体。因此，配送中心的作业主要包括收验货物、搬运、储存、装卸、拣选、配货、送货、信息处理及与供应商、零售商的连接。作业流程如图 5.16(b)所示。

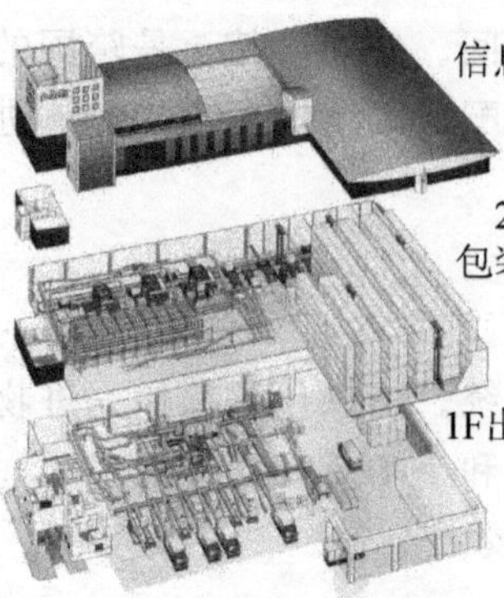

(a) 配送中心层面图

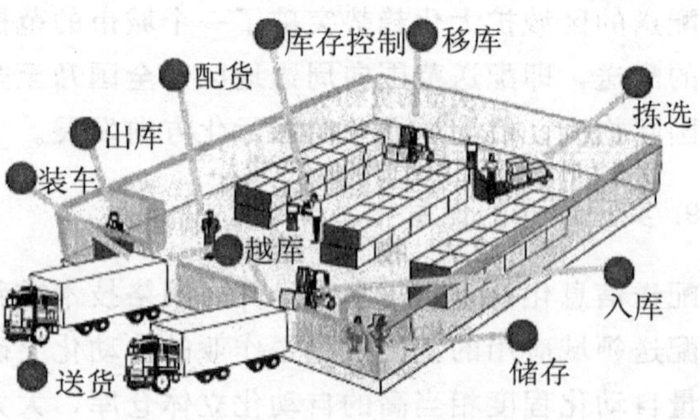

(b) 配送中心作业流程

图 5.16 配送中心

配送中心的优势之一，就是可以集中众多客户的需求，进行一定规模的采购、统一配送、降低备货成本和提高配送的效益。配送中心物流作业内容见表5-2。

表5-2 配送中心物流作业内容

作业分类	作业内容	作业流程
进货	车辆到达、卸载、验收、理货	取得进货信息—货物到达—卸下货物—拆装理货—货物验收—记录进货信息
储存	入库、搬运、储位管理、盘点	取得入库信息—安排储位—搬运上架—记录入库信息
拣货	订单拣取、拣货分类、搬运	取得拣货信息—进行拣取作业—搬运物品至发货区或其他区—记录拣货信息
补货	拣货、搬运	取得补货信息—在储存区取出物品—搬运物品至补货区—记录补货信息
集货/分货	搬运、分类	取得集货信息—物品分类—集货—搬运至出货暂存区—记录集货信息
流通加工	加工	取得加工信息—加工—记录加工信息
出货作业	检验、装车	取得出货信息—检验—装车—记录出货信息

1）进货

为了满足配送货物品种及数量的需要的物品，进行采购备货。配送中心需要从生产厂家及其分销商采购大量货物由供应商送达配送中心，在配送中心进行核对货单，检查货物外包装是否有损伤，核查数量和检验货物的质量等必要的作业。

2）储存

为了正常地开展业务，防止缺货，配送中心需要储备一定数量的货物。由于不同货物的特性及订货提前期不同，储存的数量也不同。一般而言，本地生产的货物储存数量较少，而外地生产的货物因运输周期较长的原因存储数量较多。保质期短的生鲜产品存储数量较久而保质期较长的冷冻食品存储数量可以相对多一些。

3）拣货

拣货作业是依据顾客的订货要求或配送中心的送货计划，尽可能迅速、准确地将商品从其储位或其他区域拣取出来，并按一定的方式进行分类、集中、等待配装送货的作业流程。

在配送中心搬运成本中，拣货作业的搬运成本约占90%；在劳动密集型的配送中心，与拣货作业直接相关的人力占50%；拣货作业时间约占整个配送中心作业时间的30%～40%。因此，在配送作业的各环节中，拣货作业是整个配送中心作业系统的核心。合理规划与管理拣货作业，对配送中心作业效率的提高具有决定性的影响。

4）补货

补货作业是将货物从仓库保管区搬运至拣货区的工作，其目的是确保商品能保质保量按时送到指定的拣货区。

5）集货/分货

集货就是用来集中货物暂时存放准备运输的，转运中心是把各地运来的货物集中，然后转发发到各地加工中心；分货的就是按照货物的种类不同等各种要素进行分类。

6）流通加工

流通加工指在发货之前，为商品粘贴标价及其他标记、装袋、切割、包装，将几种商品组合成套作为赠送的礼品等作业。其主要目的是为了提高物流效率，增加附加值及满足样化需求。配送中心内的流通加工活动有分个包装、赠送礼品的组合捆包、装箱或成套化的捆绑、粘贴标记及标价、板材的切割、纸张的裁剪、食品的冷藏和家具的组装等。

7）出货作业

出货作业包括配货、送货。配货是根据不同客户订单的不同要求对货物进行拣选，并将不同客户所需要的货物进行有效的组合包装，依据送货次序在配送车辆上进行有效的码放。为了满足多品种小批量的需要，在配货时，将大包装拆箱成小包装是一项重要的活动。送货是按照客户所要求的送货时间，将客户所需要的货物送达客户指定的地点。配送中心可以利用自备运输工具，也可以借助社会专业物流企业来完成送货任务。

3. 配送中心的作用

(1) 物流成本得到控制。通过在供应商和客户之间设置配送中心，将干线部分的大批量、高效率运输与支线部分的小批量、快速配送结合起来，从而在保证物流服务水平的前提下有效控制物流成本。

(2) 实现库存集约化。将分散在自家多处的仓库或多处营业仓库的商品集中存放在配送中心，有利于防止过剩库存和缺货的发生，提高了库存管理水平，有利于维持适当的库存。

(3) 通过提高顾客服务水平，促进产品销售。配送中心设置在接近顾客的地方，在接到顾客的订货后及时地供货，而且还可以一次满足多品种的订货。

(4) 有利于把握销售信息。配送中心作为商品的分销中心、库存中心，可以通过库存变化、出库情况直接掌握各个零售商的销售信息，并将信息及时反馈到有关部门。

(5) 有利于实现商、物分离。利用配送中心的各项功能，完成商品从厂商到零售商甚至到最终消费者的实体移动，按照物流合理化的原则，尽可能地减少不必要的中间环节，节约物流成本。

(6) 降低进货成本。集中进货既可以降低进货成本，又可以在价格上享有一定的优惠。

(7) 改善店铺的库存水平。由配送中心实现即时配送，有利于店铺实现无库存经营。集中库存还可以使库存总水平降低。

(8) 减少店铺的采购、验收、入库等费用。配送中心可以利用计算机技术，大批量高效的检验、登记入库，从而大大简化了各个店铺的相应工作程序。

(9) 减少交易费用，降低物流总成本。

(10) 促进信息沟通。配送中心一方面连着供方，一方面连着需方，扮演着中介者的角色，有利于促进供需双方的信息沟通。

5.2.2 配送中心作业合理化

1. 配货的基本要求

(1) 准确。根据订单要求的品种、数量准确地开展配货，可以消除差错率，避免不必要的重新清点数量所耗费的人工支出，提高配货质量，从而最终提高顾客满意度。

(2) 迅速。配货速度是配送中心提高竞争力的重要砝码，尤其是随着客户对准时制配送的要求，基于配货时间的竞争对于配送中心提高竞争力至关重要。

(3) 费用低廉。配送中心的产生原因之一就是为了节约经营成本，由于配货是配送中心最核心的作业环节之一，因此，选择合适的配货作业方法，确保配货作业的合理化，以节约配货费用，成为配送中心追求的重要目标。

2. 配货作业方式

配货作业有以下两种基本的方式。

1）分货方式

分货方式又称播种方式，即作业人员先将货物从配送中心的仓储区集中搬运到配货区，再根据不同客户的订单要求进行再次分配，投放到代表每个客户的货位上，直至配货完毕。播种方式适合需求数量较大的货物。

2）拣选方式

拣选方式又称摘果方式，即作业人员推着分拣车在不同的货架之间巡回走动，按照客户订单所列明的品种和数量，将客户所订的货物逐一拣选到分拣车中。摘果方式针对的是货物品种多但每种货物需求量少的情况。一般情况下，摘果方式一次只能为一个客户进行配货。随着自动分拣机的采用，大大提高了分拣作业的劳动效率，能够同时实现对众多客户的拣选服务。

3. 配货作业合理化的措施

（1）根据货物的周转速度确定存放的位置。周转快的货物类别尽可能存放在靠近出入口的货架上，这种货物品种应放在货架上最容易被发现和存取的位置上，即货架的中上部位。

（2）按照货物的不同类别，合理确定货架的位置，并在货架上设置货物卡，列明货物的种类、数量、有效期限及入库时间等信息，以方便配送中心工作人员在进行配货作业时快捷地找到所需要的货物。

（3）为提高配送车辆的利用率，可通过拆包所配的货物，有必要地进行重新包装。同时，还需要将种类不同但属性相容的货物包装在一个包装物之内。

（4）对于体积大、适合集装化包装的货物，应积极利用叉车等装卸搬运机械进行配货作业。

知识拓展

数字化配货

数字化配货是指配货清单并不是书写在纸上而是由计算机来操作。数字化配货时，配货信息数据由终端输入并传送，在货架显示器上显示，作业者按照显示的信息进行配货。数字化配货由于并不要持着商品清单，因此能防止商品名和商品号的读错。另外，由于两手能自由使用，加快了作业的速度。

4. 车辆配装的合理化

为了提高配送车辆的装载效率，加快配送的速度，需要注意以下一些问题。

1）合理调配车辆

达到一定规模的配送中心应配备不同吨位的车辆。除了定量配送及定时定量配送，每次采用相同吨位的车辆进行配送外，在采用其他配送方法时，应根据每次配送货物的数量，来合理安排不同吨位的配送车辆，避免出现车辆运载能力浪费的现象。

2）综合考察车辆的载重量和容积

由于需要配送的货物的比重、体积、包装各异，为提高配送效率，确保物品质量，首先必须对特性差异大的物品进行分类，并分别确定不同的运送方式和运输工具，如图 5.17 所示。在进行车辆配装时，既要考虑车辆的载重量，又要考虑车辆的容量，使二者都能够得到充分的运用。根据不同配送要求，在选择合适的车辆的基础上，对车辆进行配载以达到提高车辆利用率的目的。

图 5.17　合理调配车辆

3）按送达的先后顺序开展配装

为了方便配送车辆送达后的卸货，有必要将最后送达的货物先行装入配送车辆，码放在车厢的里面和下面；将最先送达的货物最后装入配送车辆码放在车厢的外面和上面。

4）根据货物的比重合理配装

为了确保在配送过程中货物的包装和品质不受损伤，在装车时要考虑货物的比重，做到“轻者在上，重者在下”和“重不压轻”。

5. 配送路线的优化

配送路线的选择对配送的速度、费用、效益影响非常大，在配送中心地址已经确定的情况下，运用科学合理的方法确定配送路线是一项很重要的工作。通常，企业采用以下几个指标作为衡量配送路线是否合理的标准。

1）路程最短标准

由于配送费用在很大程度上取决于配送路程，因而在客户地理位置确定的条件下，努力实现配送路程的最短化就成为企业追求的目标。采用这种标准，计算起来较为简便。但在一些情况下，路程最短未必意味着配送费用最节省。例如，最短的路程可能交通拥堵，致使耗油量增加，配送效率降低；又如，最短的路程中间设置了收费站，增加了额外的过路过桥费等。

2）吨公里数最小标准

在干线运输中，吨公里是收费的基本依据，在将货物运抵目的地的情况下，实现吨公里的最小化有助于节约运输费用。如果企业利用的是社会配送中心，按照这种标准核算较为有利；如果企业自己组织配送，这一标准未必适用，原因在于在配送途中车辆经过多次卸货，车的满载程度较低，空驶率很高。

3）费用最低标准

配送费用最低是优化配送路线的直接目标，但要准确核算出每次配送的费用，往往非常困难，因此，这一标准操作起来较为困难。

4）确保大客户服务质量标准

确保对大客户的服务水平对于配送中心的持续、健康发展十分重要。在设计配送路线时，有些配送中心将确保对大客户的准时服务放在中心的位置上。这一标准可能会一定程度地增加企业的配送费用，但对于企业维持大客户却能起到很重要的作用。

5）物品发运及时准确

根据配送计划所确定的最优路线，在规定的时间及时准确地将物品运送到客户手中。

5.2.3 配送中心组织

1. 配送中心的组织结构

配送中心的组织结构一般可按3种方式来划分，一是按职能部门划分；二是按产品部划分；三是按区域部门划分。

2. 配送中心的岗位设置

配送中心的岗位设置应该由配送中心的组织结构模式和作业流程来决定。配送中心一般可以设置如下岗位。

（1）采购或进货部。主要负责订货、采购、进货等安排及相应的事务处理，同时负责对货物的验收工作。

（2）储存保管部。负责货位安排、堆码指挥，货物的保管、拣取、养护等作业环节与管理。

（3）装卸搬运部。承担车辆装卸、货物搬运、堆码作业等作业。

（4）机械技术部分。分为装卸、搬运机械设备操作和设备维修、养护两部分。

（5）流通加工部。负责按照客户的要求对货物进行包装、加工。

（6）运输部。负责按客户的要求制定合理的运输方案，将货物送交客户同时对配送进行确认。

（7）配货部。负责对配送货物的拣选和组配作业进行管理。

（8）营业部。负责接受和传递客户的订货信息、送达货物的信息，处理客户的投诉，受理客户的退货要求。

（9）财务部。负责核对配送完成表单、出货表单、进货表单、库存管理表单，协调、控制、监督整个配送中心的货物流动，同时负责管理各种收费和物流收费统计、配送费用结算等工作。

（10）商务事故处理部。在接到营业部处理的退货信息后，负责安排车辆回收退货，再集中到仓库的退货区，重新清点整理并根据事故原因妥善处理。

以上岗位设置是一般配送中心的主要岗位。实际中，由于配送中心的规模不同，其具体的岗位设置也不尽相同。

5.2.4 配送中心管理的内容和方法

1. 服务方式

配送服务应考虑以下内容。

(1) 供货品种。供货品种按商品本身的特性来划分，如商品的性质、规格、形状、大小、价值等，这些特性将会影响货物搬运、储存和运输时拣选的方式。

(2) 仓库服务。配送经营的范围将影响库内作业的内容和方式，配送中心的商品一般具有多品种、少批量的特点，其供应商较多，所以应考虑用计算机进行控制与管理。

(3) 订货方式。配送中心的客户订货方式有电话订货、传真或邮寄订单，或由业务人员直接从客户处取回订单等。订单的接收方式会影响到订单数据的处理与传递效率。

(4) 订货批量的限制。订购批量的大小将会影响货物的包装形式、大小和包装容器的选择及配送方式的选择。

(5) 订单的处理次数。要制定每天订单的处理次数、出货配送次数，规划配货时段，因为这些将影响出货拣取作业的次数、频率及数据的处理量。根据商品的不同特性对其进行分类，以免影响配送的次数及配送设备的使用。

(6) 订单结账时限。货物采购一般采用月结或固定周期结账的方式。这种方式常造成订购时段高峰，订单拥挤，以至无法及时处理。例如，推行循环式结账日并将客户分区分类，使不同的客户在不同日期或时段结账，这样可以分散订单高峰，使订单的处理量平均化。

(7) 交货形式及点收发方式。配送交货方式有：①交货至店内摆放上架，并根据送货单由店内人员点数；②交货至店门由店内人员自行摆放，店内交货点数；③交货至店内，由店内人员自行补货上架，店内交货点数。不同的交货方式应选用不同的包装容器、搬运工具。

(8) 退货处理。退货是配送服务中的一项不可避免的工作。货物的退还有各种原因：有的是发货人在按订单发货时发生了错误；有的是运输途中产品受到损坏；有的是客户订货有误。退货处理将影响商品是否入库，入库后是否拆包检验，是否要修理、再加工等。

2. 库存管理

配送中心库存管理包括以下内容。

(1) 库存量、采购量的制定。采购量会影响库存总量，进而影响仓库所需的储存空间。JIT(准时制)管理方式虽然能减少生产阶段的成品库存，却增加了配送的次数，使配送费用提高。采用传统的库存控制方法——订货点技术，可以通过选择合理的订货点来减少库存量，达到控制库存的目的。

(2) 库存管理。库存管理可按库存商品的成本高低、附加值进行分类管理；也可按商品的获利能力、周转速度来决定库存比例。

(3) 盘点。盘点的方式有循环盘点和定期盘点两种。定期盘点一般每半年或一年进行一次，也可按季度盘点，盘点时会停止出库作业；循环盘点一般不影响正常的经营活动，通常是对若干品种商品进行抽检，目的是控制库存商品数量，防止遗失和拣取数量的错误。

(4) 仓库数、库存量的确定及商品品种的分布。配送中心可能有多个仓库，一方面是为了适应区域性或地理区位；另一方面是为了适应不同商品的不同特性而采用不同的库存设施。要决定各仓库的库存商品品种及库存比例，以免影响仓库的分配、设备选用及人员的配备。

3. 仓库管理

仓库管理包括以下内容。

1）进出货方式及进出货管理方法

进出货的方式有3种：商品入库后经检验后上架，然后拣取出货；商品入库后经检验，不进入仓库直接出货(又称越库配送)；混合方式。进出货方式的选择会影响进出货作业的程序及仓库的使用状况。

出入库管理方法则会影响仓库货位的分配使用。具体方法包括先进先出、后进先出和随机出货等。一般采用先进先出方式。

2）库存容量单位的选用

库存容量单位与订购单位有密切关系，一般订购单位为最小的库存容量单位。但仓库库存还可分为大量库存区和零星拣取区，因此库存容量单位可决定使用何种包装容器、何种货架设备。

3）包装方式及包装容器的选用

与库存单位对应的是商品的包装方式和包装容器的选用。除包装容器的选用外，诸如组合包装等都将影响库存的商品数量、拣取方式和拆包再包装的程序。

4）货区规划

仓库的分区分类有两种方式：一是托盘出货区与零散出货区分开设置；二是按商品特性、库存位置或商品周转率分区。

5）货位的分配

货位的分配方式有3种，即随机指定货位、固定货位、分区随机货位。

6）拣选单位

拣选单位的不同将影响货区的分布和加工程序，以及拆箱、包装等作业。

7）拣货方式

拣货方式分为两种。

(1) 播种式。将每批订货单上的同种商品各自累加起来，从储存仓位上取出，集中搬运到理货场，然后将每一个用户(即要货单位)所需要的数量取出，分放到该要货单位商品待出货位处。

(2) 摘果式。让拣货搬运巡回于储存场所，按某要货单位的订单挑选出每一种商品，巡回完毕也完成了一次拣货作业。

8）拣货区的补货

拣货区的补货方式有批次补货、定时补货和随机补货等方式。补货方式的不同将影响人员的调配和计算机的控制方式。

9）包装容器和托盘的处理

主要观察是否流通及流通方式。

此外还有财务管理与成本分析、配送线路的选择和车辆积载方法确定。

4. 人员的配备和设备的采用

虽然配送中心正在向自动化、现代化方向发展，但人工作业仍然不可缺少，如货物的拣取、配送等。人工作业可考虑采用外包方式，如自行完成则可根据作业量的大小实行单班制或多班制。

设备的选用可根据配送中心的规模、配送作业量和配送作业自动化程度来考虑。

任务 5.3 配送商务管理

【任务描述】

配送商务是配送经营的核心工作，是经营的基础。只有在良好的商务工作基础上，配送经营才能成为有米之炊，创造效益。本任务要了解配送商务工作的一般组织和决策、配送业务关系的建立；掌握配送合同的内容和合同责任；掌握配送成本核算与定价。

5.3.1 配送商务

1. 配送经营的模式

配送经营是指开展配送服务的企业或个人所提供的配送服务的经济活动，可以是独立的配送经营，也可以是兼营或附带的配送服务，具体经营模式分为 4 种。

1）独立经营的配送

企业或者个人以配送经营为专营业务，以“配送”“配送中心”或其他名义为名，接受需要配送物品的委托人的委托，专门提供配送服务。独立的配送经营也称第三方配送，可以是法人企业的经营，也可以是个体经营。独立的配送经营者通过与委托人订立配送合同的方式提供配送服务。

2）兼营配送

兼营配送是指从事物流服务、运输、仓储、港站作业、贸易代理等业务的企业或个人兼营配送的行为。兼营配送是经营人在主业外利用所具有的能力和条件开展的多元服务或业务延伸。兼营配送也是以第三方的地位承接配送业务，但是兼营配送没有单独与委托人订立配送合同，而是将配送关系合并在其所提供的主业的服务合同之内。兼营配送是仓储业、港站经营人、汽车运输经营人最为便利的业务发展方向，是实现传统仓储、运输服务增值的重要途径。

3）厂商配送

厂商配送是产品生产者或者商业经营者的送货业务的发展。原来的将交易产品一次性送货上门发展成为有计划、按时按量的配送服务。厂商配送中仅有两方的关系，一方为生产或销售的厂商，另一方为产品购买方，其配送关系是销售合同或供货合同的组成部分，配送中的权利和义务由销售合同或供货合同规范，厂商配送的商务活动合并在销售、采购商务活动之中，可以说没有独立的配送商务活动。

4）协同配送

协同配送是厂商配送特殊发展后的产物，是指多家厂商共同使用一个配送系统，而该配送系统可以是其中一家厂商自有的配送系统，也可以是共同组建的配送系统，使用的各方形成一种合作或者合伙关系。协同配送的目的是为了提高运输工具利用率和降低配送成本。协同配送采用商务的方式建立关系，通过订立共用或合用配送系统的协议，协调使用、分担成本的方式运作。

2. 配送商务及其内容

配送商务是指配送经营人与需要产品配送的委托人之间的基于配送活动的经济联系，是双方基于配送产品交换的经济活动，两者的经济是完全独立的。无论是独立经营的配送企业，还是兼营的配送业务，都需要与客户发生商务关系，即使执行内部生产计划的企业内部配送，也可能涉及采用公共运输等对外的商务关系。配送商务的具体内容如下。

（1）配送经营决策和产品的市场定位。

（2）配送产品的市场宣传。

（3）交易机会搜寻和推销。

（4）交易磋商和订立配送合同。

（5）配送成本核算和配送价格确定。

（6）配送合同履行的督促和履行合同中的沟通和协调。

（7）客户关系维持和新市场开发。

3. 配送商务的组织与管理

配送商务的组织与管理是配送经营人对其配送商务工作的组织和管理。合理的组织使所提供的配送产品满足社会的需要，科学有效的管理可提高经营的效率和效益。

配送商务的组织与管理的目的是为了最大限度地利用所拥有的配送资源，向社会提供最多的产品，在交换产品中获得最多的收益，实现配送生产的成本最小化，最终实现利润最大化。

配送的组织和管理应该遵循最高效率的原则、最大限度地利用企业资源的原则、充分利用社会资源的原则、最低成本的原则，开展效率管理，进行成本管理、风险管理、服务质量管理，实现企业经营的盈利目的。

5.3.2 配送合同

1. 配送合同的概念

配送合同是配送经营人与配送委托人确定配送服务的权利和义务的协议；或者说，是配送经营人收取费用，将委托人委托的配送物品，在约定的时间和地点交付给收货人而订立的合同。委托人可以是收货人、发货人、贸易经营人、商品出售人、商品购买人、物流经营人、生产企业等配送物的所有人或占有人，可以是企业、组织或者个人。

知识拓展

谈　判

谈判是一个过程，借此最初持有不同观点的双方或多方通过选择使用不同的说服方式而在共同的目标上达成协议。谈判技能的高低或许就意味着谈判的成功或失败，抑或二者之间的不同结果。谈判的阶段如图 5.18 所示。

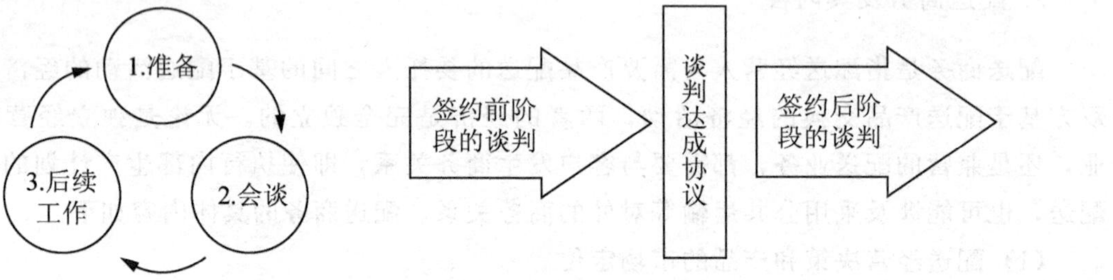

图 5.18　谈判的阶段

2. 配送合同的性质

1）无名合同

配送合同不是《合同法》分则的有名合同，不能直接引用合同法分则有名合同的规范。因而配送合同需要依据合同法总则的规范，并参照运输合同、仓储合同、保管合同的有关规范，通过当事人签署的完整的合同调整双方的权利和义务关系。

2）有偿合同

配送是一种服务，配送经营人需要投入相应的物化成本和劳动才能实现产品的生产。独立的配送经营是为了赢利，需要在配送经营中获得利益回报。配送经营的营利性决定了配送合同为有偿合同。委托人需要对接收的配送产品支付报酬。配送经营人收取报酬是其合同的权利。

3）诺成合同

诺成合同表示合同成立即可生效。当事人对配送关系达成一致意见时配送合同就成立，合同也就生效。配送合同成立后，配送方需要为履行合同组织力量，安排人力、物力，甚至要投入较多的资源，购置设备、聘请人员，如果说合同还不能生效，显然对配送经营人极度不公平。因而配送合同必须是诺成合同。当事人在合同订立后没有依据合同履行义务，就构成违约。当然，当事人可以在合同中确定合同开始履行的时间或条件，时间未到或条件未成熟时虽然合同未开始履行，但并不等同于合同未生效。

4）长期合同

配送活动具有相对时间长的特性，配送过程都需要持续一段时期，以便开展有计划、小批量、不间断的配送，以实现配送的经济目的。如果只是一次性的送货，则是运输关系而非配送关系。因而配送合同一般是期限合同，确定一段时期的配送关系，或者是一定数量的产品的配送，需要持续较长的时间。

3. 配送合同的种类

1）独立配送合同

独立配送合同是由独立经营配送业务的配送企业或个人或兼营配送业务的组织与配送委托人订立的仅涉及配送服务的独立合同。该合同仅仅用于调整双方在配送过程中的权利和义务关系，以配送行为为合同标的。

2）附属配送合同

附属配送合同是指在加工、贸易、运输、仓储或者其他物质经营活动的合同中，附带地订立配送活动的权利和义务关系，配送活动没有单独订立合同。附属配送合同主要包括仓储经营人与保管人在仓储合同中附属配送协议、运输合同中附带配送协议、销售合同中附带配送协议、物流合同中附带配送协议、生产加工合同中附属配送协议等。

3）配送合同的其他分类

根据合同履行的期限配送合同可以分为定期配送合同和定量配送合同。定期配送合同是指双方约定在某一期间，由配送人完成委托人的某些配送业务而订立的合同。定量配送合同则是配送人按照委托人的要求，对一定量的物品进行配送，直到该数量的物品配送完毕，合同终止。

配送合同按照配送委托人身份的不同还可以分为批发配送、零售配送、工厂配送等合同；依据配送物的不同分为普通商品配送、食品配送、水果蔬菜配送、汽车配送、电器配送、原料配送、零部件配送等配送合同。按照配送地理范围的不同分为市内配送、地区配送、全国配送、跨国配送、全球配送等配送合同。

4. 配送合同的订立

配送合同是双方对委托配送经协商达成一致意见的结果，经过要约和承诺的过程，当承诺生效，合同成立。在现阶段，我国的配送合同订立时往往需要配送经营人首先要约，向客户提出配送的整体方案，指明配送业务对客户产生的利益和配送实施的方法，以便客户选择接受配送服务并订立合同。

配送合同的要约和承诺可以用口头形式、书面形式或其他形式。同样地，配送合同也可以采用口头形式、书面形式或其他形式，为不要式合同。但由于配送时间延续较长，配送所涉及的计划管理性强，及时性配送所产生的后果可大可小，甚至会发生如生产线停工、客户流失等重大损失，配送过程受环境因素的影响较大，如交通事故等，所以为了便于双方履行合同、利用合同解决争议，签订完整的书面合同最为合适。

5. 配送合同的主要内容

无论是独立的配送合同还是附属配送合同，都需要对配送活动的当事人的权利和义务进行协商达到意见一致，并通过合同条款准确地表达。两者的内容大体相似。

1）合同当事人

合同当事人是合同的责任主体，是所有合同都必须明确表达的项目。

2）配送合同的标的

配送合同的标的就是将配送物品有计划地在确定的时间和地点交付收货人。配送合同的标的是一种行为，因而配送合同是行为合同。

3）配送方法

配送方法，或者称为配送要求，是双方协商同意配送所要达到的标准，是合同标的的完整细致的表达，根据委托方的需要和配送方的能力协商确定。有定量配送、定时配送、定时定量配送、及时配送、多点配送等多种方法。需要在合同中明确时间及其间隔、发货地点或送达地点、数量等配送资料。配送方法还包括配送人对配送物处理的行为约定，如虚拟配装、分类、装箱。配送方法变更的方法有订单调整等。

4）标的物

标的物即被配送的对象，可以为生产资料或生活资料，但必须是动产、有形的财产。配送物的种类(品名)、包装、单重、尺寸体积、性质等决定了配送的操作方法和难易程度，必须在合同中明确。

5）当事人权利与义务

当事人权利与义务是在合同中明确的双方当事人需要履行的行为或者不为的约定。

6）违约责任

违约责任是指双方约定任何一方违反合同约定时需向对方承担的责任。违约责任包括约定违约行为需支付的违约金及数量，违约造成对方损失的赔偿责任及赔偿方法，违约方继续履行合同的条件等。

7）补救措施

补救措施本身是违约责任的一种，但由于未履行配送合同可能产生极其严重的后果，为了避免损失的扩大，合同约定发生一些可能产生严重后果的违约补救方法，如采取紧急送货、就地采购等措施。

8）配送费和价格调整

配送费是配送经营人订立配送合同的目的。配送人的配送费应该能弥补其开展配送业务的成本支出并获取可能得到的收益。合同中需要明确配送费的计费标准和计费方法，或者总费用，以及费用支付的方法。

由于配送合同持续时间长，在合同期间如果构成价格的成本要素价格发生变化，如劳动力价格、保险价格、燃料电力价格、路桥费等变化，为了使配送方不至于亏损，或者委托方也能分享成本降低的利益，允许对配送价格进行适当调整，要在合同中订立价格调整条件和调整幅度。

9）合同期限和合同延续条款

对于按时间履行的配送合同，必须在合同中明确合同的起止时间，起止时间用明确的日期方式表达。由于大多数情况下配送关系建立后，都会保持很长的时间，会出现合同不断延续的情况，为了使延续合同不至于发生较大的变化，简化延续合同的订立程序，往往在合同中确定延续合同的订立方法和基本条件要求，如提出续约的时间、没有异议时自然续约等。

10）合同解除的条件

配送合同都需要持续较长时间，为了使履约过程中一方不因另一方能力的不足或没有履约诚意而招致损害，或者在合同没有履行必要和履行可能时也不至于违约，在合同中约定解除合同条款，包括解除合同的条件、解除合同的程序。

11）不可抗力和免责

不可抗力是指由于自然灾害、当事人不可抗拒的外来力量所造成的危害，如风暴、雨雪、地震、雾、山崩、洪水等自然灾害，还包括政府限制、战争、罢工等社会现象。不可抗力是《合同法》规定的免责条件，但《合同法》没有限定不可抗力的具体现象。虽然法律实践对于一般认可的不可抗力已形成共识，但对配送仓储行为影响的特殊不可抗力的具体情况，如道路塞车等，以及需要在合同中陈述的当事人认为必要的免责事项，需要在合同中详细明确。不可抗力条款还包括发生不可抗力时的通知、协调方法等约定。

12）其他约定事项

配送物种类繁多、配送方法多样，当事人在订立合同时充分考虑到可能发生的事件和合同履行的需要，并达成一致意见，是避免发生合同争议的最彻底的方法。特别是涉及成本、行为的事项，更需要事先明确。

(1) 配送容器的使用。合同中约定在配送过程中需要使用的容器或送料箱等的尺寸、材料质地；配送容器是免费使用还是有偿使用，如何使用，在使用中发生损害的维修责任及赔偿约定；空容器的运输；合同期满时容器的处理方法等。

(2) 损耗。约定在配送中发生损失时，允许耗损的程度、耗损的赔偿责任及配送物超过耗损率时对收货人的补救措施等。

(3) 退货。发生收货人退货时的处理方法。一般约定由配送人先行接收和安置，然后向委托人汇报并要求委托人进行处理并承担费用。与退货相类似的还可能约定配送废弃物、回收旧货等的处理方法及配送溢货的处理方法。

(4) 信息传递方法。约定双方使用的信息传递系统、传递方法、报表格式等，如可约定采用生产企业的信息网络、每天传送存货报表等。

13）争议处理

合同约定发生争议的处理方法，主要是约定仲裁、仲裁机构，或者约定管辖的法院。

14）合同签署

合同由双方的法定代表人签署，并加盖企业合同专用章。私人订立合同的由其本人签署。合同签署的时间为合同订立时间，若两方签署的时间不同，后签时间为订立时间。

6. 配送合同当事人的权利和义务

配送合同双方应该严格履行合同，任意一方不得擅自改变合同的约定，这是双方的基本义务。此外，依据合同的目的确定合同中没有约定的双方当事人分别还需要承担的一些责任。

(1) 配送委托人保证配送物适宜配送。配送委托人需要保证由其本人或者其他人提交的配送物适宜配送和配送作业。对配送物进行必要的包装或定型；标注明显的标识并保证能与其他商品相区别；保证配送物可以按配送要求进行分拆、组合；配送物能用约定的或者常规的作业方法进行装卸、搬运等作业：配送物不是法规禁止运输和仓储的禁品；对于限制运输的物品，需提供准予运输的证明文件等。

(2) 配送经营人选择合适的方法。配送经营人所使用的配送中心具有合适的库场，适宜配送物的仓储、保管、分拣等作业；采用合适的运输工具、搬运工具、作业工具，如干杂货使用箱车运输、使用避免损害货物的装卸方法、大件重货使用吊机或拖车作业；对运输工具进行妥善积载，使用必要的装载衬垫、绑扎、遮盖；选择合理的配送运输线路；使用公认的或者习惯的理货计量方法，保证理货计量准确。

(3) 配送人提供配送单证。配送经营人在送货时必须向收货人提供配送单证、配送清单。配送清单为一式两联，详细列明配送物的品名、等级、数量等信息，经收货人签署后收货人和配送人各持一联，以备核查和汇总。配送人需在一定期间间隔向收货人提供配送汇总表。

(4) 收货人收货。委托人保证收货人正常地接收货物，不会无故拒收；收货人提供合适的收货场所和作业条件。收货人对接收的配送物有义务进行理货查验，并签收配送单和注明收货时间。

(5) 配送人向委托人提供存货信息和配送报表。配送人需在约定的期间(如每天)向委托人提供存货信息，并随时接受委托人的存货查询。定期向委托人提交配送报表，包括分收货人报表、残损报表等汇总材料。

(6) 配送人接收配送物并承担仓储和保管义务。配送经营人需按合同的约定接收委托人送达的货物，承担查验、清点、交接、入库登记、编制报表的义务；安排合适的地点存放货物，妥善堆积或上架；对库存货物进行妥善的保管、照料，防止存货受损。

(7) 配送人返还配送剩余物，委托人处理残料。配送期满或者配送合同履行完毕，配送经营人需要将剩余的物品返还给委托人，或者按委托人的要求交付给其指定的其他人。配送人不得无偿占有配送剩余物。同样委托人有义务处理配送残余物或残损废品、回收物品、加工废料等。

任务 5.4 配送成本与收费定价

【任务描述】

配送活动需要资本和劳动的投入，这些资本和劳动的投入，即为配送产品的成本。配送成本产生于配送中心、配送运输两个环节。配送作为一个整体活动，有着共同的成本支出，因此，企业需要在提供服务的同时根据成本收取服务费用获得利润。

5.4.1 配送成本分析

配送成本包括资本成本分摊、支付利息、员工工资福利、行政办公费用、商务交易费用、自有车辆设备运行费、保险费或者残损风险、工具及耗损材料费、分拣装卸搬运作业费、车辆租赁费等。以上各项成本可以分为固定成本和变动成本两类。

1. 固定成本

固定成本是指短期内必须支出的成本，不随经营量发生变化的成本。只要开展配送经营，就必须支出的成本，如资本成本分摊、固定员工工资、行政办公费用等。虽然说固定成本与配送经营量没有关系，但是配送量增大时，分配到每单位配送量的固定成本降低；理论上说只有一单位配送量时，固定成本就需要完全由该一单位配送量来承担。因而说固定成本是必需的支出，分配到每一单位的固定成本，就需要由每单位配送的收益贡献率来弥补。

固定成本是由企业规模、生产方式、资金成本所决定的。规模越大、生产的技术手段越先进、资本越密集，则固定成本也就越高。

2. 变动成本

变动成本则是指随着配送量的变化而发生变化的成本，如商务交易费、设备运行费、租赁费、装卸搬运作业费、保险费等。在没有经营时，没有变动成本的支出。对于每增加一单位配送量所增加的成本称为边际成本，也就是说边际成本就是变动成本。

变动成本主要由劳动力成本、固定资产的运行成本和社会资源的使用成本确定。

变动成本和固定成本会因为经营方式的不同发生转化。如自购车辆配送时，购车成本为固定成本；而租车运输时，使用车辆的租金成为了变动成本。

根据经济学原理，经济成本是配送经营人使用各种生产要素时应该支付的代价，包括明显成本、隐含成本和正常利润。而在会计核算时，只考虑投入的成本和支出的费用。在价格分析时，因价格包含企业应得的利润，采取经济成本的分析较为简单。但人们更习惯采用会计核算方法来确定价格。

5.4.2 影响配送成本的因素

1. 时间

配送时间持续的后果是占用了配送中心，耗用仓储中心的固定成本。而这种成本往往表现为机会成本，使得配送中心不能提供其他配送服务获得收入或者在其他配送服务上增加成本。

2. 距离

距离是构成配送运输成本的主要内容。距离越远，也就意味着运输成本越高。同时造成运输设备增加、送货员工增加。

3. 配送物的数量和重量

数量和重量增加虽然会使配送作业量增大，但大批量的作业往往使配送效率提高。配送的数量和重量是委托人获得价格折扣的理由。

4. 货物种类及作业过程

不同种类的货物配送难度不同，对配送作业的要求不同，承担的责任也不一样，因而对成本会产生较大幅度的影响。采用原包装配送的成本支出显然要比配装配送要低，因而不同的配送作业过程直接影响到成本。

配送经营时或许要使用到配送企业以外的资源，如当地的起吊设备租赁市场具有垄断性，则配送企业就需要租用起吊设备从而增加成本支出。若当地的路桥普遍收费且无管制，则必然使配送成本居高不下。

5.4.3 配送定价

1. 定价方式

(1) 单一价格。在一个配送区域内不论配送到哪儿，对同一计费单位采用同一个价格。单一价格相当于采用配送货量平均成本定价方式，运输距离远、货量少的客户获得超值服务，而另一些客户则多支付了费用。采用单一价格一般需要对配送物品的规格做出限定，如每件不超过5 000克或者1立方米。

(2) 分区价格。将配送覆盖区划分成若干个价格区间，对运送到不同区间的配送制定不同的价格。一般来说，区间的划分以距离为原则，若该区间的交通条件不利、经常塞车或者需要通过收费路口等则制定不同的价格。

(3) 分线价格。将配送区按照配送运输线路进行划分，对每一条线路进行定价。只要是属于该线路的配送，就使用该线路价格，而无论是否达到该设计线路的基点。

2. 价格制定方法

1) 成本定价法

根据配送经营的成本确定价格。价格由成本、利润、税收三部分组成。其中：

成本＝直接成本＋间接成本

利润＝成本×成本利润率

税收则根据国家税收政策确定。配送经营的税收有营业税和企业所得税。营业税直接计入成本，现今的税率为营业收入的3%；企业所得税则包含在成本利润率之中。

营业税＝(配送收入－外包的运输费支出)×营业税率

没有外包运输时，则

营业税＝配送收入×营业税率＝价格×计费量×营业税率

根据总收入等于总支出和利润，则

总收入＝成本＋利润＋税收

而

总收入＝价格×计费数量价格×计费量

＝(直接成本＋间接成本)×(1＋成本利润率)＋价格×计费量×营业税率价格

＝(直接成本＋间接成本)×(1＋成本利润率)/计费量×(1－营业税率)

2) 边际成本定价法

在达到规模经济时，获得利润最大化的条件是边际成本等于边际收益，这是经济学的基本原理。该原理用在配送定价上，则在配送达到规模经济时，利用边际成本作为定价方法。利用边际成本定价法的条件在于，已达到了规模经济。

配送的边际成本(MC)随着产量的增长，资源的充分利用，有一个逐渐降低的过程。但是继续增加产量使原有的要素匹配不协调，或者需要增加费用支出，使得配送的边际成本增加，如图5.19所示。

只有当配送的边际成本等于边界收益时(MC＝MR)的配送经营量，才会达到利润最大化。此时由边际收益所决定的配送产品价格，就等于边际成本，即P＝MC。那么就可以直接采用边际成本进行定价，也就是生产最后一个产品所增加的成本。

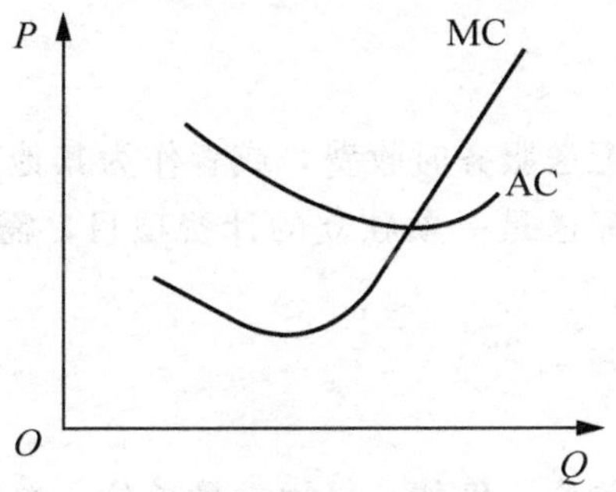

图 5.19 边际成本与平均成本曲线

边际成本(MC)的计算公式为

$$MC = \Delta TC / \Delta Q$$

式中，ΔTC——总成本的增量；

ΔQ——产量的增量。

3）市场价格

在配送市场上，存在着由众多的配送经营人组成的配送供给者和众多配送产品的需求者，他们形成配送供给和配送产品需要两方。若配送产品价格极高，需求者不愿意消费，需求量(Q)较小。随着配送产品价格的降低，消费能力增大，需求量则增大，需求量与价格呈逆向变化，如图 5.20 中的 D 曲线所示。同样，当配送产品价格很低时，配送商不愿意经营，供给量(S)很少。当配送产品价格增高，配送商的配送经营量就会增加，配送供给量与配送价格同向变化，如图 5.20 中的 S 曲线所示。在某个价格处，双方的数量与价格关系相同，达到平衡，即 S 曲线与 D 曲线的交点，这时的价格就是供需双方供需平衡的价格，此时的数量就是市场的供给和消费的平衡容量。此时的价格就是整个市场的价格，也就是配送供应商所能定的最高成本。

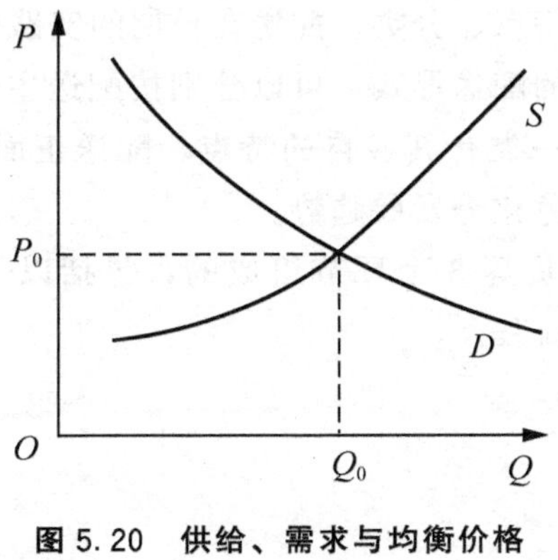

图 5.20 供给、需求与均衡价格

对于众多中小规模的配送经营者，只能是配送市场价格的接受者，需要根据市场价格确定配送价格，并按照该价格管理和控制成本支出。

4）综合定价

产品定价是企业与客户、竞争对手的博弈行为，既要保证产品尽可能被广泛接受，扩大经营规模，又要实现最高的获益。定价要根据成本、市场需求、市场竞争的需要，合理确定。总的来说，正常定价不能低于平均成本，但也不能高于市场均衡价格。

5.4.4 配送收费计费方式

配送收费可以在独立提供配送服务时收费，或者作为其他服务的一个环节，合并在其他服务收费之中。但总的来说，配送是一项独立的计费项目，需要依据配送的成本确定收费。配送经营人收费的方式有 3 种。

1. 按配送量计收费用

以每单位的配送量为计费单位。例如，采用重量单位，总收费即为总配送量与费率的乘积。但是由于不同商品的配送作业有一定的差别，所投入的劳动不同，如重大货物与轻巧货物作业不同，可以按商品类别进行分类、分等级。按配送量收费还有按所配送的货物的体积计费、按件数收费等方式。

2. 按配送次数收费

以提供的配送次数为收费单位，不计具体的配送量。此种收费方式相当于包车配送，一般有每次配送最大量的限制，如每次不超过一整车。

3. 按期收费

以一定时期为计费单位。对于配送稳定的客户，定量、定次配送，按期收费仅仅是计费形式的不同。否则，对数量不定、时间不定的客户实行按期收费则是对客户的优惠，此外极小数量的协同配送也按期收费。

【项目小结】

本章介绍了配送的概念、特点、分类。配送在长期的实践中以不同的运作特点和形式满足不同的顾客需求，形成不同的配送形式。可以分别按配送主体、配送时间和数量、配送专业化程度等标准进行分类，每一类有其各自的特点。配送正面临专业化、规模化、集团化、多元化、共同化、信息化、绿色化等发展趋势。

配送是由备货、理货和送货等 3 个环节组成的，包括以下几项作业：进货、储存、拣货、配货(补货)及送货等基本流程。

【课后练习】

一、单项选择题

1. 配送是指在经济合理区域范围内，根据用户要求，对物品进行拣选、加工、包装、(　　)及组配等作业，并按时送达指定地点的物流活动。

A. 清点　　B. 清货　　C. 清洁　　D. 分割

2. 从配送活动的实施过程看，配送包括“配”和“送”两方面的活动。“配”是对货物进行集中、分拣和(　　)，“送”是将货物送达指定地点或用户手中。

A. 码垛　　B. 组配　　C. 垫垛　　D. 苫盖

3. (　　)配送是指按照规定的时间进行货物配送。

A. 定量　　B. 定期　　C. 定点　　D. 定时

4. 配送不是单纯的运输或输送，而是运输与其他活动共同构成的组合体。而且配送所包含的那一部分运输，在整个运送过程中是处于“(　　)”“支线运输”“终端运输”的位置。

A. 一次运输　　B. 二次运输　　C. 三次运输　　D. 四次运输

5. 商流、物流一体化的配送模式又称(　　)模式。

A. 分离　　B. 集中　　C. 配销　　D. 集合

6. 配送的一般作业流程基本上是这样的一种运动过程：进货—存储—(　　)—配货(补货)、送货。

A. 拣货　　B. 发货　　C. 入库　　D. 并垛

7. 从接到客户订单开始到着手准备(　　)之间的作业阶段，称为订单处理。

A. 堆码　　B. 出库　　C. 发货　　D. 拣货

8. 送货其作业程序为(　　)。

A. 运输—配装—交货　　B. 配装—交货—运输

C. 配装—运输—交货　　D. 交货—运输—配装

9. (　　)表示合同成立即可生效。

A. 诺成合同　　B. 有偿合同　　C. 长期合同　　D. 无名合同

10. (　　)是指短期内必须支出的成本，不随经营量发生变化的成本。

A. 变动成本　　B. 机会成本　　C. 固定成本　　D. 沉没成本

二、简答题

1. 配送有何经营模式？
2. 配送商务有哪些内容？配送商务管理要达到什么目的？
3. 什么是配送合同？有什么性质？
4. 配送合同有些什么种类？如何订立合同？
5. 配送合同有什么内容？
6. 配送成本可分为哪几部分？影响成本的因素有哪些？
7. 配送价格可采用哪些方式定价？
8. 如何采用成本定价法？如何采用边际成本定价法？
9. 配送市场价格是如何生成的？
10. 计收配送费用可以采用哪些方法？

三、案例分析

配送价格

某集团的一个储运公司曾经为一家超市提供配送服务，考虑到上海超市的配送定价基本都在销售额的2%左右，储运公司就用1%的价格做。这一点对超市很有吸引力。但做下来以后储运公司发现成本不止1%，因为事前储运公司没完全弄明白客户究竟有多少要求，这些要求又要达到什么程度。例如，24 小时配送比 48 小时配送的成本增加了不止一倍，而是两倍。所以，当时储运公司以市场最低价争得了客户，到最后却维系不下去。配送价格应该是根据客户的需要能够提供最好服务的情况下，给出最合理的价格。

思考

（1）定价应考虑哪些因素？本案缺乏哪些？为什么该集团会如此定价？

（2）在配送市场上，如果某一个配送商试图把价格定得比市场价格更高，需要有什么条件？

家乐福配送中心选址

根据经典的零售学理论，一个卖场的选址需要经过几个方面的测算。第一，商圈里的人口消费能力。需要对这些地区进行进一步的细化，计算这片区域内各个小区的详尽的人口规模和特征，计算不同区域内人口的数量和密度、年龄分布、文化水平、职业分布及人均可支配收入等指标。家乐福的做法还会更细致一些，根据这些小区的远近程度和居民可支配的收入，再划定重要的销售区域和普通的销售区域。第二，需要研究这片区域内的城市交通和周边商圈的竞争情况。例如，家乐福古北店（上海）周围的公交线路不多，家乐福就干脆自己租用公交车辆在一些固定的小区穿行，方便这些距离较远的小区居民上门一次性购齐一周的生活用品。当然未来潜在的销售区域会受到很多竞争对手的挤压，所以家乐福也会将未来所有的竞争对手计算进去。

思考

（1）配送中心选址需要注意什么问题？

（2）对于配送合理化，你有何好建议？

【实训项目】

配送流程设计

一、实训目的

通过实训，熟悉商品配流程，掌握配送方法。

二、实训内容

学生 5 人一组，根据表 5－3 和表 5－4 提供的订单资料设计配送作业流程。

表 5－3　新华都超市采购订单

序号	商品名称	重量/千克	单价/元	订购数量/箱	金额/元	备注
1	紫山酱菜	9.3	160	6	960	
2	厨师肉松	4.8	200	2	400	
3	丹夫华芙饼	2.5	180	5	900	
4	泰山仙草蜜	9.5	160	5	800	
合　计				18	3 060	

主管：

表 5-4 信义购物广场订单

序号	商品名称	重量/千克	单价/元	订购数量/箱	金额/元	备注
1	杜浔酥糖	15	150	2	300	
2	泰山仙草蜜	9.5	160	5	800	
3	紫山酱菜	9.3	160	6	960	
4	厨师肉松	4.8	200	2	400	
5	丹夫华芙饼	2.5	180	5	900	
合　计				20	3 360	

主管：

三、实训步骤和要求

（1）进行订单有效性分析。

（2）进行客户优先权分析。

（3）设计出库方案。

（4）完成出库。

四、实训方式

（1）可以采取小组完成的方式，每两人为一组，但在作业中应体现出各自独立完成的部分。

（2）从布置日期起，一周内完成。

（3）作业以 A4 纸、5 号宋体字打印。

五、评价标准

评价标准见表 5-5。

表 5-5 评价标准

考核内容	考核标准	分值	实际得分
货物储存方案设计	（1）分工明确、岗位职责清晰	10	
	（2）方案合理	30	
	（3）不违规出托	20	
	（4）正确选择设备	20	
	（5）不混区作用	10	
	（6）出库完成进行 5S	10	
合　计		100	

项目 6

配送运输

PEISONG YUNSHU

【工作情景描述】

某仓库运营部完成了多种商品出库任务，现在要为客户发货，进行配送运输。具体包括如下操作。

(1) 根据客户订单及分布状况合理地编制配送运输计划。

(2) 合理调度车辆运行。

(3) 采用车辆积载技术合理配载。

(4) 采用节约法、滴水法优化运输路线。

(5) 采取合理化运输方法。

【任务要求】

任务 6.1　配送运输车辆调度

任务 6.2　配送车辆积载技术

任务 6.3　配送车辆优化技术

任务 6.4　配送运输合理化

【知识概览】

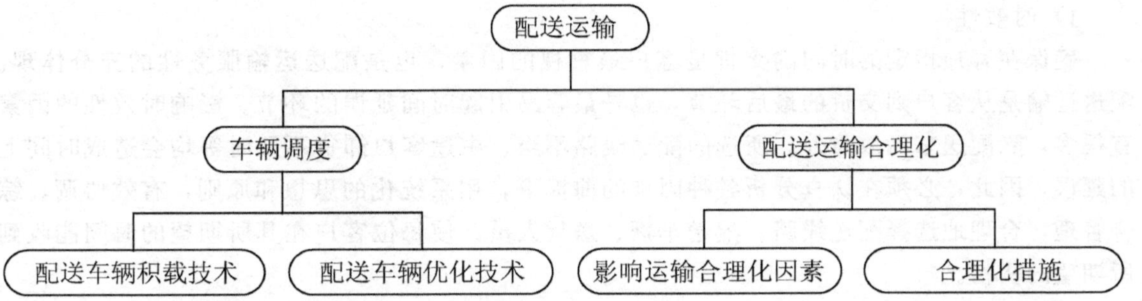

【学习目标】

知识目标	能力目标	学习重点和难点
(1) 了解配送运输特点、影响因素； (2) 掌握配送运输基本作业流程； (3) 熟练掌握配送车辆装载作业技术； (4) 能够熟练运用车辆调度方法； (5) 能够对配送运输线路进行简单优化设计	(1) 能根据客户订单及分布状况合理地编制配送运输计划； (2) 能对配送企业的运输网络进行分析和基本设计，选择合理的配送运输方法； (3) 能根据具体业务要求，进行配送运输线路优化、车辆积载及车辆调度	(1) 车辆调度； (2) 配送车辆积载技术； (3) 配送车辆优化技术

任务 6.1　配送运输车辆调度

【任务描述】

完成商品出库后，要进行发货，这就涉及配送运输。配送运输是将顾客所需要的货物通过运输工具从配送中心点送至顾客手中的活动。配送运输通常是一种短距离、小批量、高频率、面向客户端的运输形式。如果单从运输的角度看，它是对干线运输的一种补充和完善，属于末端运输、支线运输。它以服务为目标，以尽可能满足客户要求为优先。要使配送运输成本最低，必须进行合理调度。

6.1.1　运输配送概述

1. 配送运输的概念

配送运输是指将被订购的货物使用汽车或其他运输工具从供应点送至顾客手中的活动。

2. 配送运输的特点

1）时效性

确保在客户指定的时间内交货是客户最重视的因素，也是配送运输服务性的充分体现。配送运输是从客户到交货的最后环节，也是最容易引起时间延误的环节。影响时效性的因素有很多，除配送车辆故障外，所选的配送线路不当、中途客户卸货不及时等均会造成时间上的延误，因此，必须在认真分析各种因素的前提下，用系统化的思想和原则，有效协调，综合管理，合理地选择配送线路、配送车辆、送货人员，使每位客户在其所期望的时间能收到所期望的货物。

2）安全性

配送运输的宗旨是将货物完好无损地送到目的地。影响安全性的因素有货物的装卸作业、运送过程中的机械震动和冲击及其他以外事故、客户地点及作业环境、配送人员的素质等，这些都会影响配送运输的安全性，因此，在配送运输管理中必须坚持安全性的原则。

3）沟通性

配送运输是配送的末端服务，它通过送货上门服务直接与客户接触，是与客户沟通最直接的桥梁，代表着公司形象和信誉，在沟通中起着非常重要的作用，所以，必须充分利用配送运输活动中与客户沟通的机会，巩固和发展公司的信誉，为客户提供更优质的服务。

4）方便性

配送以服务为目标，以最大限度地满足客户要求为优先，因此，应尽可能地让顾客享受到便捷的服务。通过采用高弹性的送货系统，如紧急送货、顺道送货与退货、辅助资源回收等，为客户提供真正意义上的便利服务。

5）经济性

实现一定的经济利益是企业运作的基本目标，因此，对合作双方来说，以较低的费用完成配送作业是企业建立双赢机制加强合作的基础。

3. 影响配送运输的因素

影响配送运输效果的因素很多。动态因素，如车流量变化、道路施工、配送客户的变动、可供调动的车辆变动等；静态因素，如配送客户的分布区域、道路交通网络、车辆运行限制等。各种因素互相影响，很容易造成送货不及时、配送路径选择不当、贻误交货时间等问题。因此，对配送运输的有效管理极为重要，否则不仅影响配送效率和信誉，而且将直接导致配送成本的上升。

6.1.2 配送运输的基本作业程序

1. 划分基本配送区域

为使整个配送有一个可循的基本依据，应首先将客户所在地的具体位置做一系统统计，并将其作业区域进行整体划分，将每一客户囊括在不同的基本配送区域之中，以作为下一步决策的基本参考。例如，按行政区域或依交通条件划分不同的配送区域，在这一区域划分的基础上再做弹性调整来安排配送。

2. 车辆配载

由于配送货物品种、特性各异，为提高配送效率，确保货物质量，在接到订单后，首先必须将货物依特性进行分类，然后分别选取不同的配送方式和运输工具，如按冷冻食品、速食品、散装货物、箱装货物等分类配载；其次，配送货物也有轻重缓急之分，必须按照先急后缓的原则，合理组织运输配送。

3. 暂定配送先后顺序

在考虑其他影响因素，做出确定的配送方案前，应先根据客户订单要求的送货时间，将配送的先后作业次序做一概括的预订，为后面车辆积载做好准备工作。计划工作的目的，是为了保证达到既定的目标，所以，预先确定基本配送顺序可以既有效地保证送货时间，又可以尽可能地提高运作效率。

4. 车辆安排

车辆安排要解决的问题是安排什么类型、吨位的配送车辆进行最后的送货。一般企业拥有的车辆有限，车辆数量有限，当本公司车辆无法满足要求时，可使用外雇车辆。在保证配送运输质量的前提下，是组建自营车队，还是以外雇车为主，则需视经营成本而定，经营成本分析如图 6.1 所示。

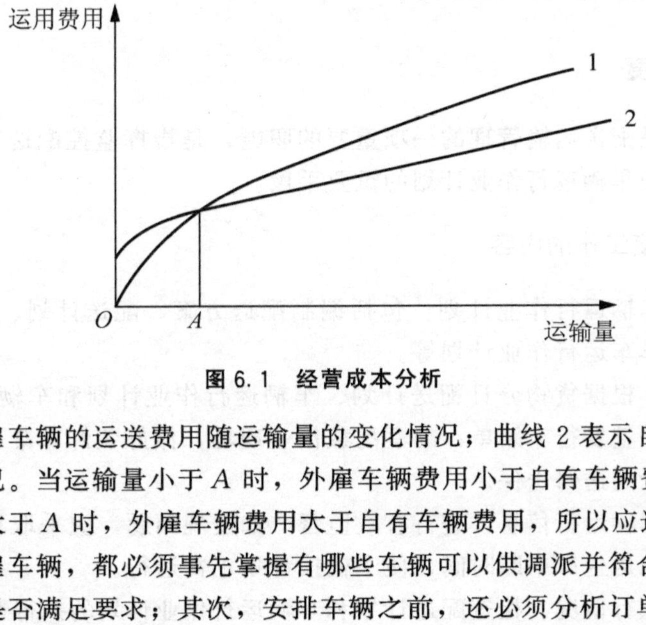

图 6.1 经营成本分析

曲线 1 表示外雇车辆的运送费用随运输量的变化情况；曲线 2 表示自有车辆的运送费用随运输量的变化情况。当运输量小于 A 时，外雇车辆费用小于自有车辆费用，所以应选用外雇车辆；当运输量大于 A 时，外雇车辆费用大于自有车辆费用，所以应选用自有车辆。但无论自有车辆还是外雇车辆，都必须事先掌握有哪些车辆可以供调派并符合要求，即这些车辆的容量和额定载重是否满足要求；其次，安排车辆之前，还必须分析订单上货物的信息，如体积、重量、数量等对于装卸的特别要求等，综合考虑各方面因素的影响，做出最合适的车辆安排。

5. 选择配送线路

知道了每辆车负责配送的具体客户后，如何以最快的速度完成对这些货物的配送，即如何选择配送距离短、配送时间短、配送成本低的线路，这需根椐客户的具体位置、沿途的交通情况等做出优先选择和判断。除此之外，还必须考虑有些客户或其所在地的交通环境对送货时间、车型等方面的特殊要求，如有些客户不在中午或晚上收货，有些道路在高峰期实行特别的交通管制等。

6. 确定最终的配送顺序

做好车辆安排及选择最好的配送线路后，依据各车负责配送的具体客户的先后，即可将客户的最终派送顺序加以明确的确定。

7. 完成车辆积载

明确了客户的配送顺序后，接下来就是如何将货物装车、以什么次序装车的问题，即车辆的积载问题。原则上，知道了客户的配送顺序先后，只要将货物依“后送先装”的顺序装车即可。但有时为了有效利用空间，可能还要考虑货物的性质(怕震、怕压、怕撞、怕湿)、形状、体积及重量等做出弹性调整。此外，对于货物的装卸方法也必须依照货物的性质、形状、重量、体积等来做具体决定。

【特别提示】

在配送装车过程中，合理选择和使用装卸搬运机具，是提高装卸效率、降低装卸搬运成本的重要环节。

装卸搬运机械化程度可分为 3 个等级：一级是用简单的装卸器具；二级是使用专用的高频率机具；三级是依靠电脑控制实行自动化、无人化操作。

6.1.3 车辆运行调度

车辆运行调度是配送运输管理的一项重要的职能，是指挥监控配送车辆正常运行、协调配送生产过程以实现车辆运行作业计划的重要手段。

1. 车辆运行调度工作的内容

(1) 编制配送车辆运行作业计划。包括编制配送方案、配送计划、车辆运行计划总表、分日配送计划表、单车运行作业计划等。

(2) 现场调度。根据货物分日配送计划、车辆运行作业计划和车辆动态分派配送任务，即按计划调派车辆，签发行车路单；勘察配载作业现场，做好装卸车准备；督促驾驶员按时出车；督促车辆按计划送修送保。

(3) 随时掌握车辆运行信息，进行有效监督。如发现问题，应采取积极措施，及时解决和消除，尽量减少配送生产中断时间，使车辆按计划正常运行。

(4) 检查计划执行情况。检查配送计划和车辆运行作业计划的执行情况。

2. 车辆运行调度工作的原则

车辆运行计划在组织执行过程中常会遇到一些难以预料的问题，如客户需求发生变化、装卸机械发生故障、车辆运行途中发生技术障碍、临时性路桥阻塞等。针对以上情况，需要调度部门有针对性地加以分析和解决，随时掌握货物状况、车况、路况、气候变化、驾驶员状况、行车安全等，确保运行作业计划顺利进行。车辆运行调度工作应贯彻以下原则。

（1）坚持从全局出发，局部服从全局的原则。在编制运行作业计划和实施运行作业计划过程中，要从全局出发，保证重点、统筹兼顾，运力安排应贯彻“先重点，后一般”的原则。

（2）安全第一、质量第一原则。在配送运输生产过程中，要始终把安全工作和质量管理放在首要位置

（3）计划性原则。调度工作要根据客户订单要求认真编制车辆运行作业计划，并以运行计划为依据，监督和检查运行作业计划的执行情况，按计划配送货物，按计划送修送保车辆。

（4）合理性原则。要根据货物性能、体积、重量、车辆技术状况、道路桥梁通行条件、气候变化、驾驶员技术水平等因素合理调派车辆。在编制运行作业计划时，应科学合理地安排车辆的运行路线，有效地降低运输成本。

3. 车辆调度方法

车辆调度的方法有多种，可根据客户所需货物、配送中心站点及交通线路的布局不同而选用不同的方法。简单的运输可采用定向专车运行调度法、循环调度法、交叉调度法等。如果配送运输任务量大，交通网络复杂时，为合理调度车辆的运行，可运用运筹学中线性规划的方法，如最短路径法、表上作业法、图上作业法等，以下重点介绍图上作业法。

1）图上作业法

图上作业法是将配送业务量反映在交通图上，通过对交通图初始调运方案的调整，求出最优配送车辆运行调度方法。运用这种方法时，要求交通图上没有货物对流现象，以运行路线最短、运费最低或行程利用率最高为优化目标。其基本步骤如下。

（1）绘制交通图。

根据客户所需货物汇总情况、交通线路、配送点与客户点的布局，绘制出交通示意图。

【例 6-1】 设有 A_1、A_2、A_3 3 个配送点分别有化肥 40 吨、30 吨、30 吨，需送往 4 个客户点 B_1、B_2、B_3、B_4，而且已知各配送点和客户点的地理位置及它们之间的道路通阻情况，可据此制出相应的交通图，如图 6.2 所示。

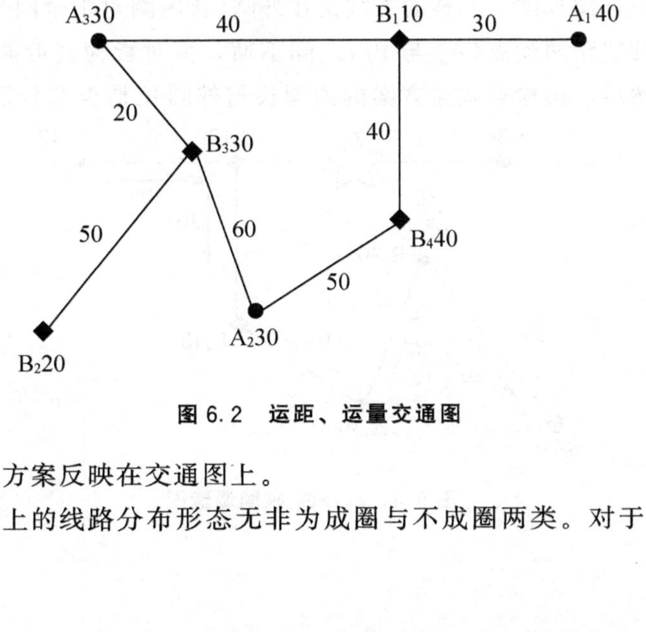

图 6.2 运距、运量交通图

（2）将初始调运方案反映在交通图上。

任何一张交通图上的线路分布形态无非为成圈与不成圈两类。对于不成圈的，如 A_1→

B_2 的运输，可按“就近调运”的原则即可，很容易得出调运方案。其中，$A_1 \to B_4$(70 千米)$<A_3 \to B_4$(80 千米)，$A_3 \to B_2$(70 千米)$<A_2 \to B_2$(110 千米)，先假定 $A_1 \to B_4$，$A_3 \to B_2$ 运输。对于成圈的，A_2、A_3、B_1 所组成的圈，可采用破圈法处理，即先假定某两点(A_2 与 B_4)不通(即破圈，如图 6.3 所示)，再对货物就近调运 $A_2 \to B_3$，$A_2 \to B_4$，数量不够的再从第二点调运，即可得出初始调运方案，如图 6.3 所示。在绘制初始方案交通图时，凡是按顺时针方向调运的货物调运线路(如 $A_3 \to B_1$、$B_1 \to B_4$、$A_2 \to B_3$)，其调运箭头线都画在圈外，称为外圈；否则，其调运箭头线($A_3 \to B_3$)都画在圈内，称为内圈，或者两种箭头相反方向标注也可。

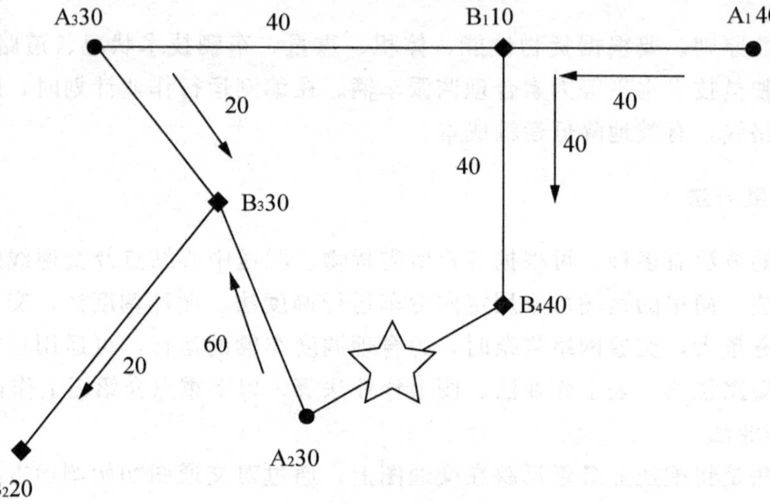

图 6.3　$A_2 \to B_4$ 破圈调运图

(3) 检查与调整。

面对交通图上的初始调运方案，首先分别计算线路的全圈长、内圈长和外圈长(圈长即指里程数)，如果内圈长和外圈长都分别小于全圈长的一半，则该方案即为最优方案；否则，即为非最优方案，需要对其进行调整。如图 6.3 所示，全圈长($A_2 \to A_3 \to B_1 \to B_2$)为 210 千米，外圈($A_3 \to B_1$ 40 千米、$B_1 \to B_4$ 40 千米、$A_2 \to B_3$ 60 千米)长为 140 千米，大于全圈长的一半，显然，需要缩短外圈长度。调整的方法是在外圈(若内圈对于全圈长的一半，则在内圈)上先假定运量最小的线路两端点(A_3 与 B_1)之间不通，再对货物就近调运，可得到如图 6.4 所示的调整方案。然后，再检查调整方案的内圈长与外圈长是否都分别小于全圈长的一半。

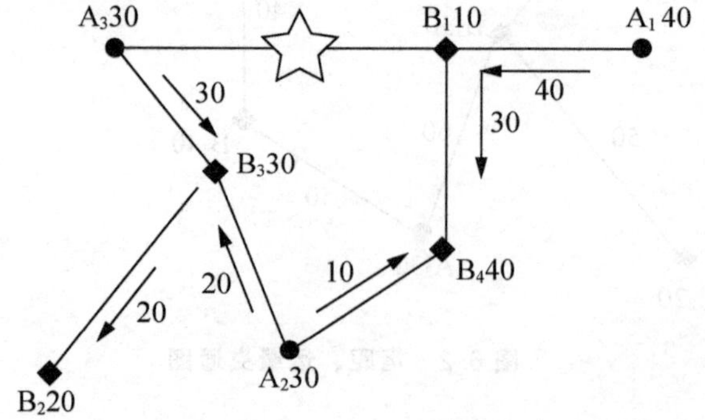

图 6.4　$A_3 \to B_1$ 破圈调运图

如此反复至得出最优调运方案为止。计算可得内圈长为 70 千米，外圈长为 100 千米，均小于全圈长的小半，可见，该方案已为最优方案。

2）经验调度法和运输定额比法

在有多种车辆时，车辆使用的经验原则为尽可能使用能满载运输的车辆进行运输。例如，运输 5 吨的货物，安排一辆 5 吨载重量的车辆运输。在能够保证满载的情况下，优先使用大型车辆，且先载运大批量的货物。一般而言，大型车辆能够保证较高的运输效率和较低的运输成本。

【例 6－2】 某建材配送中心，某日需运送水泥 580 吨、盘条 400 吨和不定量的平板玻璃。该中心有大型车 20 辆，中型车 20 辆，小型车 30 辆。各种车每日只运送一种货物，运输定额见表 6－1。

表 6－1 车辆运输定额表

单位：吨/日・辆

车辆种类	运送水泥	运送盘条	运送玻璃
大型车	20	17	14
中型车	18	15	12
小型车	16	13	10

根据经验派车法确定，车辆安排的顺序为大型车、中型车、小型车。货载安排的顺序为水泥、盘条、玻璃。得出表 6－2 的派车方案，共完成货运量 1 080 吨。

表 6－2 经验派车法派车方案

车辆种类	运送水泥车辆数	运送盘条车辆数	运送玻璃车辆数	车辆总数
大型车	20			20
中型车	10	10		20
小型车		20	10	30
货运量/吨	580	400	100	1 080

对于以上车辆的运送能力，可以按表 6－3 计算每种车运送不同种类货物的定额比。

表 6－3 车辆运输定额比

车辆种类	运水泥/运盘条	运盘条/运玻璃	运水泥/运玻璃	…
大型车	1：18	1：21	1：43	
中型车	1：2	1：25	1：5	
小型车	1：23	1：3	1：6	

其他种类的定额比都小于 1，不予考虑。在表 6－3 中小型车运送水泥的定额比最高，因而要先安排小型车运送水泥；其次由中型车运送盘条；剩余的由大型车完成，从而得到表 6－4 的派车方案，共完成运量 1 106 吨。

表 6-4　定额比优化派车法

车辆种类	运送水泥车辆数	运送盘条车辆数	运送玻璃车辆数	车辆总数
大型车	5	6	9	20
中型车		20		20
小型车	30			30
货运量/吨	580	400	126	

任务 6.2　配送车辆积载技术

【任务描述】

为将货物送到客户手中，运输单位需要从一个或多个配送中心组织配送运输。一般地，由于连接一个或多个配送中心和一个或多个配送目的地存在一个道路交通网，如何在这张道路交通网上综合考虑各线路车流量、道路状况、客户的分布状况、车辆核定载重量及其他车辆运行限制等因素，找出一条最佳的运输线路解决方案，达到节省运行距离、运输时间和运行费用的目的，这就是配送车辆积载技术。配送车辆积载技术以客户的要求不仅是高质量、及时方便的配送服务，还必须提高配送运输的效率，加强成本控制与管理，为客户提供优质、经济的配送服务。

6.2.1　影响配送车辆积载的因素

1. 货物特性因素

例如，轻泡货物，由于车辆容积的限制和运行限制(主要是超高)，而无法满足吨位，造成吨位利用率降低。

2. 货物包装情况

如车厢尺寸不与货物包装容器的尺寸成整倍数关系，则无法装满车厢。例如，货物宽度 80 厘米，车厢宽度 220 厘米，将会剩余 60 厘米。

3. 不能拼装运输

应尽量选派核定吨位与所配送的货物数量接近的车辆进行运输，或按有关规定而必须减载运行，如有些危险品必须减载运送才能保证安全。

4. 装载的技术

由于装载技术的原因，造成不能装足吨位。

6.2.2 车辆积载的原则

1. 轻重搭配的原则

车辆装货时，必须将重货置于底部，轻货置于上部，避免重货压坏轻货，并使货物重心下移，从而保证运输安全。

2. 大小搭配的原则

货物包装的尺寸有大有小，为了充分利用车厢的内容积，可在同一层或上下层合理搭配不同尺寸的货物，以减少箱内的空隙。

3. 货物性质搭配原则

拼装在一个车厢内的货物，其化学性质、物理属性不能互相抵触。例如，不能将散发臭味的货物与具有吸臭性的食品混装；不将散发粉尘的货物与清洁货物混装。

4. 合理化原则

(1) 到达同一地点的适合配装的货物应尽可能一次积载。

(2) 确定合理的堆码层次及方法，可根据车厢的尺寸、容积，货物外包装的尺寸来确定。

(3) 装载时不允许超过车辆所允许的最大载重量。

(4) 装载易滚动的卷状、桶状货物，要垂直摆放。

(5) 货与货之间，货与车辆之间应留有空隙并适当衬垫，防止货损

(6) 装货完毕，应在门端处采取适当的稳固措施，以防开门卸货时，货物倾倒造成货损。

(7) 尽量做到“后送先装”。

6.2.3 提高车辆装载效率的具体办法

(1) 研究各类车厢的装载标准，根据不同货物和不同包装体积的要求，合理安排装载顺序，努力提高装载技术和操作水平，力求装足车辆核定吨位。

(2) 根据客户所需要的货物品种和数量，调派适宜的车型承运，这就要求配送中心根据经营商品的特性，配备合适的车型结构。

(3) 凡是可以拼装运输的，尽可能拼装运输，但要注意防止差错。

箱式货车有确定的车厢容积，车辆的载货容积为确定值。设车厢容积为V，车辆载重量为W。现要装载质量体积为R_a、R_b的两种货物，使得车辆的载重量和车厢容积均被充分利用。

设：两种货物的配装重量为W_a、W_b，则

$$\begin{cases} W_a+W_b=W \\ W_a\times R_a+W_b\times R_b=V \end{cases}$$

$$W_a=\frac{V-W\times R_b}{R_a-R_b}$$

$$W_b=\frac{V-W\times R_a}{R_b-R_a}$$

【例 6-3】 某仓库某次需运送水泥和比例两种货物，水泥质量体积为 0.9 米^3/吨，玻璃是 1.6 米^3/吨，计划使用的车辆的载重量为 11 吨，车厢容积为 15 米^3。试问如何装载使车辆的载重量能力和车厢容积都被充分利用？

设：水泥的装载量为 W_a，玻璃的装载量为 W_b。

已知：$V=15$ 米^3，$W=11$ 吨，$R_a=0.9$ 米^3/吨，$R_b=1.6$ 米^3/吨

$$W_a=\frac{V-W\times R_b}{R_a-R_b}=\frac{15-11\times 1.6}{0.9-1.6}=3.71(\text{吨})$$

$$W_b=\frac{V-W\times R_a}{R_b-R_a}=\frac{15-11\times 0.9}{1.6-0.9}=7.29(\text{吨})$$

该车装载水泥 3.71 吨，玻璃 7.29 吨时车辆到达满载。

通过以上计算可以得出两种货物的搭配使车辆的载重能力和车厢容积都得到充分的利用。但是其前提条件需是车厢的容积系数介于所要配载货物的容重比之间。如所需要装载的货物的质量体积都大于或小于车厢容积系数，则只能是车厢容积不满或者不能满足载重量。当存在多种货物时，可以将货物比重与车辆容积系数相近的货物先配装，剩下两种最重和最轻的货物进行搭配配装。或者对需要保证数量的货物先足量配装，再对不定量配送的货物进行配装。

6.2.4 配送车辆装载与卸载

1. 装卸的基本要求

装载卸载总的要求是“省力、节能、减少损失、快速、低成本”。

(1) 装车前应对车厢进行检查和清扫。因货物性质不同，装车前需对车辆进行清洗、消毒，必须达到规定要求。

(2) 确定最恰当的装卸方式。在装卸过程中，应尽量减少或根本不消耗装卸的动力，利用货物本身的重量进行装卸，如利用滑板、滑槽等。同时应考虑货物的性质及包装，选择最适当的装卸方法，以保证货物的完好。

(3) 合理配置和使用装卸机具。根据工艺方案科学地选择并将装卸机具按一定的流程合理地布局，以达到搬运装卸的路径最短。

(4) 力求减少装卸次数。物流过程中，发生货损货差的主要环节是装卸，而在整个物流过程中，装卸作业又是反复进行的，从发生的频数来看，超过其他环节。装卸作业环节不仅不增加货物的价值和使用价值，反而有可能增加货物破损的几率和延缓整个物流作业速度，从而增加物流成本。

(5) 防止货物装卸时的混杂、散落、漏损、砸撞。特别要注意有毒货物不得与食用类货物混装，性质相抵触的货物不能混装。

(6) 防止货损货差。装车的货物应数量准确，捆扎牢靠，做好防丢措施；卸货时应清点准确，码放、堆放整齐，标志向外，箭头向上。

(7) 提高货物集装化或散装化作业水平。成件货物集装化，粉粒状货物散装化是提高作

业效率的重要手段。所以，成件货物应尽可能集装成托盘系列、集装箱、货捆、货架、网袋等货物单元再进行装卸作业。各种粉粒状货物尽可能采用散装化作业，直接装入专用车、船、库。不宜大量化的粉粒状也可装入专用托盘、集装箱、集装袋内，提高货物活性指数，便于采用机械设备进行装卸作业。

(8) 做好装卸现场组织工作。装卸现场的作业场地、进出口通道、作业流程、人机配置等布局设计应合理，使现有的和潜在的装卸能力充分发挥或发掘出来。避免由于组织管理工作不当造成装卸现场拥挤、紊乱现象，以确保装卸工作安全顺利完成。

2. 装卸的工作组织

货物配送运输工作的目的在于不断谋求提高装卸工作质量及效率、加速车辆周转、确保物流效率。因此，除了强化硬件之外，在装卸工作组织方面也要给予充分重视，做好装卸组织工作。

(1) 制定合理的装卸工艺方案。用“就近装卸”方法或用“作业量最小”法。在进行装卸工艺方案设计时应该综合考虑，尽量减少“二次搬运”和“临时放置”，使搬运装卸工作更合理。

(2) 提高装卸作业的连续性。装卸作业应按流水作业原则进行，工序间应合理衔接，必须进行换装作业的，应尽可能采用直接换装方式。

(3) 装卸地点相对集中或固定。装载、卸载地点相对集中，便于装卸作业的机械化、自动化，可以提高装卸效率。

(4) 力求装卸设施、工艺的标准化。为了促进物流各环节的协调，就要求装卸作业各工艺阶段间的工艺装备、设施与组织管理工作相互配合，尽可能减少因装卸环节造成的货损货差。

3. 装车堆积

装车堆积是在具体装车时，为充分利用车厢载重量、容积而采用的方法。一般是根据所配送货物的性质和包装来确定堆积的行、列、层数及码放的规律。

1) 堆积的方式

堆积的方式有行列式堆码方式和直立式堆码方式。

2) 堆积应注意的事项

(1) 堆码方式要有规律、整齐。

(2) 堆码高度不能太高。车辆堆装高度一是受限于道路高度限制；二是道路运输法规规定，如大型货车的高度从地面起不得超过 4 米；载重量 1 000 千米以上的小型货车不得超过 2.5 米；载重量 1 000 千米以下的小型货车不得超过 2 米。

(3) 货物在横向不得超出车厢宽度，前端不得超出车身，后端不得超出车厢的长度为：大货车不超过 2 米；载重量 1 000 千克以上的小型货车不得超过 1 米；载重量 1 000 千克以下的小型货车不得超过 50 厘米。

(4) 堆码时应重货在下，轻货在上；包装强度差的应放在包装强度好的上面。

(5) 货物应大小搭配，以利于充分利用车厢的载容积及核定载重量。

(6) 按顺序堆码，先卸车的货物后码放。

4. 绑扎

绑扎是配送发车前的最后一个环节，也是非常重要的环节。它是在配送货物按客户订单全部装车完毕后，为了保证货物在配送运输过程中的完好，以及为避免车辆达到各客户点卸货时开箱时发生货物倾倒，而必须进行的一道工序。

(1) 绑扎时主要考虑以下几点：①绑扎端点要易于固定而且牢靠；②可根据具体情况选择绑扎形式；③应注意绑扎的松紧度，避免货物或其外包装损坏。

(2) 绑扎的形式：①单件捆绑；②单元化、成组化捆绑；③分层捆绑；④分行捆绑；⑤分列捆绑。

(3) 绑扎的方法：①平行绑扎；②垂直绑扎；③相互交错绑扎。

任务6.3 配送车辆优化技术

【任务描述】

由于配送费用在很大程度上取决于配送路程，因而在客户地理位置确定的条件下，努力实现配送路程的最短化就成为企业追求的目标。配送路线的选择对配送的速度、费用、效益影响非常大，配送费用最低是优化配送路线的直接目标，但要准确核算出每次配送的费用，往往非常困难。因此，在配送中心地址已经确定的情况下，运用科学合理的方法确定配送路线是一项很重要的工作。

线路优化设计的方式如下：

1. 配送线路设计

配送线路设计就是整合影响配送运输的各种因素，适时、适当地利用现有的运输工具和道路状况，及时、安全、方便、经济地将客户所需的商品准确地送达客户手中。在配送运输线路设计中，需根据不同客户群的特点和要求，选择不同的线路设计方法，最终达到节省时间、运距和降低配送运输成本的目的。

配送运输由于配送方法的不同，其运输过程也不尽相同，影响配送运输的因素很多，如车流量的变化、道路状况、客户的分布状况和配送中心的选址、道路交通网、车辆定额载重量及车辆运行限制等。

2. 直送式配送运输

直送式配送运输是指由一个供应点对一个客户的专门送货。从物流优化的角度看，直送式客户的基本条件是其需求量接近于或大于可用车辆的额定重量，需专门派一辆或多辆车一次或多次送货。因此，直送情况下，货物的配送追求的是多装快跑，选择最短配送线路，以节约时间、费用，提高配送效率。直送问题的物流优化，主要是寻找物流网络中的最短线路问题。

目前解决最短线路问题的方法有很多，现以位势法为例，介绍如何解决物流网络中的最短线路问题。已知物流网络如图 6.5 所示，各节点分别表示为 A、B、C、D、E、F、G、H、I、J、K，各节点之间的距离如图 6.5 所示，试确定各节点间的最短线路。

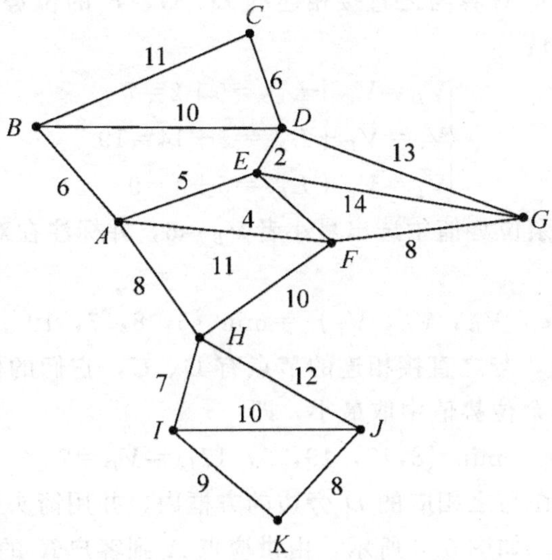

图 6.5　物流网络示意图

寻找最短线路的方法步骤如下。

第一步，选择货物供应点为初始节点，并取其位势值为“零”，即 $V_I=0$。

第二步，考虑与 I 点直接相连的所有线路节点。设其初始节点的位势值为 V_I，则其终止节点 J 的位势值可按下式确定：

$$V_J=V_I+L_{IJ}$$

式中，L_{IJ}——I 与 J 之间的距离。

第三步，从所得到的所有位势值中选出最小者，此值即为从初始节点到该点的最短距离，将其标在该节点旁的方框内，并用箭头标出该连线 $I \rightarrow J$，以此表示从 I 到 J 的最短线路走法。

第四步，重复以上步骤，直到物流网络中所有的节点的位势值均达到最小为止。

最终，各节点的位势值表示从初始节点到该点的最短距离。带箭头的各条连线则组成了从初始节点到其余节点的最短线路。分别以各点为初始节点，重复上述步骤，即可得各节点之间的最短距离。

【例 6-4】　在物流网络图 6.5 中，试寻找从供应点 A 到客户 K 的最短线路。

解：根据以上步骤，计算如下。

(1) 取 $V_A=0$。

(2) 确定与 A 直接相连的所有节点的位势值：

$$\begin{cases} V_B=V_A+L_{AB}=0+6=6 \\ V_E=V_A+L_{AE}=0+5=5 \\ V_F=V_A+L_{AF}=0+11=11 \\ V_H=V_A+L_{AH}=0+8=8 \end{cases}$$

(3) 从所得的所有位势值中选择最小值 $V_E=5$，并标注在对应节点 E 旁边的方框内，并用箭头标出连线 $A\rightarrow E$，即

$$\min\{V_B, V_E, V_F, V_H\}=\min\{6, 5, 11, 8\}=V_E=5$$

(4) 以 E 为初始节点，计算与之直接相连的 D、G、F 的位势值(如果同一节点有多个位势值，则只保留最小者)：

$$\begin{cases}V_D=V_E+L_{ED}=5+2=7\\V_G=V_E+L_{EG}=5+14=19\\V_F=V_E+L_{EF}=5+4=9\end{cases}$$

(5) 从所得的所有剩余位势值中选出最小者 $V_B=6$，并标注在对应的节点 B 旁，同时用箭头标出连线 $A\rightarrow B$，即

$$\min\{V_B, V_H, V_D, V_G, V_F\}=\min\{6, 8, 7, 19, 9\}=V_B=6$$

(6) 以 B 为初始结点，与之直接相连的节点有 D、C，它们的位势值分别为 $V_D=16$ 和 $V_C=17$。从所得的所有剩余位势值中取最小，即

$$\min\{8, 7, 19, 9, 17\}=V_D=7$$

将最小位势值 7 标注在与之相应的 D 旁边的方框内，并用箭头标出其连线 $E\rightarrow D$。如此继续计算，可得最优路线，如图 6.6 所示，由供应点 A 到客户 K 的最短距离为 24。

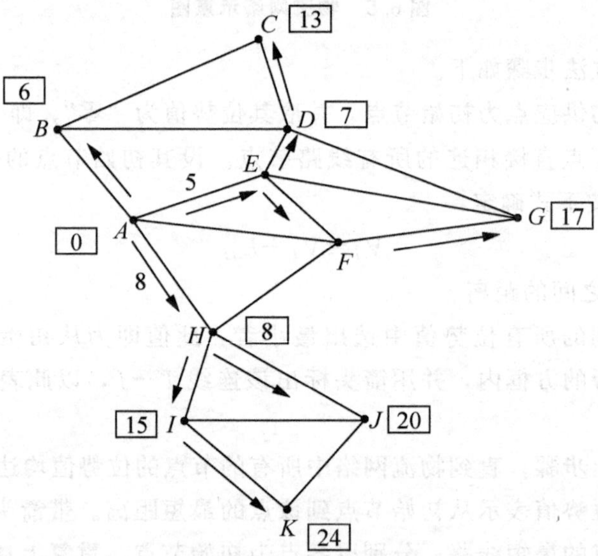

图 6.6　最优线路图

依照上述方法，将物流网络中的每一节点当作初始节点，并使其位势值等于“零”，然后进行计算，可得所有节点之间的最短距离，见表 6-5。

表 6-5　节点之间的最短距离

物流网节点	A	B	C	D	E	F	G	H	I	J	K
A	0	6	13	7	5	9	17	8	15	20	24
B	6	0	11	10	11	15	23	14	21	26	30
C	13	11	0	6	8	12	19	21	28	33	37

续表

物流网节点	A	B	C	D	E	F	G	H	I	J	K
D	7	10	6	0	2	6	13	15	22	27	31
E	5	11	8	2	0	4	12	13	20	25	29
F	9	15	12	6	4	0	8	10	17	22	26
G	17	23	19	13	12	8	0	15	22	27	31
H	8	14	21	15	13	10	15	0	7	12	16
I	15	21	28	22	20	17	22	7	0	10	9
J	20	16	33	27	25	22	27	12	10	0	8
K	24	30	37	31	29	26	31	16	9	8	0

3. 分送式配送运输

分送式配送运输是指由一个供应点对多个客户的共同送货。其基本条件是同一条线路上所有客户的需求量总和不大于一辆车的额定载重量，送货时，由这一辆车装着所有客户的货物，沿着一条精心挑选的最佳路线依次将货物送到各个客户手中。这样既保证按时按量将用户需要的货物及时送到，又节约了车辆，节省了费用，缓解了交通紧张的压力，并减少了运输对环境造成的污染。分送式配送运输的物流优化主要是节约里程。

1）节约里程法的基本规定

利用节约里程法确定配送路线的主要出发点是，根据配送方的运输能力及其到客户之间的距离和各客户之间的相对距离来制定使配送车辆总的周转量达到或接近最小的配送方案。

其假设条件如下。

（1）配送的是同一种或相类似的货物。

（2）各用户的位置及需求量已知。

（3）配送方有足够的运输能力。

（4）设状态参数为 t_{ij}，t_{ij} 是这样定义的：

$t_{ij}=$｛1，表示客户 i、j 在同一送货路线上；0，表示客户 i、j 不在同一送货线路上。｝

$t_{0j}=2$ 表示由送货点 P_0 向客户 j 单独派车送货。

且所有状态参数应满足下式：

$$\sum_{i=1}^{j=1} t_{ij}+\sum_{i=j+1}^{N} t_{ij}=2(j=1，2，\cdots，N)$$

式中，N——客户数。

利用节约里程法制定出的配送方案除了使总的周转量最小外，还应满足：①方案能满足所有客户的到货时间要求；②不使车辆超载；③每辆车每天的总运行时间及里程满足规定的要求。

2）节约里程法的基本思想

如图 6.7 所示，设 P_0 为配送中心，分别向用户 P_i 和 P_j 送货。P_0 到 P_i 和 P_j 的距离分别为 d_{0i} 和 d_{0j}，两个用户 P_i 和 P_j 之间的距离为 d_{ij}，送货方案只有两种即配送中心 P_0 向

用户 P_i，P_j 分别送货和配送中心 P_0 向用户 P_i、P_j 同时送货，如图 6.7(a)和图 6.7(b)所示。比较两种配送方案：

方案(a)的配送路线为 $P_0 \to P_i \to P_0 \to P_j \to P_0$，配送距离为 $d_a = d_{0i} + d_{0j}$；

方案(b)配送路线 $P_0 \to P_i \to P_j \to P_0$，配送距离为 $d_b = d_{0i} + d_{0j} + d_{ij}$。

显然，d_a 不等于 d_b，我们用 s_{ij} 表示里程节约量，即方案(b)比方案(a)节约的配送里程：

$$s_{ij} = d_{0i} + d_{0j} - d_{ij}$$

根据节约里程法的基本思想，如果一个配送中心 P_0 分别向 N 个客户 $P_j(j=1, 2\cdots, N)$ 配送货物，在汽车载重能力允许的前提下，每辆汽车的配送线路上经过的客户个数越多，里程节约量越大，配送线路越合理。下面举例说明节约里程法的求解过程。

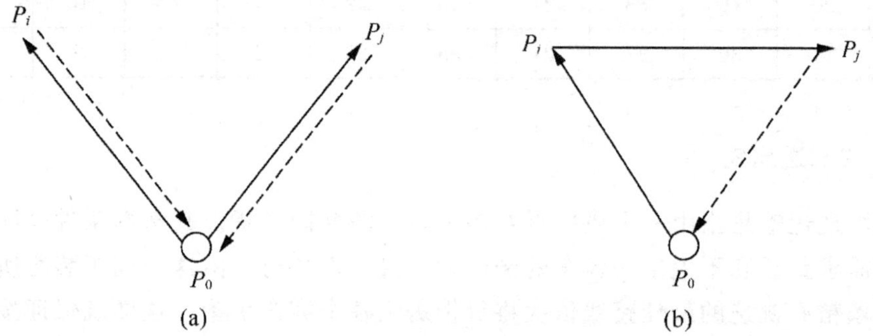

图 6.7　节约里程法

【例 6-5】　某一配送中心 P_0 向 10 个客户 $P_j(j=1, 2, \cdots, 10)$ 配送货物，其配送网络如图 6.8 所示。图中括号内的数字表示客户的需求量(T)，线路上的数字表示两节点之间的距离。配送中心有 2 吨和 4 吨两种车辆可供使用，试制定最优的配送方案。

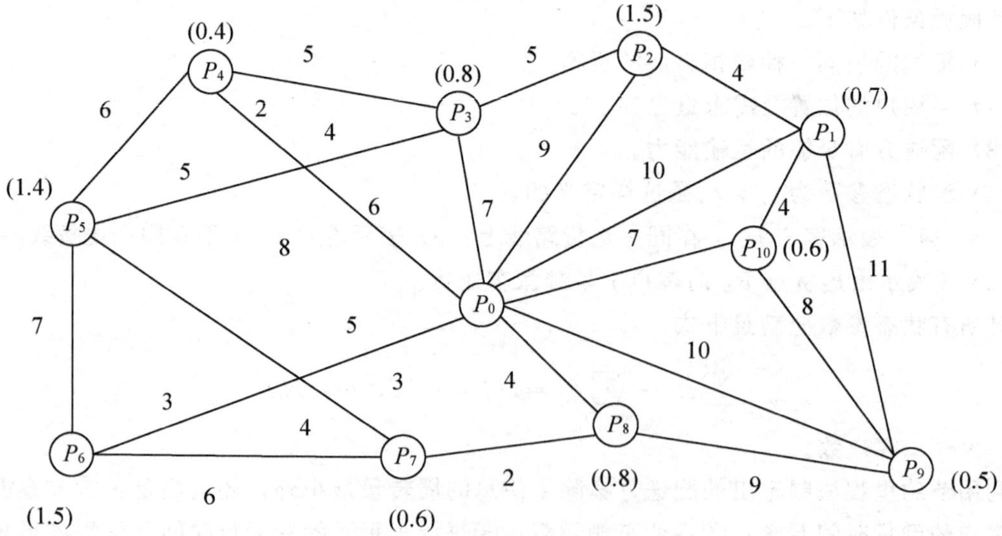

图 6.8　10 个客户配送网络

解：

第一步，计算最短距离。根据配送网络中的已知条件，计算配送中心与客户及客户之间的最短距离，结果见表 6-6。

表 6-6 计算最短距离

网络节点	P_0	P_1	P_2	P_3	P_4	P_5	P_6	P_7	P_8	P_9	P_{10}
P_0	0	10	9	7	8	8	8	3	4	10	7
P_1	10	0	4	9	14	18	18	13	14	11	4
P_2	9	4	0	5	10	14	17	12	13	15	8
P_3	7	9	5	0	5	9	15	10	11	17	13
P_4	8	14	10	5	0	6	13	11	12	18	15
P_5	8	18	14	9	6	0	7	10	12	18	15
P_6	8	18	17	15	13	7	0	6	8	17	15
P_7	3	13	12	10	11	10	6	0	2	11	10
P_8	4	14	13	11	12	12	8	2	0	9	11
P_9	10	11	15	17	18	18	17	11	9	0	8
P_{10}	7	14	8	13	15	15	15	10	11	8	0

第二步，根据最短距离结果，计算出各客户之间的节约里程，结果见表 6-7。

表 6-7 计算节约里程

客户	P_2	P_3	P_4	P_5	P_6	P_7	P_8	P_9	P_{10}
P_1	15	8	4	0	0	0	0	9	13
P_2		11	7	3	0	0	0	4	8
P_3			10	6	0	0	0	0	1
P_4				10	3	0	0	0	0
P_5					9	1	0	0	0
P_6						5	4	1	0
P_7							5	2	0
P_8								5	0
P_9									9

第三步，将节约里程进行分类，按从大到小的顺序排列，得表 6-8。

表 6-8 节约里程项目分类表

序号	路线	节约里程	序号	路线	节约里程
1	P_1P_2	15	6	P_5P_6	9
2	P_1P_{10}	13	6	P_9P_{10}	9
3	P_2P_3	11	9	P_1P_3	8
4	P_3P_4	10	9	P_2P_{10}	8
4	P_4P_5	10	11	P_2P_4	7
6	P_1P_9	9	12	P_3P_6	6

续表

序号	路线	节约里程	序号	路线	节约里程
13	P_6P_7	5	19	P_2P_5	3
13	P_7P_8	5	19	P_4P_6	3
13	P_8P_9	5	21	P_7P_9	2
16	P_1P_4	4	22	P_3P_{10}	1
16	P_2P_9	4	22	P_5P_7	1
16	P_6P_8	4	22	P_6P_9	1

第四步，确定配送线路。从表 6-8 中，按节约里程大小顺序，组成线路图。

(1) 初始方案：对每一客户分别单独派车送货，结果如图 6.9 所示。

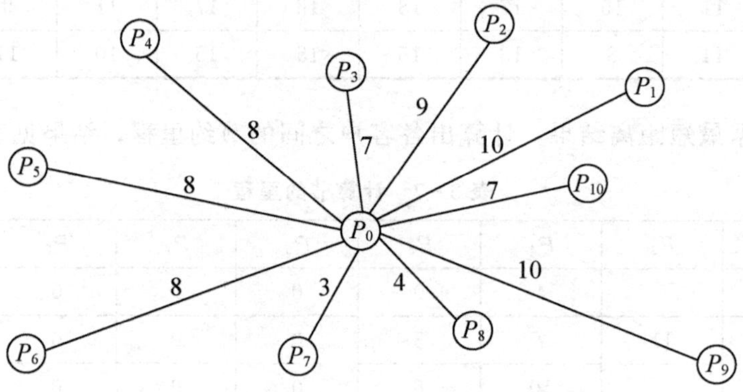

图 6.9 初始方案

初始方案：

配送线路：10 条。

配送距离：S_0＝148 千米。

配送车辆：2(吨)×10。

(2) 修正方案 1：按节约里程由大到小的顺序，连接 P_1 和 P_2，P_1 和 P_{10}，P_2 和 P_3，得修正方案 1，如图 6.10 所示。

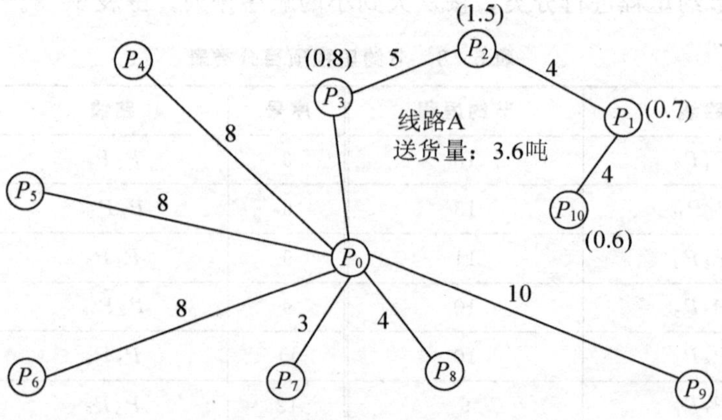

图 6.10 修正方案 1

修正方案 1：

配送线路：10 条。

配送距离：$S_1=109$ 千米。

配送车辆：2(吨)×6＋4(吨)×1。

(3) 修正方案 2：在剩余的节约里程中，最大的是 S_{34} 和 S_{45}，此时 P_4 和 P_5 都有可能并入线路 A 中，但考虑到车辆的载重量及线路均衡问题，连接 P_4 和 P_5 形成一个新的线路 B，得修正方案 2，如图 6.11 所示。

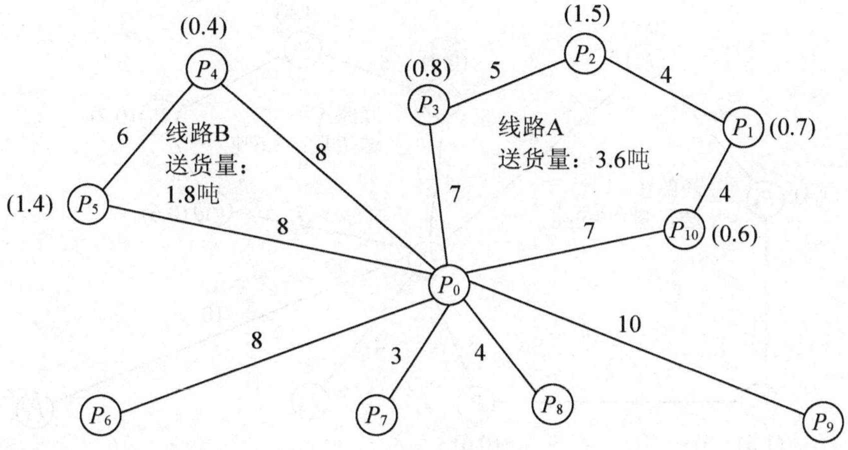

图 6.11　修正方案 2

修正方案 2：

配送线路：6 条。

配送距离：$S_2=99$ 千米。

配送车辆：2(吨)×5＋4(吨)×1。

(4) 修正方案 3：接下来最大的节约里程是 S_{19} 和 S_{56}，由于此时 P_1 已属于线路 A，若将 P_9 并入线路 A，车辆会超载，故只将 P_6 点并入线路 B，得修正方案 3，如图 6.12 所示。

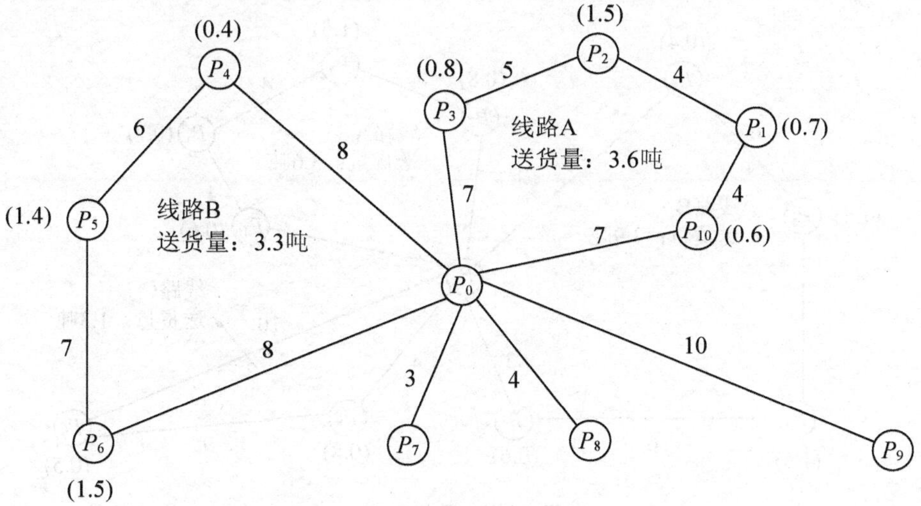

图 6.12　修正方案 3

修正方案 3：

配送线路：5 条。

配送距离：S_3＝90 千米。

配送车辆：2(吨)×3＋4(吨)×2。

(5) 修正方案 4：再继续按节约里程由大到小排出 S_{910}、S_{13}、S_{210}、S_{24}、S_{36}，由于与其相应的用户均已包含在已完成的线路里，故不予考虑。把 S_{67} 对应 P_7 点并入线路 B 中，得修正方案 4，如图 6.13 所示。

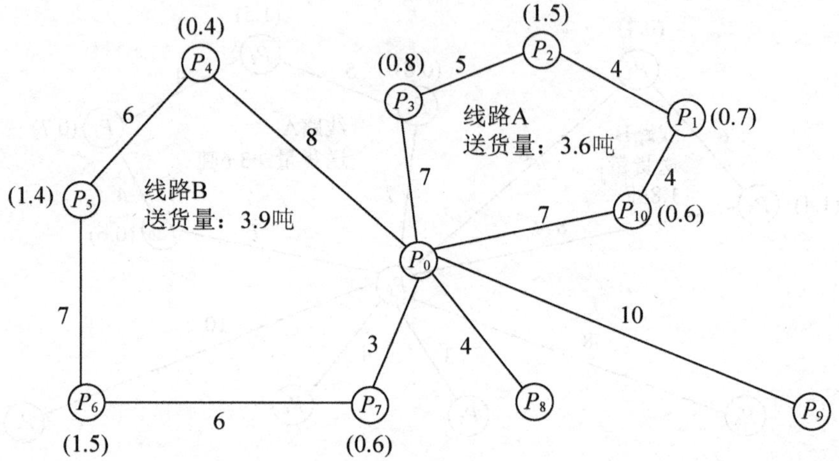

图 6.13　修正方案 4

修正方案 4：

配送线路：4 条。

配送距离：S_4＝85 千米。

配送车辆：2(吨)×2＋4(吨)×2。

(6) 最终方案：剩下的是 S_{78}，考虑到配送距离的平衡和载重量的限制，不将 P_8 点并入到线路 B 中，而是连接 P_8 和 P_9，组成新的线路 C，得到最终方案，如图 6.14 所示。

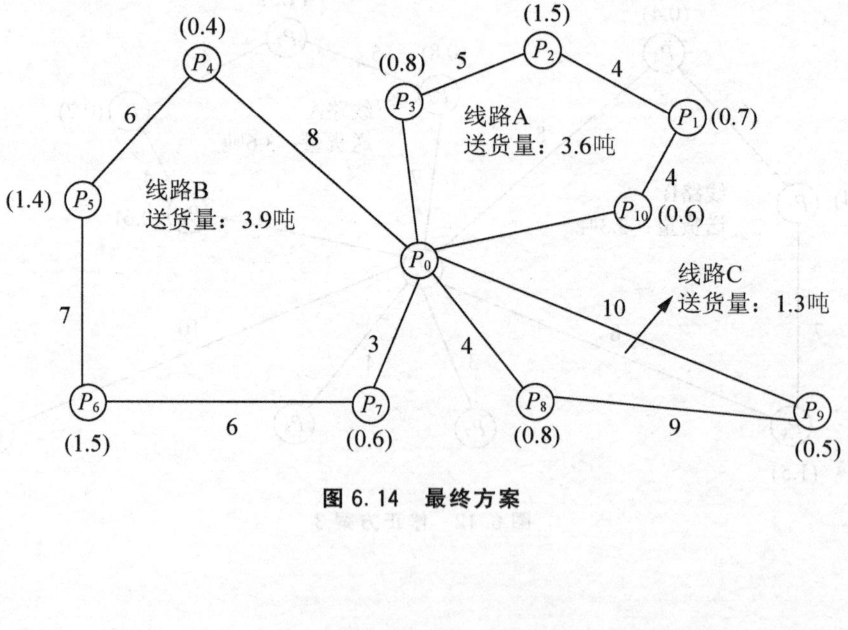

图 6.14　最终方案

这样配送方案已确定：共存在 3 条配送线路，总的配送距离为 80 千米，需要的配送车辆为 2 吨车一辆，4 吨车 3 辆。3 条配送线路如下。

第一条配送线路 A：$P_0 \to P_3 \to P_2 \to P_1 \to P_{10} \to P_0$，使用一辆 4 吨车。

第二条配送线路 B：$P_0 \to P_4 \to P_5 \to P_6 \to P_7 \to P_0$，使用一辆 4 吨车。

第三条配送线路 C：$P_0 \to P_8 \to P_9 \to P_0$，使用一辆 2 吨车。

4. 扫描法配送

1）基本原理

配送路线设计中的扫描法很简单，即使问题规模很大，也可以通过手工计算得出结果。如果利用计算机程序计算，能够很快求出结果，所需的计算机内存也不大。对于各类问题，该方法的平均误差率预计约在 10%。如果需要很快得出结果，且只要求结果是合理的(而不是最优的)，那么该误差水平还是可以接受的。实际上，调度员常常要在接到有关站点和各站点货运量最新数据后一小时内设计出路线。该方法的缺陷与路线构成方式有关。求解过程分为两步：第一步是分派车辆服务的站点；第二步是决定行车路线。因为整个过程分成两步，所以对诸如在途总运行时间和时间窗口等时间问题处理得不好。

如果：①每个经停点的货量只占车辆运力的很小比重；②所有车同样大；③路上没有时间限制，则扫描法可以得到很好的解。

2）基本步骤

(1) 在地图上或者方格图中确定所在站点(含仓库)的位置。

(2) 自仓库开始沿任一方向向外画一条直线。沿着顺时针或者逆时针方向旋转该直线到与某点相交。同时要考虑如果在某线路上再增加该站点，是否会超过车辆的载货能力？如果没有，继续旋转该直线直到与下一个站点相交。再次计算累计货运量是否超过车辆的运载能力(先使用最大的车辆)。如果超过，就去掉最后的站点，并确定路线。最后，从不包含在上一条路线中的站点，继续旋转以寻找新路线，直到所有点都被安排在路线中。

(3) 排定各路线上每个站点的顺序，使行车距离最短。

【例 6-6】 某公司从其所属仓库用货车到各客户点提货，然后将客户的货物运回仓库，以便集成大批量进行远程运输，全天的提货量如图 6.15 所示，我们给出了所有提货点和仓库。送货车每次可以运送 10 000 件货物。完成一次运行路线一般要一天时间。请确定：需要多少条路线；每条路线上有哪几个客户点；送货车辆服务有关客户点的顺序。按上面介绍的扫描法确定的路线图如图 6.16 所示。

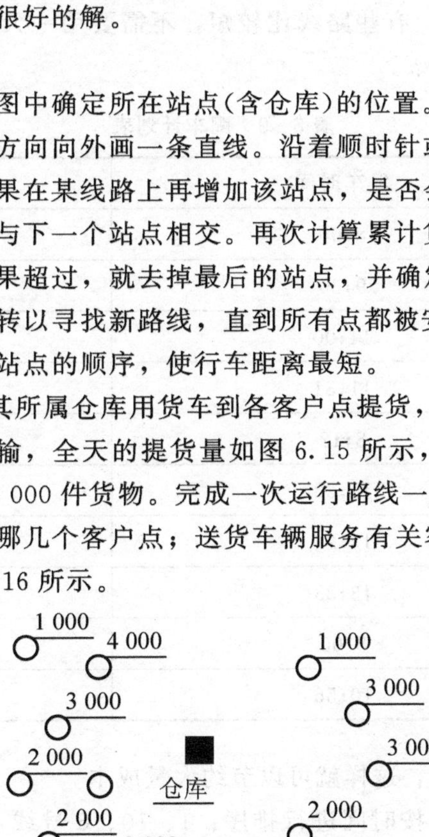

图 6.15 停留点提货量数据

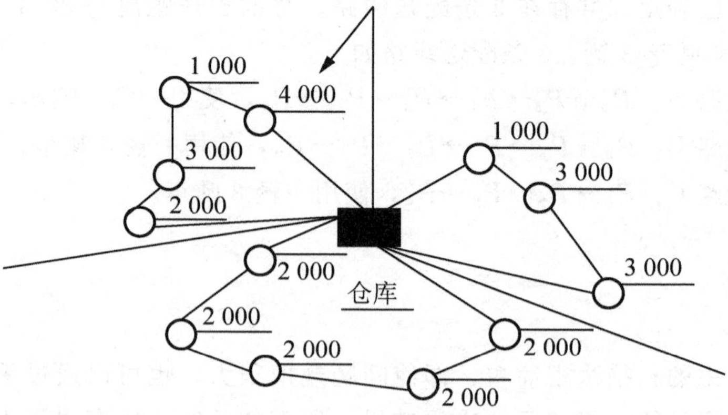

图 6.16 扫描法解决方案

利用上述行车路线方法指定路线时，假设对每条路线都只派出一部车，如果路线较短，那么在剩余的时间里这部车的利用率就很低。在实际生活中如果完成一条路线后开始另一条路线，那么就可以派一辆车负责两条路线。因此，我们可以将所有运输路线首尾相连顺序排列，使车辆的空闲时间最短，就可以决定车辆数，并排出配车计划。

假如某车有表 6－9 中的 10 条路线的发车时间和到达时间，如果每条线路安排一辆车，则需要 10 辆车；但我们发现，有些路线比较短，不需要用一天的时间。那么，如何来制定合理的运输计划，使车辆最少？

表 6－9 配车计划表

路线	发车时间	返回时间
1	8:00	10:25
2	9:30	11:45
3	14:00	16:53
4	11:31	15:21
5	8:12	9:52
6	15:03	17:13
7	12:24	14:24
8	13:33	16:33
9	8:00	10:34
10	10:56	14:56

可以按下面的步骤来进行，这样就可以节约大量成本。

(1) 将这些路线在一天内按时间进行排序：1、10、6 号线占了一天；9、4 号线占了一天；5、8 号线占了一天；2、7 号线占了一天；只有 3 号线占了半天。

(2) 然后制作最优运输计划安排表，见表 6－10。这样就可以分配车了，从表 6－10 中可以看出，只要 5 辆就可以解决问题。最终就少用了 5 辆车，节约了一半的成本。

表 6-10　最优运输计划安排表

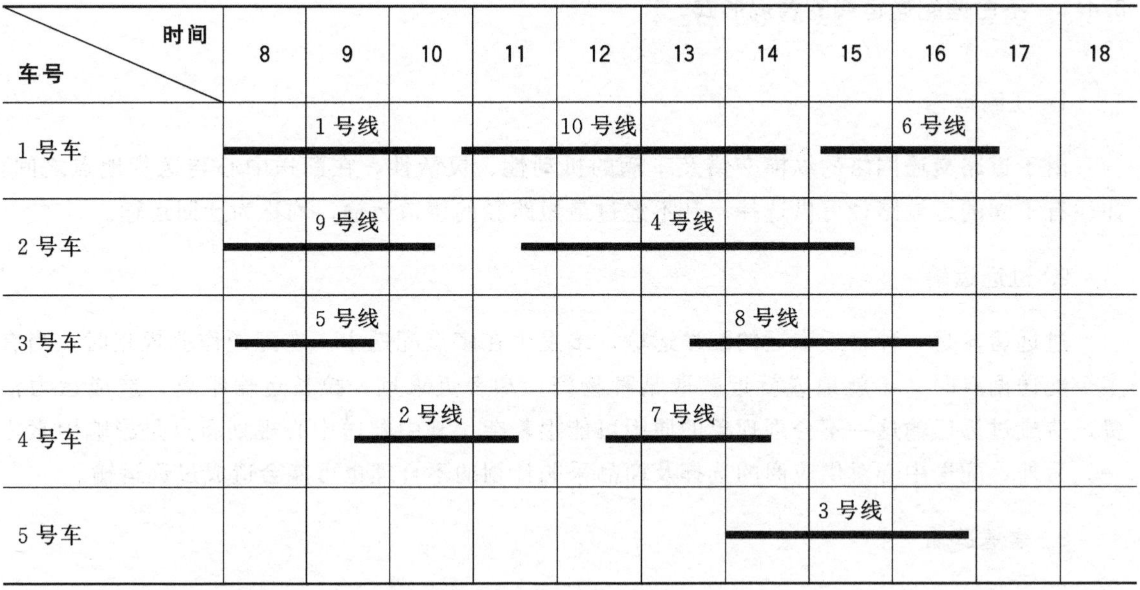

任务 6.4　配送运输合理化

【任务描述】

有一对农民工夫妻来到北京打工，他们逛街时发现了一条财路——给北京市的摩托车修理店配送零部件。他们先是和几家修理店谈了一下，然后又联系了摩托车配件经销商(选择了离自己租的房子最近的一家，以便进货方便)。回家后他们盘算了一下，由于资金不是很充裕，买不起现代化的交通工具，只能用自行车或三轮车组织配送，而且每个维修店相离不是很近，因此也不可能一下就给太多的维修店配货。于是他们决定按照以下步骤开始配送工作。

第一，划定离地铁车站相对较近的十多个修理店作为首批服务对象。

第二，购买一部三轮车去配件经销商进货。

第三，每天下午坐地铁去统计每个维修店所需的零部件，然后回家用三轮车去组织进货。

第四，接着的第二天男农民工就用三轮车把所需配送的零部件拉到地铁站，放在车厢中。然后和妻子按照自己预计好的地铁站进行播种式的配货(按照地铁站站台的先后顺序把货物配送到离地铁站近的指定摩托车维修店)。

利用这种先圈定配送对象，再利用地铁进行配送的方式进行配送活动体现了配送组织的灵活性，也符合了他们的实际情况。后来，他们的业务越来越大，开始把以每个地铁站为中心的配送半径扩大，并增加了不少旧自行车以提高配送速度，最后他们终于注册了自己的物流公司，并在汽车、摩托车零部件配送领域站稳了脚跟。

故事折射出了配送合理化的高明手段。实际上，选择合理化的、适合实际的运输配送组织形式是降低单位运输配送成本、提高车辆利用率、缩短运输配送时间的关键。

6.4.1 不合理配送运输的表现形式

1. 迂回运输

由于道路交通网络的纵横交错及车辆的机动性、灵活性，在配送中心与送货地点之间，往往有不同的运输路径可供选择。凡不经过最短路径的绕道运输，均称为迂回运输。

2. 过远运输

过远运输是一种舍近求远的配送运输，多发生在多点配送中。在配送作业规划时，当有多个配送据点时，不就地或就近获取某种物资，却舍近求远，拉长运输距离，造成运力浪费。造成过远运输这一不合理现象的原因可能很复杂，其中配送中心规划布点是影响因素之一。另外，配送中心对供应商的选择及商品采购计划的不合理也可能会造成过远运输。

3. 重复运输

同一批货物运抵目的地后没有经任何加工和必要的作业，又重新装运到别处的现象。多发生在配送过程中多余的中转、倒装、虚耗装卸费用，造成非生产性停留，增加了货物作业量；延缓了送货速度，增加了货损，也增加了费用。

4. 无效运输

无效运输是指被运输的货物没有进行合理的配送加工作业，造成货物杂质较多，或包装过度、物流容器等辅助工具的不合理，使运输能力浪费于不必要物资的运输，造成运能的浪费。

5. 运输方式及运输工具选择不当

未考虑各种运输工具的优缺点，进行不适当的选择而造成不合理运输，常见有以下几种形式。

(1) 违反水陆分工使用，弃水走陆的运输。弃水走陆是指从甲地到乙地的货物运输，有铁路、水路、公路等多种运输方式可供选择，但是将适合水路或水陆联运的货物改为用铁路或公路运输，从而使水运的优势得不到充分发挥。

(2) 铁路短途运输。不足铁路的经济运行里程却选择铁路进行运输。

(3) 水运的过近运输。不足船舶的经济运行里程却选择水运进行运输。

(4) 载运工具选择不当，实载率过低造成运力的浪费。

6.4.2 影响配送运输合理化的因素

影响配送运输合理化的因素包括外部因素和内部因素两个方面。

1. 外部因素

影响配送运输合理化的外部因素主要来自以下两个方面。

(1) 交通运输网络布局及交通流状况。配送运输主要发生在城市内部及城市间经济里程半径 50～350 千米范围内的运输活动，服务区域内的道路交通布局及交通流状况决定了配送运输的成本、速度及服务的一致性。

(2) 配送中心规划布点。配送中心在区域内的规划布点在一定程度上决定了配送运输的距离、时间、服务的客户服务范围，布点不合理可能产生迂回运输和过远运输等不合理运输，会影响配送运输的成本和服务水平。

2. 内部因素

影响配送运输合理化的内部因素包括以下 5 个方面。

(1) 运输距离。在配送过程中，运输时间、货损、运费、车辆或船舶周转等运输的若干技术经济指标，都与运输距离有一定的比例关系。因此，运距长短是配送运输是否合理的一个最基本因素，缩短运距既具有宏观的社会效益，也具有微观的企业效益。

(2) 运输环节。每增加一次运输环节，不但会增加起运的运费和总运费，而且必然要增加运输的附属活动，如装卸、包装等，各项技术经济指标也会因此下降。所以，减少运输环节，尤其是同类运输工具的环节，对合理运输有促进作用。

(3) 运输工具。各种运输工具都有其使用的优势领域，对运输工具进行优化选择，按运输工具特点进行装卸运输作业，最大限度地发挥所用运输工具的作用，是运输合理化的重要一环。

(4) 运输时间。在全部配送时间中，运输时间占较大部分，因而运输时间的缩短对整个流通时间的缩短有决定性作用。此外，运输时间短，有利于运输工具的加速周转，充分发挥运力的作用；有利于运输线路通过能力的提高，对运输合理化有很大贡献。

(5) 运输费用。运费在全部配送成本中占很大比例，运输费用的降低，无论对客户来讲还是对配送中心来讲，都是运输合理化的一个重要指标。运费的判断，也是各种合理化配送是否行之有效的最终判断依据之一。

6.4.3 配送运输合理化的有效措施

1. 提高运输工具实载率

实载率有两个含义。一是单车实际载重与运距之乘积和核定载重与行驶里程之乘积的比率。这在安排单车、单船运输时，是作为判断装载合理与否的重要指标。二是车船的统计指标，即一定时期内车船实际完成的物品周转量(以吨公里计)占车船载重吨位与行驶公里乘积的百分比。在计算车船行驶的公里数时，不但包括载货行驶路程，也包括空驶行程。

提高实载率的意义在于：充分利用运输工具的额定能力，减少车船空驶和不满载行驶的时间，减少浪费，从而求得运输的合理化。配送的优势之一就是将多个客户需要的物品和一家需要的多种物品实行配装，以达到容积和载重的充分合理运用。与以往自家提货或一家送货车辆的回程空驶的状况相比，这是运输合理化的一个进展。在铁路运输中，采用整车运输、整车拼装、整车分卸及整车零卸等具体措施，都是提高实载率的有效途径。

2. 减少动力投入，增加运输能力

减少动力投入，增加运输能力的要点是少投入，多产出，走高效益之路。配送运输的投入主要是能耗和载运工具的初始投资，在现有的运输能力基础上，大力发展节能型车辆、使用低成本能源可以在一定程度上降低单位运输成本，达到配送运输合理化的目的。

3. 充分合理地利用社会运力，发展合作化配送运输

配送中心使用自有车辆，自我服务，其规模有限，难以形成规模经济效益，经常会出现空驶、亏载等浪费。以合同经营或合作经营方式充分合理地利用社会运输资源，可以在一定程度上降低配送中心设备投入，提高载运工具的利用率，从而达到降低配送运输成本的目的。

4. 合理规划配送运输线路，运用科学的方法进行运力调度

配送是在合理的区域内进行的短距离运输，配送线路规划是配送运输业务管理的重要内容，合理的线路规划可以减少空驶，缩短运输总里程，提高配送运输的送达速度，提高配送的服务水平。

【项目小结】

配送运输基本作业程序包括划分配送区域、车辆配载、车辆安排等作业环节。合理划分配送区域是其他作业程序的基础工作；车辆运输调度包括车辆调度内容、原则及调度方法，其中车辆调度方法是车辆调度工作重点，包括表上作业法和经验调度法和运输定额比法；配送车辆积载技术包括配送车辆积载原则、提高车辆装载效率的具体办法；配送线路优化技术包括直送式配送运输线路优化和分送式配送运输线路优化，重点是分送式配送运输线路优化。

在运输配送的组织过程中，一旦组织不当，会造成迂回运输、过远运输、重复运输、无效运输，车辆利用率低下等问题。

【课后练习】

一、单项选择题

1.（　　）配送运输的宗旨是将货物完好无损地送到目的地。

A. 安全性　　B. 方便性　　C. 经济性　　D. 沟通性

2.（　　）是指配送以服务为目标，以最大限度地满足客户要求为优先，因此，应尽可能地让顾客享受到便捷的服务。

A. 时效性　　B. 方便性　　C. 经济性　　D. 沟通性

3. 以什么次序装车的问题，即车辆的积载问题。原则上，知道了客户的配送顺序先后，只要将货物依“（　　）”的顺序装车即可。

A. 先送后装　　B. 先送先装　　C. 后送先装　　D. 后送后装

4. 编制配送车辆运行作业计划，包括编制配送方案、(　　)计划、车辆运行计划总表、分日配送计划表、单车运行作业计划等。

A. 配送　　B. 分拣　　C. 理单　　D. 理货

5. 在编制运行作业计划和实施运行作业计划过程中，要从全局出发，保证重点、统筹兼顾，运力安排应贯彻“(　　)”的原则。

A. 先重点，后一般　　B. 先一般，后重点

C. 不分重点，一般　　D. 同时进行

6. 合理性原则就是根据货物性能、(　　)、重量、车辆技术状况、道路桥梁通行条件、气候变化、驾驶员技术水平等因素合理调派车辆。

A. 体积　　B. 面积　　C. 质量　　D. 颜色

7. 图上作业法是将配送业务量反映在(　　)图上，通过对交通图初始调运方案的调整，求出最优配送车辆运行调度方法。

A. 地图　　B. 交通　　C. 货物　　D. 分门别类

8. 绘制交通图是根据客户所需货物汇总情况、交通线路、(　　)与客户点的布局，绘制出交通示意图。

A. 仓库　　B. 物流中心　　C. 码头　　D. 配送点

9. 任何一张交通图上的线路分布形态无非为成(　　)与不成圈两类。

A. 圈　　B. 点　　C. 面　　D. 三角

10. 排定各路线上每个站点的顺序使行车距离最短。排序时可以使用“(　　)”法或求解“流动推销员”问题的任何算法。

A. 圆柱　　B. 半径　　C. 破圈　　D. 水滴

二、简答题

1. 配送运输具有哪些特点？
2. 配送运输基本作业程序包括哪些环节？
3. 车辆积载原则是什么？
4. 如何提高车辆装载效率？
5. 车辆运行调度原则是什么？
6. 表上作业法原理是什么？
7. 节约里程法基本原理是什么？
8. 简述扫描法原理。
9. 影响配送运输的因素有哪些？
10. 配送运输合理化措施有哪些？

三、案例分析

鲜花店配送车辆优化

假设鲜花店的位置为图 6.17 中小黑方块，客户人次需要的鲜花数量代表单独一天的送货量。如果公司有 6 辆车，每部车可以送 20 个客户订购的鲜花，利用扫描法确定行车路线，从节约成本角度出发，将你的设计画在图中，请问需要几辆车？

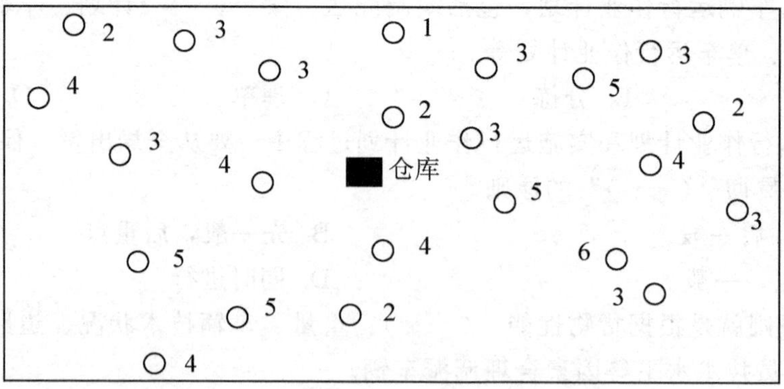

图 6.17　鲜花店位置及相应订货量

【实训项目】

最短路线确定运输线路

一、实训目的

掌握起讫点不同的单一路径规划问题的过程；了解其他类型路线选择的方法及注意事项。

二、实训内容

如图 6.18 所示是一张公路网络示意图，其中 A 是始发点，J 是终点，B、C、D、E、F、G、H、I 是网络中的节点，节点和节点之间以线路连接，线路上标明了两个节点之间的距离，以运行时间(分钟)表示。要求确定一条从起点 A 到终点 J 最短的运输路线。

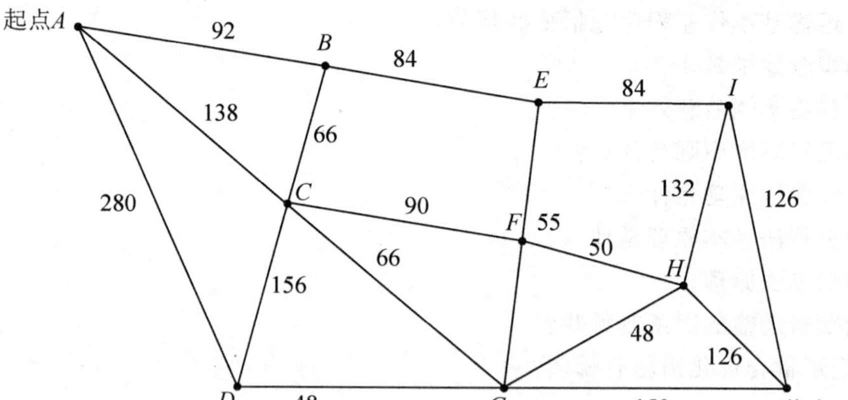

图 6.18　公路网络示意图

三、实训步骤和要求

首先分析路线选择的类型，找到合适的求解方法，注意最短路线的应用范围。该问题是属于起讫点不同的单一问题，具体实施步骤可以按照以下步骤进行。

（1）分析题意，确定采用位势法求解。

（2）以起始点为初始节点，并取其位势值为“零”即 $V_i=0$。

（3）考虑与 V_i 点直接相连的所有线路节点。

设其初始节点的位势值 V_i，则其终止点 j 的位势可按下式确定：

$$V_j=V_i+L_{ij}$$

（4）从所得的所有位势值中选出最小者，此值即为从始点到该点最短距离，将其标在该结点旁，并用箭头标出该连线 $i \rightarrow j$，以此表示从 i 点到 j 点的最短线路走法。

（5）重复以上步骤，直到物流网络中所有的结点的位势值均达到最小为止。

四、实训方式

（1）可以采取小组完成的方式，每 4 人为一组，但在作业中应体现出各自独立完成的部分。

（2）从布置日期起，一周内完成。

（3）作业以 A4 纸、5 号宋体字打印。

五、评价标准

评价标准见表 6－11。

表 6－11　评价标准

考核内容	考核标准	分值	实际得分
最短路线确定运输线路	（1）小组合作参与程度	10	
	（2）分工合作程度	10	
	（3）沟通协调能力	10	
	（4）方案的可行性与合理性	50	
	（5）专业知识的掌握程度、实际动手能力	20	
合　计		100	

附 录

附录 1 “2012 年全国职业院校技能大赛”高职组现代物流储存与配送作业优化设计和实施赛项规程

一、竞赛项目名称

现代物流储存与配送作业优化设计和实施。

二、竞赛目的

适应国家物流业调整与振兴对高素质技能型物流人才的需求，以物流业的核心环节——储存与配送作业为背景安排竞赛。探索高职院校物流管理高端技能型人才培养和“校企合作”新模式，明确物流人才的培养定位与规格；引导物流管理专业的教育教学改革；推动高职院校物流实训基地建设，实现高职院校物流管理专业教学能力水平的整体提升。展示参赛选手在组织管理、专业团队协作、现场问题的分析与处理、工作效率、质量与成本控制、安全及文明生产等方面的职业素养；吸引企业参与，促进校企深度融合，提高高职教育的社会认可度。

三、竞赛方式和内容

（一）竞赛方式

(1) 比赛以团队方式进行，每支参赛队由 3 名选手组成，须为同校在籍学生，其中主管 1 名(对方案的设计、修订、客户优先等级、外包与否等负主要责任)，性别和年级不限，可配 2 名指导教师(专、兼职教师均可)。

(2) 赛事持续进行 3 天。赛程由制定储存与配送作业优化设计方案赛段、物流职业能力测评和实施储存与配送作业设计方案赛段三部分组成，安排在不同的时间、不同的竞赛区域进行。首先进行制定储配方案赛段竞赛，然后进行物流职业能力测评，最后实施储配方案赛段的竞赛。

① 制定储配方案赛段：竞赛用时为 4 小时。

② 物流职业能力测评：测评用时为 0.5 小时。

③ 实施储配方案赛段：竞赛用时为 1.2 小时(实际操作为 60 分钟)。

(3) 比赛期间，允许参赛队员在规定时间内按照规则，接受指导教师指导。参赛选手可自主选择是否接受指导(外包)，接受指导的时间计入竞赛外包工时成本。

赛场开放，允许观众按照规定，在不影响选手比赛的前提下现场参观和体验。

(4) 赛后点评。赛项比赛全部结束后，由专家对赛项相关产业的发展进行介绍并对赛项的技术要点、选手表现、比赛过程等进行点评。

（二）竞赛内容

(1) 制定储存与配送作业优化设计方案。选手分工并做好工作准备；根据所获取的储存，配货的场地、货物、货架、托盘、各种包装箱、叉车、手推车、月台、客户基本信息、客户需求、配送车辆、配送点及路径信息、工时资料、各种租赁、货位占用费、外包咨询服务费、安全要求等相关信息，进行分析处理；进行货位优化及制定货物入库方案；编制拣选作业计划，进行订单处理及生成拣选单；路线优化方案；配装配载方案；撰写外包委托书；编制可实施的储配作业计划；预测出实施方案可能出现的问题和应对方案。

(2) 物流职业能力测评。物流职业能力测评主要包括物流基础知识的掌握，物流基本设施设备的认知，物流作业流程的了解，物流作业活动安全注意事项的掌握，物流从业人员的职业道德等。全面评价一个团队对物流职业能力的理解和认识。

(3) 实施储存与配送作业设计方案。选手根据上述储配方案的设计结果，在竞赛场地实施方案。选手选择最佳时机并根据作业任务需求向租赁中心租赁托盘、叉车、地牛、手推车等设备和工具；购买折板箱和纸箱等包装物；执行入库作业计划；执行出库作业计划。选手在实施过程中要体现物流企业作业过程所需要的专业知识、操作技能，团队合作，精益管理，服务质量与安全意识。选手实施方案过程中，可修改方案，也可外包(指导教师)。修改方案和外包均将按预定的比例增加成本。以操作规范程度、方案是否可行、方案实施效率、成本核算、服务质量、安全意识等要素为依据，计算综合成本为评价标准。

（三）竞赛成果文件

1. 制定储存与配送作业优化设计方案赛段：各参赛队制定储配方案赛段递交的成果为电子文件和纸质文件，并以打印的纸质文件为准，由赛场统一提供提取数据的工具。

2. 物流职业能力测评：测评系统自动计分。

3. 实施储存与配送作业设计方案赛段：裁判记录和填写的各参赛队实施储配方案过程的成本核算表。

（四）项目指标体系

项目指标体系见附表 1－1。

附表 1－1　项目指标体系

一级指标	二级指标	三级指标	三级指标说明
制定物流储存与配送作业优化方案	工作准备	1. 封面	题目：物流储存与配送作业优化方案 参赛队名称：本队抽签序号，如 01 选手：胸牌号码，如 01A、01B、01C
		2. 队员分工	储配作业方案执行时的分工，01A 为主管(队长)
	入库作业计划	3. 物动量 ABC 分类表	能够体现出分类过程和分类结果
		4. 制定货物组托示意图	包括奇数层俯视图、偶数层俯视图
		5. 上架存储货位图绘制	以托盘式货架的排为单位，将货位存储情况反映在存储示意图上，在相应货位上标注货物名称
		＊6. 就地堆码存储区规划	按照收到的入库通知单上的货物信息完成存储所需货位数量或堆存所需占地面积及规划的货垛长、宽、高(箱数)
		7. 编制托盘条码	编制托盘条码并打印。码制：CODE39、8 位、无校验码
	出库作业计划	8. 订单有效性分析	参赛队收到客户订单后，应对订单的有效性进行判断，对确定的无效订单予以锁定，陈述理由，主管签字并标注日期
		9. 客户优先权分析	当多个客户针对某一货物的要货量大于该货物库存量时，应对客户进行优先等级划分以确定各自的分配量，并阐明理由

续表

一级指标	二级指标	三级指标	三级指标说明
制定物流储存与配送作业优化方案	出库作业计划	10. 库存分配计划表	依据客户订单和划分后的客户优先等级顺序制订库存分配计划表，将相关库存依次在不同的客户间进行分配并显示库存余额
		11. 拣选作业计划	拣选作业计划设计要规范、项目齐全，拣选作业流畅；拣选单设计应能减少拣选次数、优化拣选路径、缩短拣选时间，注重效率
		12. 月台分配示意图	将月台在客户间进行分配，便于月台集货
		13. 车辆调度与路线优化	根据所给数据利用节约法，完成车辆调度方案和路线优化设计
		14. 配装配载方案	根据配送线路优化结果，绘制配送车辆积载图，以体现配送的先后顺序(按客户绘制，不显示货物品种)
	外包准备	15. 外包委托书	各参赛队都要撰写外包委托书，要求格式规范，内容齐全，主要包括委托事项、受托人、委托人、委托时间等，但要留存空白项，以便发生委托时填写。当各参赛队在进行货物入库、拣选、出库、货物配装等作业过程中，遇到不能独立解决的问题时，可委托外包给本队的指导教师协助解决，此时要填写委托书交与裁判备案，无须委托时则不需填写
	编制计划	16. 作业计划	按照时间先后顺序将每位参赛队员在方案执行过程中的工作内容编制成作业计划，包括设备租赁情况及可能出现的问题预案
		17. 预算表	包括作业过程可能发生的各种费用项目及相应的预算金额，以便与实际发生的费用比较，满足预算编制信息的内容

续表

一级指标	二级指标	三级指标	三级指标说明
实施储存与配送作业设计方案	租赁	1. 租赁作业	选择最佳时机及作业任务需求向租赁中心租赁托盘、叉车、地牛、手推车等
	执行入库作业计划	2. 入库准备工作	粘贴托盘条码，整理作业现场
		3. 验货、组托	验收无误后，按照堆码要求，将散置堆放的货物科学、合理地码放在托盘上
		4. 启动 WMS	完成货物信息录入
		5. 入库	完成货物入库操作并指挥叉车工上架作业
	执行拣选作业计划	6. 拣选作业	根据客户订单及拣选作业计划进行拣选作业及拆零货的再包装
		7. 出库	完成各客户所要货物的出货复核、月台点检、理货
		8. 货物配装	选择合适的车型(微缩模拟)完成货物的配装(车型不同、成本不同)
说明	1. 表中带 * 号三级指标项在实施过程中不执行； 2. 可参考物流管理专业国家教学资源库有关内容		

四、竞赛规则

(1) 竞赛分批依次进行。各参赛代表队派指定人员按照大赛组委会提供的抽签顺序依次抽签，按照所抽签号对照定位表进行竞赛。

(2) 参赛选手可通过数据库和现场自行测量等渠道获取所需信息。

(3) 各队参赛选手分工选出 1 人为主管，其余 2 人为理货员(保管员)。主管对方案的设计、修订、客户优先等级、外包与否等负主要责任，并安排其余 2 人工作。

(4) 根据客户需求，编制货位、物料、设施设备、工具、人工等使用计划，并进行成本核算和时间安排。成本核算精确到分，时间安排精确到秒，结果保留整数。

(5) 参赛选手要预测出实施方案时可能出现的问题并做出应对方案。

(6) 各参赛队在物流储存与配送作业优化方案设计阶段所完成的方案及所有相关纸质资料均由参赛选手自行密封，交竞赛裁判组保存，禁止在竞赛成果上做任何与竞赛无关的记号。电子文件由竞赛裁判组裁判提取。在实施储存与配送作业设计方案执行阶段，由裁判交还参赛队，并由参赛选手自行开启。

(7) 各参赛队在完成物流储存与配送作业优化方案设计阶段后，由主管和另一队员(计 2 人)参加物流职业能力测评，另一队员进行方案的打印、封存、提交。

(8) 执行方案时，各参赛队选手应严格按照计划执行，不得擅自修改计划，修改计划应由主管提出并实施。方案修改时，3 名选手应停止作业，工作时间连续计算。

（9）主管修改方案后，实施方案仍有困难，可由主管提出外包，外包给本队指导教师继续修改至可行。方案修改时，3 名选手停止作业，工作时间连续计算。

（10）若外包后，方案实施仍有困难，无法正常作业，由主管提出申请退出比赛，经裁判长同意后终止比赛，按预定的比例增加成本。

（11）竞赛中出现不文明和不安全的现象、操作不规范、出现质量问题、分工协作不合理等现象，均按比例增加成本和费用。

（12）参赛队若在规定的竞赛时间内未完成比赛，按未完成比例增加成本和费用。

五、评分方法及奖项设定

（一）评分方法

只计团体竞赛成绩，不计参赛选手个人成绩。竞赛成绩分三部分计算，满分 100 分。其中：制定储存与配送作业优化设计方案部分占 30%；物流职业能力测评部分占 10%；实施储存与配送作业设计方案部分占 60%。制定储存与配送作业优化设计方案部分由裁判计分，以分数的形式给出；物流职业能力测评部分由计算机计分，以分数的形式给出；实施储存与配送作业设计方案部分以执行过程成本与费用核算为依据，以成本与费用作为评定标准，在核定成绩时，成本折合成分数。按分数从高到低排列参赛队的名次，当分数相同时，作业时间短的名次在前。

（二）奖项设定

竞赛设参赛选手团体奖，一等奖占比 10%，二等奖占比 20%，三等奖占比 30%。

获得一等奖的参赛队指导教师由组委会颁发优秀指导教师证书。

六、申诉与仲裁

（一）申诉

（1）参赛队对不符合竞赛规定的设备、工具、软件，有失公正的评判、奖励，以及对工作人员的违规行为等，均可提出申诉。

（2）申诉应在竞赛结束后 2 小时内提出，超过时效将不予受理。申诉时，应按照规定的程序由参赛队领队向相应赛项仲裁工作组递交书面申诉报告。报告应对申诉事件的现象、发生的时间、涉及的人员、申诉依据与理由等进行充分、实事求是的叙述。事实依据不充分、仅凭主观臆断的申诉将不予受理。申诉报告须有申诉的参赛选手、领队签名。

（3）赛项仲裁工作组收到申诉报告后，应根据申诉事由进行审查，6 小时内书面通知申诉方，告知申诉处理结果。如受理申诉，要通知申诉方举办听证会的时间和地点；如不受理申诉，要说明理由。

（4）申诉人不得无故拒不接受处理结果，不允许采取过激行为刁难、攻击工作人员，否则视为放弃申诉。申诉人不满意赛项仲裁工作组的处理结果的，可向大赛赛区仲裁委员会提出复议申请。

（二）仲裁

大赛采用两级仲裁机制。赛项设仲裁工作组，赛区设仲裁委员会。赛项仲裁工作组接受由代表队领队提出的对裁判结果的申诉。大赛执委会办公室选派人员参加赛区仲裁委员会工作。赛项仲裁工作组在接到申诉后的 2 小时内组织复议，并及时反馈复议结果。申诉方对复议结果仍有异议，可由省(市)领队向赛区仲裁委员会提出申诉。赛区仲裁委员会的仲裁结果为最终结果。

附录 2　“2012 年全国职业院校技能大赛”高职组现代物流储存与配送作业优化设计和实施赛项技术规范

一、竞赛环境

(1) 方案设计环节环境。每队在方案设计环节上均为独立空间，有独立使用的计算机设施，保证了各队在方案设计时的独立性，不受外界干扰。

(2) 实操环节环境。竞赛现场 1 170 平方米，4 组完全相同的设施，满足 4 队同时比赛。竞赛场地采光、通风良好。

(3) 使用的设施设备，规格、型号，新旧程度一致，保证竞赛的公平。

(4) 竞赛场地设有裁判休息室和工作室，休息室和工作室分设；有 1 000 人开闭幕式场地；有能满足参赛队休息的休息室。

(5) 为了使企业代表和学生家长直观地感受高职教育的教学成果，竞赛组委会将专门设置物流作业体验活动场地，让社会各界体验做一个物流人的乐趣；并开放竞赛场地。

二、竞赛技术平台

提供满足比赛流程和比赛要求的设施设备，清单见附表 2－1。

附表 2－1　比赛要求的设施设备

序号	设备名称	规　格	数量
1	★基站	(EnGenius)EAP－3660 54M 高速连接 符合 IEEE 802.11b/g 标准 输出功率最高达 28dbm 支持点对多点(P2MP)无线连接和 WDS 分布系统 11g 保护模式，使 b/g 混合模式下 11g 的效率更高 支持 WPA/WPA2/802.1x 认证及加密方式 PoE 供电，兼容 802.3af 标准 输出功率可调	1 台

续表

序号	设备名称	规格	数量
2	条码打印机	中国台湾立像 OS—314 条码打印机列印方式：热转印/热敏 分辨率：(解析度)300dpi(12 点/毫米) 最大列印宽度：108 毫米 最快列印速度：2IPS(51 毫米/秒) 打印长度：1～14 英寸(25～355 毫米) 内存：2MB DRAM，1MB Flash 通信接口：RS—232 接口/标准并口 体积：278 毫米×186 毫米×153 毫米 重量：2.1 千克 字元字体：标准字体/平滑字体 图形：PCX bitmap，GDI graphic 条码：各种一维条码及 MaxiCode，PDF417 Datamatrix 二维条码	1 台
3	标签耗材	NS21 优质纸材标签打印纸等(满足大赛使用要求)标准为 100 毫米×50 毫米或 90 毫米×55 毫米	1 批
4	标准托盘	NS32 塑料川字型托盘，尺寸 1 200 毫米×1 000 毫米×150 毫米，承重能力在 500 千克以上	15 个
5	货架	NS56 参考国赛标准：货架材质及承重以工业级重型货架为参考依据立柱尺寸：90 毫米，横梁尺寸：120 毫米(双货位承重不少于 1 000 千克)； 货架尺寸约：2 500 毫米×900 毫米×2 400 毫米，横梁式，2 层货位，货位参考尺寸约：1 200 毫米×1 000 毫米×1 100 毫米，2×2 货位(标准货位)，每组共 4 个货位(最终根据场地情况调整)	2 组
6	半电动堆高车	EMS2510 额定载荷 1 000 千克，起升高度 2 500 毫米，载荷中心 400 毫米，货叉长度 1 000 毫米，货叉宽度 310～670 毫米 最小转弯半径 1 350 毫米，电动机：12/1.5—1.6 伏/千瓦 电池：12/120～150 伏/安·时，长、宽、高：1 660 毫米×810 毫米×1 580 毫米 自重：424 千克	1 台
7	地牛	EP25E 额定负载 2.5 吨，最大高度 200mm	2 台
8	★RF 手持终端	C5000W 操作方式：Microsoft Windows CE5.0 处理器：INTEL X—Scale PXA 270 416MHz 显示屏：240 像素×320 像素，t 透射式 TFT，彩色 LCD 内存：64MB RAM　64MB FROM	1 把

续表

序号	设备名称	规　　格	数量
8	★RF 手持终端	无线通信：WWAN、WLAN802.11b/g、WPAN 蓝牙（CLASS II 标准） 扫描引擎：一维激光引擎 分辨率：0.013 厘米 扫描距离：4～40 厘米 电池 1 100 毫安时或 1 880 毫安时锂电池 抗摔强度 1.0 米反复跌落水泥地面 工业等级 IP54 重量：145 克 重量轻、省电、含主机、电池、通讯座 含“NOS－RF 软件”主要功能包含 RF 组托，RF 上架，RF 拣选，RF 配送签收等功能。必须与 2012 物流技能大赛软件无缝链接。此产品必须提供原厂 CE、3C 和 IP64 认证证书	1 把
9	播种式电子标签	瑞意博 RY10－1350 电子标签产安装在货架储位上，通过软件控制，用信号灯、蜂鸣器提示，由数码显示拣货货位及数量，引导拣货人员准确、快速、轻松完成拣货工作。参数如下：用 5 位一对多电子标签，前两位显示货位，后 3 位显示数量，分别用两种不同颜色显示。共 3 个标签管理 9 个货位。该标签须与全国物流技能大赛平台、大赛 RF 手持终端进行无缝链接，可完成播种式拣货，盘点、补货等操作流程操作	1 套
10	摘取式电子标签	瑞意博 RY10－1360 电子标签产安装在货架储位上，通过软件控制，用信号灯、蜂鸣器提示，由数码显示拣货货位及数量，引导拣货人员准确、快速、轻松完成拣货工作。参数如下：9 个 5 位电子标签，标签具有订单选择功能，最少能同时接收处理 3 份订单。控制模块 1 套；输入电压/电流：AC220 伏/2 安；输出电压/电流：DC12 伏/5 安（供电子标标签）；通信方式：RJ45，TCP/IP 网络方式；电子标签可发出光、声音指示信号；配合流利货架使用。该标签须与全国物流技能大赛平台、大赛 RF 手持终端进行无缝链接，可完成摘取式拣货，盘点、补货等操作流程操作。（其中一套完成 BtoC 的拣货方式与流利货架配套使用。）	2 套
11	流利货架	NS58 尺寸约：1 500 毫米×700 毫米×1 800 毫米，钢构，组合式托盘平面货架，共 3 层，每层货架上安装有 3 排流利链，每层 9 根铝合金流利条，完成物料的自由滑出，与电子标签辅助拣货系统配套使用；每个货架负荷不小于 500 千克。配合播种式与摘取式电子标签使用	3 组

续表

序号	设备名称	规　　格	数量
12	无动力辊筒输送机	NS60 主要用在仓储电子标签拣货分拣使用，提高分拣的能力和认识。采用加强型氧化挤压铝型材边框，金属方通烤漆支架，滚筒机身：铝型材；∮63不锈钢滚槽滚筒，长度550毫米，滚筒间距100毫米(材质为SUS304)滚筒真圆度为0.1毫米。外形尺寸约：1 500毫米×550毫米×750毫米。	3套
13	简易配送车	NS80 主要用于装车配送货物的模拟。材质：冷轧钢压制，承载好；规格多样；护栏可以取下，方便货物的存取。静电喷涂处理，美观耐用。脚轮：聚安脂脚轮，规格大小可以按要求使用。承重：500千克。尺寸：1 600毫米×1 200毫米×1 200毫米	2辆
14	★2012全国物流技能大赛平台V1.0	1. 物流大赛方案设计软件V1.0 符合2012年物流技能大赛设计方案规范格式化的设计软件，丰富仿真的方案设计素材，可最大限度的共同小组协作完成整个设计方案，并输出统一的方案文档。能够保证数据的统一性与安全性。 2. 物流职业技能测评软件V1.0 物流职业能力测评主要包括物流基础知识的掌握，物流基本设施设备的认知，物流作业流程的了解，物流作业活动安全注意事项的掌握，物流从业人员的职业道德等。全面评价一个团队对物流职业能力的理解和认识。 3. 全国物流技能大赛软件——存储与配送管理系统V4.0版 系统管理：对用户及用户组及客户信息的管理。 基础资料：对仓库、仓位、托盘、物料信息的初始化；完成一级库、二级库、三级库的建设。 订单管理：录入入库订单、出库订单和补货作业。 入库管理：入库作业、RF组托上架、电子标签拣货、入库完成及入库单打印(RF手持的对接应用)。 出库管理：拣货计划、RF拣货、电子标签拣货、拣货单打印、出库理货、出库完成。 3D立体库的仿真：模拟全国大赛立体库的真实操作，能够更好、更真实地反映具体的操作情况，含270个货位不同货物的模拟，通过堆垛机进出的真实操作过程。 配送管理：将货物配送到客户手中，并完成签收。 库存查询及补货作业管理、条码生成管理。 4. RF管理软件V2.0 主要功能包含RF组托、RF上架、RF拣选、RF配送签收等可与RF手持无缝链接。 5. 电子标签管理软件V1.0 主要功能包含播种式与摘取式电子标签拣选管理、订单显示、报警管理等功能，也能用RF手持点亮标签并无缝链接	1套

三、赛区设施示意图

赛区设施示意图如附图 2.1 所示。

一号赛场

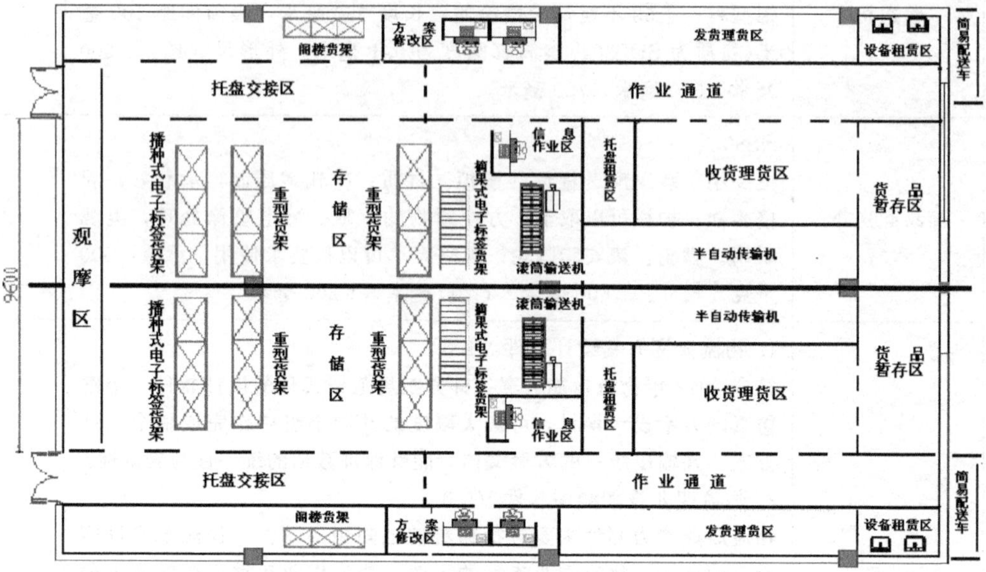

二号赛场

附图 2.1　赛区设施示意图

附录 3　“2012 年全国职业院校技能大赛”高职组现代物流储存与配送作业优化设计和实施赛项须知

一、参赛队须知

（1）参赛队名称统一使用规定的地区代表队名称，不使用学校或其他组织、团体名称；不接受跨校组队报名。

（2）参赛队员在报名获得审核确认后，原则上不再更换，如筹备过程中，队员因故不能参赛，所在省教育主管部门需出具书面说明并按相关规定补充人员并接受审核；竞赛开始后，参赛队不得更换参赛队员，允许队员缺席比赛。

（3）参赛队按照大赛赛程安排，凭大赛组委会颁发的参赛证和有效身份证件参加比赛及相关活动。

（4）参赛队员统一着装，须符合安全生产及竞赛要求。

（5）参赛队员应自觉遵守赛场纪律，服从裁判、听从指挥、文明竞赛；持证进入赛场，禁止将通信工具、自编电子或文字资料带入赛场。

（6）参赛队在进入现场之前需完成分工。

（7）比赛过程中，参赛选手须严格遵守操作过程和相关准则，保证设备及人身安全，并接受裁判员的监督和警示；若因设备故障导致选手中断或终止比赛，由大赛裁判长视具体情况做出裁决。

（8）在比赛过程中，参赛选手由于操作失误导致设备不能正常工作，或造成安全事故不能进行比赛的，将被终止比赛。

（9）在比赛过程中，各参赛选手限定在自己的工作区域和岗位完成比赛任务。

（10）若参赛队欲提前结束比赛，应向裁判员举手示意，比赛终止时间由裁判员记录，参赛队结束比赛后不得再进行任何操作。

二、指导教师须知

（1）指导教师经报名、审核后确定，一经确定不得更换。允许指导教师缺席比赛。

（2）在本队未进行外包的情况下，指导教师不得在本队比赛时进入赛场。

（3）指导教师在进入比赛现场时应遵守赛场管理须知和赛场纪律。

（4）在本队进入赛场同时，指导教师应进入指定位置，等待外包指令。

（5）指导教师接到外包指令后进入赛场，最多两次，每次不超过 10 分钟。指导教师现场指导仅限于口头，禁止操作任何与比赛有关的工具和设备，禁止传递或夹带纸片等任何资料。准时进场、准时离场，不得无故拖延。

三、竞赛选手须知

（1）严格遵守技能竞赛规则、技能竞赛纪律和安全操作规程，尊重裁判和赛场工作人员，自觉维护赛场秩序。

（2）佩带参赛证件及着工装进入比赛场地，并接受裁判员的检查。

（3）进入赛场前须将手机等通信工具交赛场相关人员妥善保管。

（4）竞赛过程中不准擅自离开赛场。

（5）竞赛完成后必须按裁判要求迅速离开赛场，不得在赛场内滞留。

（6）竞赛结束时间到达，应立即停止编制计划和操作，不得拖延竞赛时间。

（7）爱护竞赛场所的设备、仪器等，不得人为损坏竞赛用仪器设备。

（8）选手在编制计划时，可允许队长 1 人到现场进行测量，到现场测量必须有裁判陪同，途中不得与人交谈。否则，取消比赛资格。

（9）参赛选手报到后，应注明队长身份，队长身份应保持竞赛始终，中途不可更换。若队长缺席，可临时指定负责人。

四、赛场管理须知

（1）选手凭有效证件，按时参加检录和竞赛，如不能按时参赛以自动弃权处理。

（2）选手开赛 5 分钟后不准入场，开赛后未经允许不得擅自离开赛场。

（3）选手进入赛场后到指定参赛地点准备竞赛。

（4）选手在开赛信号发出后才能进行技能竞赛。

（5）竞赛过程中，选手要严格按操作规程操作，若违反操作规程，取消竞赛资格。

(6) 不允许将通信工具带入赛场，如私自带入者，一经发现取消竞赛资格。

(7) 选手提问，经允许后，可以提问不清楚的问题，裁判人员须正面回答。

(8) 赛场内保持安静，不准吸烟。

(9) 竞赛过程中，选手休息、饮水或去洗手间等所用时间，一律计算在操作时间内，饮用水由赛场统一准备。

(10) 如果选手提前结束竞赛，应向裁判员示意，竞赛终止时间由裁判员记录在案。

(11) 竞赛终了信号发出后，须听从裁判员指挥，将选手证放在指定位置后，待裁判允许后方可离开赛场。

(12) 赛务人员必须统一佩戴由大赛组委会签发的相应证件，着装整齐。

(13) 各赛场除现场裁判、赛场配备的工作人员以外，其他人员未经允许不得进入赛场。

(14) 新闻媒体等进入赛场必须经过大赛组委会允许，并且听从现场工作人员的安排和管理，不能影响竞赛进行。

(15) 各参赛队的领队、指导教师及随行人员未经允许，一律不得进入赛场。经允许进入赛场的，应避开有关联队的竞赛时间。指导教师、参赛选手未经允许不得进入竞赛观摩区；经允许进入的，应遵守观摩规定和维护观摩秩序，若影响别人观摩，工作人员有权将其请出，并给予通报批评。

(16) 负责各自赛区的裁判员和工作人员不得随意进入其他赛区。

(17) 赛场在竞赛不被干扰的前提下对社会全面开放，进入赛场时必须由工作人员引领，最大限度地满足用人单位、学生及学生家长的需求。

五、赛场纪律

(1) 选手不得在竞赛现场内外吸烟，不听劝阻者给予通报批评或清退比赛现场，造成严重后果的将依法处理。

(2) 未经允许不得使用和移动竞赛场内的任何设施设备，工具使用后放回原处。

(3) 选手在竞赛中必须遵守赛场的各项规章制度和操作规程，安全、合理地使用各种设施设备和工具。

(4) 选手参加实际操作竞赛前，应由参赛校进行安全教育。如发现问题应及时解决，无法解决的问题应及时向裁判员报告，裁判员视情况予以判定，并协调处理。对选手未发现的安全隐患或违章操作行为，裁判员应及时指出并予以纠正，酌情增加选手实际成本，事故隐患实际成本乘以 1.5，重大事故隐患实际成本乘以 2。

(5) 参赛选手不得触动非竞赛用仪器设备，对竞赛仪器设备造成损坏，由当事人单位承担赔偿责任(视情节而定)，并通报批评；参赛选手若出现恶意破坏仪器设备等情节严重者将依法处理。

参考文献

[1] 唐秀丽．物流仓储管理[M]．上海：上海交通大学出版社，2008.

[2] 黄静．仓储管理实务[M]．大连：大连理工大学出版社，2007.

[3] 李永生，郑文岭．仓储与配送管理[M]．3版．北京：机械工业出版社，2009.

[4] 朱新民．物流仓储[M]．北京：清华大学出版社，2007.

[5] 郑文岭，赵阳．仓储管理[M]．北京：机械工业出版社，2008.

[6] 钱芝网．仓储管理实务情景实训[M]．北京：电子工业出版社，2008.

[7] 史小峰．仓储作业实务[M]．北京：化学工业出版社，2009.

[8] 周云霞．仓储管理实务[M]．北京：电子工业出版社，2007.

[9] 钟苹，胡卫平．仓储管理实务[M]．大连：大连理工大学出版社，2009.

[10] 中国物流行业岗位规范指导丛书编委会．物流企业仓储作业岗位管理[M]．北京：中国海关出版社，2008.

[11] 沈瑞山．仓储管理[M]．北京：中国人民大学出版社，2009.

[12] 刘莉．仓储管理实务[M]．北京：中国物资出版社，2006.

[13] 黄浩．仓储管理实务[M]．北京：北京理工大学出版社．2009.

[14] 霍红，刘莉．物流仓储管理[M]．北京：化学工业出版社，2009.

[15] 谢雪梅．物流仓储与配送[M]．北京：北京理工大学出版社，2010.

[16] 李洪奎．仓储管理[M]．北京：机械工业出版社，2007.

[17] 李英．仓储管理实务[M]．南京：东南大学出版社，2010.

[18] 赵阳．仓储管理实务[M]．北京：北京理工大学出版社，2010.

[19] 孙秋高．仓储管理实务[M]．北京：电子工业出版社，2010.

[20] 田源，张文杰．仓储规划与管理[M]．北京：清华大学出版社，2009.

[21] 王冬．仓储管理技术[M]．北京：北京大学出版社，2010.